工業類科教材教法

林 益 昌 著

台灣師範大學工業教育研究所哲學博士

五南圖書出版公司 印行

作者序

　　課程、教材與教法是達成教學目標及落實學習活動的三大支柱，不同情境之中所採用的各種教材與教法均不相同。教師藉由教材與教法的具體實踐，才是建構一個優質技職教育環境的最佳方法。

　　分科教材教法是師資培育中必修的課程，因緣際會，從民國八十六年應聘擔任行政院勞工委員會泰山職業訓練中心職訓師資養成班及職訓大學之「教材編著與教助應用」課程講座，及從民國八十九年起至國立台北科技大學教育學程中心教授「分科教材教法」，深感教材發展與教法應用對從事教育工作者的重要性。

　　本書從職業學校課程切入，針對工業類科之教材與教法兩大主題作一全面性的探討，全書共分為十六章，其中第一章簡介職業學校新課程；第二章至第六章屬於教材部分，分別針對工業類科教材之基本概念、教材之發展策略、教學單之編製、單元教材之編撰、能力本位教材之發展等闡述之；而第七章至第十五章屬於教法部分，分別針對職業類科教學方法之基本概念、基本常用取向、思考啟發取向、技能實作取向、情意陶冶取向、合作取向、個別化取向、電腦科技取向、真實情境取向等八大類教學法闡述之；而第十六章則針對高職工業類科教材教法之問題與展望為主題。

　　本書可作為教育學程、師資培育機構、職訓中心、企業機構培訓師資的教材教法、教材編製與發展、教學方法等課程之參考及使用。

　　感謝國立台北科技大學九十一學年度第一學期教育學程選修分科教材教法游仁慈、朱芸萱、黃淑芬、吳英煌、黃啟華、鄭仁厚、蔡明哲、李文濱、黃保盛、呂昌祺、陳昱吉、常斐春、蔡昆裕、王程漢、黃俊翰、余汶璟等十六位同學，在課堂的討論及修正。五南圖書公司王翠華總編輯、陳俐君小姐熱心支持本書的出版，由衷感激。

林益昌
2003 年 7 月

目　錄

第 **1** 章

職業學校新課程

 本章內容

第一節　職校新課程之架構

第二節　職校新課程之特色

第三節　職校類科之調整

第四節　職校各類科之教育目標

第五節　職校各類科之課程標準

　　技職教育在我國經濟發展上持續扮演著極為重要的角色，無論從民國 40 年代的勞力密集、60 年代的技術密集、70 年代的資本密集、80 年代的高科技產業、到 90 年代的知識經濟時代，技職教育在每一階段都適宜地提供國家經建所需之人力資源，奠定經濟發展的基石。

　　課程為教育之內涵，隨著社會經濟之變遷，課程內容亦須隨之調整，我國高職類科之課程標準分別於民國 41 年、53 年、63 年及 75 年間修訂公布，實施至今已逾十年，遂於民國 87 年 9 月修訂陸續公布高職工業、商業、農業、家事、海事水產、醫護、藝術等七大類科課程標準，並以兩年的時間預作實施的準備，自 89 學年度一年級新生開始實施。此次課程修訂為因應社會變遷、產業發展、科技進步、個人需求及教育改革的變動，調整的幅度相當大，民國 87 年公布之職業學校課程標準，其修訂之八大目標主要有（黃政傑，民 89；梅瑤芳，民 88）：

　　一、兼顧學生就業與升學進路。

　　二、配合學年學分制之推行。

　　三、簡化教學科目，減輕學生課業壓力。

　　四、增加活動科目節數，紓解學生身心負擔。

　　五、簡化課程結構，賦予各類科課程設計之彈性空間。

　　六、重視課程縱向與橫向的連貫與統整。

　　七、賦予學校更大的辦學空間。

　　八、研訂兼顧科技素養、人文素養、倫理道德及國家意識之一般科目。

　　茲將職校新課程之架構、特色、類科調整、各類科教育目標、課程標準及教學綱要等摘敘如後。

第一節　職校新課程之架構

　　高職新課程之架構，如表 1-1 所示。其架構分成一般科目和專業科目兩大類，其中不論是一般科目或專業科目都再分成部訂科目和校訂科目，學生應修 162 學分，畢業至少需修滿 150 學分。所謂部定科目是指教育部對教學科目和學分數的訂定，各校必須按照規定實施，學生必須

修習才可畢業；校訂科目則是學校自行規定學生應該修習的教學科目和學分數，其中又可分成校訂必修和校訂選修兩類科目。一般科目類的部訂科目在 65～81 學分之間，分成七大領域，農、工、商、家事、海事水產、醫護、藝術等各類科別，可視需要在期間自行調整，不過，各領域最低應修科目和學分數為本國語文 16、外國語文 8、數學 4、社會 10、自然 4、藝術 4、生活 6，合計 52 學分。各類科別的一般科目可以在部訂科目各領域應修最低學分數內自行規劃教學科目和學分數，此外尚有 13～29 學分的自主空間可以彈性規劃。

　　由於各類科別的性質不同，對於一般科目的需求會有所差異，因此最後規劃出來的科目和學分數便有所差異，但都會落在 65～81 學分之間，占畢業總學分數的 40～50%。專業科目類的部定科目占畢業總學分

表 1-1　高職課程架構圖

科　目　別	部　訂　科　目		校　訂　科　目	
	各領域應修科目及最低學分數	由各類科課程修訂委員會就科別性質規劃教學科目及學分數	必修	選修
一般科目	本國語文　16 外國語文　8 數　　學　4 社　　會　10 自　　然　4 藝　　術　4 生　　活　6		8～24 學分 （5～15%）	16～32 學分 （10～20%）
	52 學分　　　13～29 學分			
	65～81 學分（40～50%）			
專業科目	41～57 學分（25～35%）			
應修學分	162 學分（畢業至少須修滿 150 學分）			
軍訓護理	6～12 學分		學分另計	
體　　育	12 學分		得由各校採計為學生畢業應修學分數	
活動科目	24 學分		學分另計	

的 25～35%，共 41～57 學分。校訂科目分成必修 8～24 學分（5～15%）和選修 16～32 學分（10～20%），兩者合計為 24～56 學分（15～35%）。在這些課程之外，還包括另計學分的軍訓護理 10 學分、體育 12 學分及不計學分的活動科目 24 節。活動科目每週至少 4 節，含班會、週會和聯課活動。

此後，綜合高中、高中、高職現行課程架構之比較，可歸納如表 1-2 所示，其中：

一、學科領域之後括弧內數字為學分（或節數）。

二、在三類型學校畢業最低學分中，高中及綜合高中均內含體育學分，高職不含體育、軍護。

三、高職各領域應修最低學分數，部訂核心共 52 學分，各類科課程修訂委員會就科別性質可依表列領域再增加 13～29 學分，共 65～81 學分為部訂科目。

四、高職未指定必修科目由各類課程修訂委員會視類科需求開放，符合最低應修學分即可。

五、綜合高中職業學程以修滿 40 學分為原則，內含核心科目 26 學分。

第二節　職校新課程之特色

職校新課程之特色主要有下列七大特色（黃政傑，民 89）：

一、兼顧學生的就業和升學需要，提供學校開設一般科目的空間，以加強文化陶冶、人文素養及博雅教育。

二、降低畢業最低學分數，減少每週教學時數，增加活動科目，減輕學生課業壓力，紓解學生身心。

三、部訂科目採規定最低標準的方式設計，讓各類科別職校得有彈性就其性質訂定應修科目和學分數。

四、課程分為部訂和校訂兩類，賦予各校更大的辦學自主空間，配合社區產業發展需要，發揮學校特色。

五、校訂科目分為必修和選修，選修最高可達 35%，增加學生選課

表 1-2　綜高、高中、高職現行課程架構之比較

類別	綜　高	高　中	高　職
實施學年	85	88	89
部訂必修	1.本國語文（16） （國文 I -IV，各 4 學分） 2.外國語文（12） （英文 I -IV，各 3 學分） 3.數學（12） （含數學 I -IV，各 3 學分） 4.社會（8） （含公民、歷史、地理） 5.自然（6） （含生物、物理、化學） 6.藝術（4） （含音樂 I、美術 I，各 2 學分） 7.生活（2） （含家政與生活科技，各 1 學分） 8.體育（4） （含體育 I、體育 II） 9.活動（至少 5 節） （含班會、自習、團體活動等，不計學分） 10.職業 （採學程式規劃，均為選修）	1.國文（24） （一至三年級，每學期均 4 節） 2.英文（24） （一至三年級，每學期均 4 節） （國文、英文合稱語文學科） 3.數學（16） （一至二年級，每學期 4 節） 4.社會學科（22） （含三民主義、歷史、地理、世界文化史及現代社會等科） 5.自然學科（12～14） （含基礎物理、基礎化學、基礎生物、基礎地球科學、物質科學及生命科學） 6.藝術科（8） （含音樂、美術及藝術生活） 7.家政與生活科技（8） （含家政、生活科技） 8.體育（12） （一至三年級每學期 2 節） 9.公民教育（18） （含公民、班會及團體活動；公民：三年級每學期 1 節，三年級每學期 2 節。班會、團體活動：一至三年級，每學期 1 節） 僅於二、三年級選修科內有職業陶冶類	1.本國語文（16） （國文 I -IV，各 2～4 學分） 2.外國語文（8） （英文 I - II，各 2～4 學分） 3.數學（4） （數學 I - II，各 2～4 學分） 4.社會（10） （三民主義，4 學分） 5.自然（4） 6.藝術（4） 7.生活（6） 8.體育（12） （不計入畢業學分） 9.活動科目（24 節） 10.專業科目 （41～57）
校訂彈性	畢業要求最低學分中的 60%	總上課 192～218 節中的 38～64 節	畢業要求最低學分中的 15～35%
畢業學分	160	160	150

資料來源：李隆盛，民 91，頁 38。

機會，以適應個別差異。

六、注重專業科目的統整，整合理論和實習實務科目，均以實務為核心規劃教學科目，注重課程的橫向與縱向統整，避免科目的零碎切割，使教學與業界實務結合，與生活結合，增進教學效果。

七、採行學年學分制，廢除留級制，加強課程先修和補修，促進學生適性學習和終身學習。

第三節　職校類科之調整

配合職校新課程的實施，把職校過去以來的類科做了相當程度的整合，工業類分五大群設有 29 科、商業類設有 10 科、農業類設有 9 科、家事類設有 6 科、海事水產類設有 8 科、醫護類設有 1 科、藝術類設有 7 科，現行職校類科共有七類群 70 個科。如表 1-3 所示。

第四節　職校各類科之教育目標

一、職業學校教育目標

職業學校教育，以充實職業知能、涵養職業道德、加強繼續進修能力、促進生涯發展、培育健全之基層技術人員為目的。為實現此一目的，需輔導學生達到下列目標：

㈠充實職業知能，培育職業工作之基本能力。

㈡陶冶職業道德，培養敬業樂群、負責進取及勤勞服務等工作態度。

㈢提升人文及科技素養，豐富生活內涵，並增進創造思考及適應社會變遷之能力。

㈣培養繼續進修之興趣及能力，以奠定終身學習及生涯發展之基礎。

二、工業職業學校教育目標

工業職業學校以配合國家經建發展，培養健全之工業基層技術人員

表 1-3　職校新課程標準類科

類　別	科　別
工業類	機械群：機械科、模具科、製圖科、鑄造科、板金科、配管科、汽車科、機械木模科、重機科、機電科。 電機電子群：資訊科、電機科、電子科、控制科、冷凍空調科、航空電子科、飛機修護科。 土木建築群：土木科、建築科、家具木工科、室內空間設計科。 化工群：化工科，紡織科，染整科。 工藝群：美工科、印刷科、金屬工藝科、陶瓷科、環境檢驗科。
商業類	商業經營科、餐營管理科、國際貿易科、會計事務科、資料處理科、文書事務科、廣告設計科、觀光事業科、不動產事務科、應用外語科（英文組、日文組）。
農業類	農場經營科、農業機械科、食品加工科、畜產保健科、森林科、園藝科、農業土木科、造園科、農產行銷科。
家事類	家政科（併同農業類農村家政科，及水產類漁村家政科一併修訂）、美容科（併商業類美容科）、服裝科、幼兒保育科、室內設計科、食品科。
海事類及水產類	航海科、輪機科、航運管理科、漁業科、水產食品科、水產養殖科、水產經營科、電子通信科、（漁村家政科由家事類家政科一併修訂）。
醫護類	護理科。
藝術類	美術科、舞蹈科、影劇科、音樂科、國樂科、電影電視科、戲劇科。

為目標，除注重人格修養及文化陶冶外，並應：

　　㈠傳授工業類科基本的知識及實務技能。

　　㈡建立正確的職業道德觀念。

　　㈢培養自我發展、創造思考及適應變遷的能力。

三、商業職業學校教育目標

　　商業職業學校以配合國家經建發展需求，培養健全之現代化商業及

服務業基礎人員為目標，除注重人格修養及文化陶冶外，並應：

　　㈠傳授商業基本知識及各領域之專業實務技能。

　　㈡培養正確之工作價值觀及關懷社會與環境之情操。

　　㈢提升人文素養及繼續進修之能力，以奠定職業與學習生涯永續發展之基礎。

四、農業職業學校教育目標

　　農業職業學校以配合國家農業發展需求，培養學生從事農業產銷、經營及服務等之志趣。為實現此一目標，除注重人格修養及文化陶冶外，並應：

　　㈠傳授農業生產、經營及行銷之基本知能。

　　㈡培養正確之資源永續利用觀念及勤奮務實之工作態度。

　　㈢提升人文素養及繼續進修之能力，以奠定生涯發展之基礎。

五、海事水產職業學校教育目標

　　海事水產職業學校以配合國家海洋事業發展需求，培養海事及水產業之生產、服務及經營管理等基層人員為目標。為實現此一目標，除注重人格修養及文化陶冶外，並應：

　　㈠傳授海事及水產業之生產、服務及經營管理等實用技能與基本知識。

　　㈡培養正確的人生價值、道德觀念，以及敬業樂群的工作態度。

　　㈢提升人文素養及繼續進修之能力，以奠定生涯發展之基礎。

六、家事職業學校教育目標

　　家事職業學校以配合社會發展需求，培養從事家事職業基層人員為目標。為實現此一目標，除注重人格修養及文化陶冶外，並應：

　　㈠傳授家事行職業之實用技能及基本知識。

　　㈡培養正確之倫理價值觀及樂觀積極之工作態度。

　　㈢提升人文素養及終身學習能力，以奠定生涯發展之基礎。

七、醫護職業學校教育目標

醫護職業學校以配合國家醫療保健發展需求，培養從事健康維護和健康促進之基層護理人員為目標。除注重人格修養及文化陶冶外，並應：

㈠傳授健康維護和健康促進之基本知識與實務技能。

㈡培養正確之道德法治觀念及熱忱之服務態度。

㈢提升人文素養及繼續進修之能力，以奠定生涯發展之基礎。

八、藝術職業學校教育目標

藝術職業學校以培育基層藝術人才為目標。為實現此一目標，除注重人格修養及文化陶冶外，並應：

㈠傳授藝術工作基本知識與表現技能。

㈡培養審美與鑑賞素養，提高藝術表演水準。

㈢提升人文素養及終生學習之能力，以奠定藝術發展之基礎。

第五節 職校各類科之課程標準

教育部於民國 87 年 9 月以後，陸續公布高職工業、商業、農業、家事、海事水產、醫護、藝術等七類及一般科目課程標準，茲以「工業職業學校機械科課程標準」為例，摘要其重點說明之。

一、總綱

㈠機械科教育目標

機械科以培育機械製造之基層技術人才為目標。為達成此一目標，應加強：

1. 傳授機械製造基礎知識。

2. 訓練機械製造、設備操作與維護之基本技能。

3. 養成良好的安全工作習慣。

㊁教學科目、學分數及每週授課節數

職校機械科教學科目、學分及每週授課節數參考表，如表 1-4 所示，茲將重點摘要說明之。

1. 實習及實驗科目學分核計方式與一般科目及專業科目相同，每週上課 1 節持續一學期（或 18 節）以 1 學分計，惟校外實習學分計算方式另訂之。

2. 本表除軍訓（護理）、體育及活動科目外，每學期安排授課 27 學分，合計 162 學分，分為一般科目 72 學分、專業及實習科目 58 學分，及校訂科目 32 學分；學生每學期至少應修 22 學分，至多不得超過 34 學分，畢業至少應修滿 150 學分，軍訓（護理）、體育學分另計，活動科目不計學分。

3. 必修科目（含部訂科目及校訂科目）為該科學生畢業時必備之人文素養及專業知能，學生必須修滿規定之應修科目及學分數始得畢業。

4. 校訂科目分為必修科目與選修科目，各校參酌校訂科目參考表自行訂定，可開設專業科目、實習科目或一般科目；校訂必修科目學分數為 8～16 學分，校訂選修科目學分數為 16～24 學分，合計為 32 學分（占 19.8%）。

5. 活動科目每週 4 節，含班會 1 節，聯課活動及週會 3 節，由學校自行安排辦理社團活動、輔導活動、藝文活動及週會等活動或作為重補修之用。

㊂實施通則

實施通則包含有：課程編制、教材編選、教學實施、教學評量、教學輔導等，茲就與教材教法有直接相關者詳列如下：

1. 教材編選

(1)教材之選擇應顧及社區及學生之需要並配合科技之發展，使課程內容儘量與生活相結合，以引發學生興趣，增進學生之理解，

表 1-4　學校編排教學科目、學分及每週授課節數參考表

類　別 名　稱	學分	科　目 名　稱	學分	第一學年 一	第一學年 二	第二學年 一	第二學年 二	第三學年 一	第三學年 二	備　註
必修科目 一般科目	72 學分 44.4%	三民主義ⅠⅡ	4	2	2					
		社會科學導論ⅠⅡ	2	1	1					
		國文ⅠⅡⅢⅣⅤⅥ	16	4	4	2	2	2	2	
		英文ⅠⅡⅢⅣⅤⅥ	12	2	2	2	2	2	2	
		數學ⅠⅡⅢⅣ	16	4	4	4	4			
		物理ⅠⅡ	6	3	3					
		化學	2			1	1			
		計算機概論ⅠⅡ	4	2	2					
		歷史	2			2				中國歷史，台灣歷史二選一
		地理	2				2			中國地理，台灣地理二選一
		生涯規劃ⅠⅡ	2					1	1	
		音樂ⅠⅡ	2					1	1	
		美術ⅠⅡ	2			1	1			
		小計	72	18	18	12	12	6	6	
專業及實習科目	68 學分 35.8%	機械製圖實習ⅠⅡⅢ	9	3	3	3				
		鉗工實習ⅠⅡ	6	3	3					
		車床實習ⅠⅡⅢⅣ	12	3	3	3	3			
		銑床實習ⅠⅡ	6			3	3			
		機械材料ⅠⅡ	4			2	2			
		機械製造ⅠⅡ	4			2	2			
		電腦輔助製圖與實習Ⅰ	3				3			
		數值控制機械實習ⅠⅡ	6					3	3	
		機件原理ⅠⅡ	4					2	2	
		機械力學ⅠⅡ	4					2	2	
		小計	58	9	9	13	13	7	7	
選修 校訂科目	32 學分 19.8%	（由各校自訂）應修	8～16							
		（由各校自訂）至少應修	16～24							
		小計	32	0	0	2	2	14	14	
合計（學分）			162	27	27	27	27	27	27	畢業至少應修150學分
必修科目 軍訓護理體育	24 節	軍訓、護理	(12)	(2)	(2)	(2)	(2)	(2)	(2)	
		體育	(12)	(2)	(2)	(2)	(2)	(2)	(2)	
活動科目	24 節	班會	(6)	(1)	(1)	(1)	(1)	(1)	(1)	
		聯課活動及週會	(18)	(3)	(3)	(3)	(3)	(3)	(3)	
彈性教學時間			(12)	(2)	(2)	(2)	(2)	(2)	(2)	可作選修、補救教學、增廣教學、輔導活動、重補修或自修之用
總計（節數）			(222)	(37)	(37)	(37)	(37)	(37)	(37)	

資料來源：教育部工業類技職教育課程發展中心，民87，頁8。

使學生不但能應用所學知能於實際生活中，且能洞察實際生活之各種問題，思謀解決之道，以改進目前生活。

(2)教材之選擇應顧及學生之學習經驗並配合青少年身心發展，一方面基於國中的學習經驗，一方面需考慮與專科、學院及大學之銜接。

(3)教材之選擇須注意「縱」的銜接，同科目各單元及相關科目彼此間須加以適當的組織，使其內容與活動能由簡而繁、由易而難，由具體而抽象，務使新的學習經驗均能建立於舊經驗之上，逐漸加廣加深，以減少學習困擾，提高學習效率。

(4)教材之選擇須注意「橫」的聯繫，同科目各單元間及相關科目彼此間需加以適當的組織，使其內容與活動能統合或連貫，俾使學生能獲得統整知能，以聯合運用於實際工作中，並有利於將來之自我發展。

(5)教材之選擇需具啟發性與創造性，課程內容及活動需能提供學生觀察、探索、討論與創作的學習機會，使學生具有創造思考、獨立判斷、適應變遷及自我發展之能力。

2. 教學實施

(1)教師應依據教學目標、教材性質、學生能力與教學資源等情況，採用適當的教學方法，以達成教學之預期目標。

(2)學校應力求充實教學設備及教學媒體，教師教學時應充分利用教材、教具及其他教學資源。

(3)教師應不斷自我進修，充實新知，並充分利用社會資源以改善教材內容與教學方法，以趕上科技進步和時代要求。

(4)教師在教學過程中應注意「同時學習原則」，不僅要達到本單元的認知目標和技能目標，也應注意培養學生的專業精神和職業道德。

(5)教師在教學過程中，應注意知識獲得的過程與方法，比知識的獲得更重要，因此需儘量引發學生主動學習，以取代知識的灌輸。

(6)教師應透過各科教學，導引學生具有獨立、客觀及批判思考與判斷能力，以適應多變的社會生活環境。

(7)教學時應充分利用社會資源，適時帶領學生到校外參觀有關機構設施，使其理論與實際相結合，提高學習興趣與效果。

(8)實習課程應視實際需要採用分組教學，以增加實作經驗，提高技能水準。

(9)同一科目為因應學生個別差異，得規劃出不同深度的班次，供學生分班、分組適性學習。

二、教學綱要

茲以工業類機械科之專業科目「機械製造」為例說明之（教育部工業類技職教育課程發展中心，民 87）。

㈠教學目標

1. 了解各種加工的基本方法與過程。
2. 了解各種加工機械之功能與特性。
3. 了解機械製造的演進及發展趨勢。

㈡時間支配

每學期各 2 學分、各 2 節、共 4 學分，建議開設在第二學年，第一、第二學期。

㈢**教材大綱**

單　元　主　題	內　容　綱　要	教學參考節數	備　　註
1. 機械製造的演進	(1)加工機器的演進。 (2)機械製造的過程。 (3)切削性加工與非切削性加工。 (4)切削工具的發展。 (5)製造與成本。	4	第一學期。
2. 材料與加工	(1)材料的選用。 (2)材料的規格。 (3)主要機械材料的加工性。 (4)材料的規格與選用。	2	
3. 鑄造	(1)概述。 (2)模型。 (3)鑄模種類。 (4)砂模的製造。 (5)特殊鑄造法。 (6)金屬熔化及澆鑄。 (7)鑄件之清理與檢驗。	10	包括機械造模。
4. 塑性加工	(1)塑性加工概述。 (2)鍛造。 (3)沖壓。 (4)滾軋。	8	
5. 銲接	(1)銲接概述。 (2)氣銲。 (3)電銲。 (4)接頭形狀及其他銲接方法。	8	
6. 切削加工	(1)切削加工概述。	4	

	(2)切削基本原理。		
	(3)非傳統加工簡介。		
7.工作機械	(1)車床。	12	第二學期。
	(2)鑽孔與搪孔。		
	(3)鉋床。		
	(4)鋸床及拉床。		
	(5)銑床。		
	(6)磨床。		
	(7) CNC 工作機械。		
8.表面處理	(1)表面塗層。	4	
	(2)表面硬化。		
	(3)防鏽處理。		
	(4)防蝕處理。		
9.量測與品管	(1)公差與配合。	4	
	(2)工件量測。		
	(3)品質管制與實施。		
10.螺紋製造	(1)螺紋的製造方法。	6	
	(2)車製及銑製。		
	(3)螺紋機製造。		
	(4)滾軋。		
	(5)輪磨。		
11.特殊加工	(1)塑膠加工。	4	
	(2)電積成形。		
	(3)金屬塗層。		
	(4)特殊切削加工。		
12.電腦輔助製造	(1)數值控制機械。	6	
	(2)生產自動化。		
	(3)機械製造之展望。		

㈣教學注意事項

1. 注意基本觀念解說，但應避免深奧理論，以使學生有正確的觀念。
2. 教師可以配合實驗方式來輔助教學。
3. 教師應利用圖表、幻燈片、投影片等輔助教材，使學生容易了解。
4. 教師時常舉行測驗、口頭問答，增加學生學習效果。
5. 教材應條理分明，循序漸進，使學生易吸收理解。

第 2 章

工業類科教材之基本概念

本章內容

　　良好的教學工作所涉及的因素很多，諸如教師的教學能力、學生的背景、課程、教學資源、教材、設備、教法、教學情境等因素都會影響教學目標的達成，其中教材是否能配合社會的需要、學生的能力、教學的情境等均影響教學的成效。尤其我國一向習慣採用標準教科書的制度，以致造成國人常誤以為教科書即是唯一教材的錯誤觀念。因此，為了使教學生動活潑、經濟有效，教師如何選擇教材、發展教材及善用教材，遂成為一項重要的課題。本章茲以教材之意義、種類、教材編製之原則、類型、選擇教材之方法，運用之要領等分敘之（康自立，民 83；李隆盛，民 88；孫邦正，民 64；林炎旦，民 89）。

第一節　教材之意義

　　教材的意涵，主要有兩種界定方式。就廣義而言：教材是指各種學習活動的內容，這些教材內容包括生活上所必須的知識、技能、習慣、態度、理想等；就狹義而言：教材是指教師從事教學時所用的各種材料，這些材料通常可看得見且可觸摸得到，如教科書、操作手冊、投影片、影碟、模型、實驗器材等。這兩種界定方式，一指內容、一指物品，另外尚有部分人士認為教材只包含書面及文字形式的材料，其定義更為狹隘。

第二節　教材之種類

　　一般而言，教材是指教師和學生為營造有效學習環境所使用的中介材料，其種類繁多，但大致可依學習課程及教學媒體等二方面分敘之。

一、依學習課程性質分類

　　若就課程性質，工業類科教材可分為下列三種：

㈠學科教材

　　此類教材係配合「專業理論課程」的需要而編製，學科教材的類別

頗為多樣化。

㈡術科教材

此類教材係配合「專業實習課程」的需要而編製,以實作項目作為核心。

㈢實驗教材

此類教材係配合「專業實驗課程」的需要而編製,常以單元教材的的形式出現,以某一實驗項目或課題作為單元。

二、依教學媒體形式分類

若就教材之媒體形式而言,工業類科教材約可分為下列三種:

㈠印刷教材

指已印在紙上,主要靠閱讀來理解的書面教材,如教科書、參考書、講義、操作手冊、工作單、說明書、學習指引、雜誌、期刊、報紙、工具書、測驗單等均屬之。

㈡視聽教材

指需利用視覺和聽覺來接收其訊息的教材,使用時常需藉助某些設備如投影機、幻燈機、電腦等,如透明片、幻燈片、錄影帶、錄音帶、影碟片、投影片、光碟片、磁片等均屬之。

㈢操作性教材

指必須用體力去操弄的教材,如模型、標本、木偶、實物、模擬器、實驗器材等均屬之。

在各種類型的教材中,圖 2-1 戴爾經驗錐體(Dale's cone of experience)指出愈在錐體底的刺激愈具體,而在錐頂的刺激則愈抽象,而錐體左右側是記憶留存率與學生參與率。從圖 2-1 中可以了解學生的學習一般宜由具體到抽象,也提醒教師在選用、修訂或發展教材時,儘可能

讓學生投入參與式學習，利用多種感官學習，多下五到：心到、口到、手到、耳到、眼到的功夫，因為「空口無憑、眼見為信」、「百聞不如一見，一見不如體驗」。

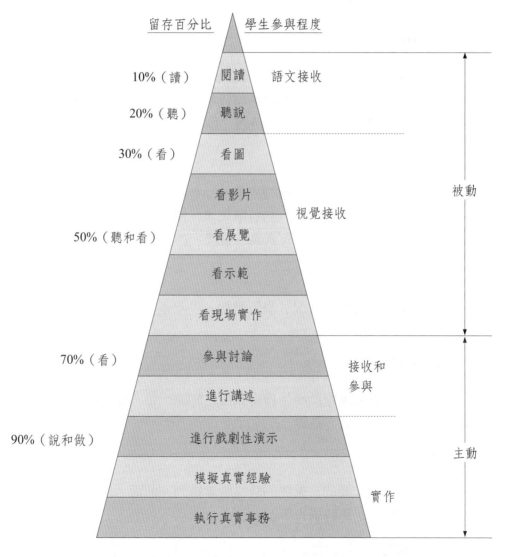

圖 2-1　戴爾的經驗圓錐和記憶留存率與學生參與度

資料來源：李隆盛，民 88，頁 185。

第三節 教材編製之原則

一、教材編製的基本原則

㈠順序原則

由易到難、由簡到繁、由具體到抽象、由近處到遠處、由舊經驗到新經驗，因之教材編製的順序可依循年代的順序、邏輯的順序、難易的順序、地理環境之順序、學生個別發展之順序等原則。

㈡統整原則

可從知識的統整、學生經驗的統整、社會經驗的統整等三方面來進行，將教材的內容和活動，有效的組織起來，使學生所學的概念、原理及原則能相互連貫，成為一個有意義的整體。

㈢心理原則

應考慮學生身心發展狀況、學習歷程、以及學生行為改變等心理因素和行為適應之原則。

㈣系統原則

所選編之教材要能幫助學生獲得系統之知識，每一種所用之教材，均應為日後進一步學習之基礎。

㈤重點原則

由最重要的至次要的，重要的教材應當排列在前面，凡社會上普遍需要的知識和技能，應該儘先學習。

㈥效用原則

教材應有益於人類日常生活，增進人類參與社會生活之效率，使教

育切合學習應用之原則。

㈦興趣原則

教材要能滿足學生之興趣與需要，要能幫助學生解決問題，達成其目的之原則。

二、教材內容編選的原則

㈠具有實用價值

編寫教材的內容時，最優先考慮的原則應是實用價值，缺乏實用價值的學習教材，不但對學生沒有幫助，而且浪費學生的時間、精神與金錢。

㈡內容難度適中

教材除了作為教師授課之依據外，更重要的是讓學生能夠自行閱讀、參考，如此才能充分發揮學習的效能，如果教材的難度超過學生的閱讀或理解能力，學生無法藉助於教材，預習或複習學習的內容，因此教材的內容必須考慮學生的閱讀與理解能力，迎合學生需求。

㈢具有濃厚趣味

教材的內容應該講究趣味性，藉以增進學生的學習動機，如果教材能夠像報紙上的漫畫一樣，令人回味無窮，相信學生會有相當的學習意願，學習成效也會因而提升不少。

㈣配合教學目標

教材是實現教育目標的一種工具，教材與教育目標一致，然後教育目標始能實現。各級學校有各級學校的教育目標，各科有各科的教學目標，各單元有各單元的教學目標，選擇教材必須以這些目標為根據，否則南轅北轍，教育目標便無法實現。

㈤能夠列舉實例

教材的內容不妨多列舉生活及工作情境中的實際例證，一方面熟悉的事物有助於吸引學生的注意，另一方面與學生生活情況類似的範例，容易造成學習遷移之效果。

㈥結合生活經驗

教材如果能夠結合學生的生活經驗，必然有助於縮短學生理解教材的時間，節省學生學習的精神與體力，對學習的效率大有裨益。

㈦參考資料豐富

良好的學習教材，應該儘可能蒐集與學習主題有關的資料，作為學生參考之用，當然在引用相關資料時，必須注意資源來源的可信度。

三、教材材料編輯的原則

㈠用語簡單，避免生澀詞彙

教材的主要目的在於傳達意念，如果學生無法從教材獲得應有的概念，便失去了編撰教材的意義，因此為了配合學生語文程度，工業類科教材應該儘量採用簡單的字詞，而且語句不宜過長，對文字、詞句的使用，以清楚表達、簡單易懂為首要。

㈡多用圖表，力求生動活潑

圖表有助於解說複雜的概念，而且容易吸引學生的注意力，編寫工業類科教材時宜多加利用，尤其是經過美工設計的圖表，能夠讓人一目了然，在心中留下深刻的印象，更能夠增進學生理解程度。

㈢條理分明，講究邏輯層次

為了引導學生由淺入深、由簡而繁，從事最有效率的學習，工業類科教材的編製，務必講究前後連貫、條理分明，俾使學生對學習內涵具

有完整的概念。

㈣標示重點，提示主要概念

可運用編輯技巧，幫助學生在最短的時間內，摘取教材內容的所有重點，而所謂的編輯技巧包含使用黑體字、畫底線、套色印刷、加眉批等，在工業類科教材中，運用這些編輯技巧，可以讓學生一翻開教材，隨即發現重點所在。

四、技能教材編製的考慮因素

㈠需要的順序

指學生開始工作或作業時，馬上要用到的技能應先教，然後依序在學其他的技能，故技能教材編製時應考慮需要性的順序。

㈡使用的頻率

無論工作性質如何，學生經常要使用的技能先教，亦即使用頻率高者，宜安排在教材之前面。

㈢正確的工作程序

無論技能的困難度如何，必須依一定順序來完成，因此依工作程序之先後來安排教材之順序。

㈣操作的難易程度

教材編製時宜考量操作時之難易程度來安排教材順序，難度愈高者愈難學，宜安排在教材之較後為宜。

第四節 教材編製之類型

工業類科常用之教材編製類型主要有下列四種：

一、教學單

自從 Charles R. Allen 氏提倡使用工作單，Robert Seblvidge 氏重視使用操作單於教學以來，教學單是職業訓練中常被採用的教材類型，而在 40 年代單位行業盛行的技職教育時期，亦常使用教學單常當作教材，常用的教學單可分為五種：知識單、操作單、工作單、課業單及實驗單。

二、單元教材

係指教學系統中完整的教學單位，其中包括一系列的學習活動計畫，旨在協助學生精通特定單元目標。亦即單元教材所包含的內容不是片斷零碎的，而是有關某一教學主題的完整學習。

三、能力本位教材

係指以能力本位教育的精神所發展的單元教材，能力本位教育在培養學生達到預定能力的一種教育系統，而能力本位教材是能力本位教育教學傳遞系統上的重要工具。每個能力本位教材包含一項任務（task），而且每項任務可分為好幾個部分，每個部分的學習是按部就班的，都有適當的教學資源來呈現，學生在能力的表現中，由教師或其他評量系統得到回饋，學生可透過能力本位教材來學習就業能力，完成所有的學習任務。

四、模組化教材

係以「單元」為單位，將教材寫成一個主題單元，然後由使用者自行組合來自四面八方的單元，構成各種不同目的的「課程計畫」，是最近被倡導出的一種教材類型。目前技藝教育教材編撰就是用模組化教材發展理念來編製教材，其每一份單元教材均含有引導模組、認知模組（知

識模組）、活動模組（工作模組）、思考模組（討論模組）、應用模組
（評量模組）、資源模組等相同模式架構，以活化教材。

　　此外，翁上錦（民 85）曾發展職業教育與訓練工業電子就業所須之
就業入門能力共有 35 個單元，將其分為四套模組，如表 2-1 所示。

表 2-1　工業電子實習模組化教材

一、基礎技能模組		三、操作技能模組	
單元編號	單元名稱	單元編號	單元名稱
EIS01	主動元件識別	EII01	三用電表操作
EIS02	被動元件識別	EII02	數位電表操作
EIS03	機電元件識別	EII03	電源供應器操作
EIS04	基本手工具使用	EII04	函數波信號產生器操作
EIS05	量具使用	EII05	示波器操作
EIS06	實驗板使用	EII06	數位積體電路測試器操作
EIS07	安裝零組件綜合實習		

二、裝配技能模組		四、實作技能模組	
單元編號	單元名稱	單元編號	單元名稱
EIA01	萬孔板裸線焊接	EIP01	電源供應器製作
EIA02	萬孔板零件安插焊接	EIP02	轉速計速器製作
EIA03	單面印刷電路板焊接	EIP03	自動照明設備製作
EIA04	雙面印刷電路板焊接	EIP04	調光器製作
EIA05	印刷電路板特殊加工法	EIP05	霹靂燈製作
EIA06	機殼板金定位加工法	EIP06	計時器製作
EIA07	機殼零件安裝	EIP07	馬達控制器製作
EIA08	機殼配線與束線	EIP08	步進馬達控制器製作
EIA09	機殼配線焊接	EIP09	直流電源供應器製作
EIA10	機殼配線測試	EIP10	函數波信號產生器製作
EIA11	系統性設備介面連接		
EIA12	系統性設備測試		

資料來源：翁上錦，民 85，頁 138。

第五節 選擇教材之方法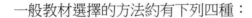

一般教材選擇的方法約有下列四種：

一、判斷法

指教材的選擇係根據教育目標，由個人之判斷而決定何者合適何者不合適，使用此法時，只依據個人的學養而予以判斷，因此此種教材選擇常受個人的主觀因素之影響，未免有所偏頗。

此種教材選擇的改良方法是在判斷時借重多數專家們的意見，也就是利用委員會的組織而進行選擇教材，如此可以減少個人的偏見或錯誤，如我國職訓教材之發展常採用判斷法以選擇教材。

二、實驗法

指以實地的教學進行試教，以了解該教材是否滿足預期的教學目標，而給予發展教材之適當修正及取捨。此法較為科學，可避免選擇教材時，個人的主觀成見；但在實驗過程中，實驗情境之控制、評量不易，可能影響其可靠性。

三、諮詢法

指透過諮詢的方法，以蒐集眾人意見的一種教材選擇法。其選擇諮詢的對象、想出一套蒐集意見的問卷等均是諮詢法的重要關鍵，故決定諮詢對象時，必須注意所選對象教材的相關性及普遍性，此外，問卷的回收率若太低則不具備代表性，就無法得到類化的結果。

四、分析法

指以科學分析的方法，分析特定人員之從事工作或活動，已發現這些工作或活動中究竟包括哪些要素，然後據以決定教材，此種方法廣泛應用於技職教育之教材編製及發展上。

分析法常應用訪問從業者、實際工作、工作自我分析、問卷、文件

分析、觀察等六種途徑來收集資料，當分析者獲得行業工作者之資料後，工作者之職責及任務，將依其重要性及頻繁出現的多寡，列為優先選擇教材的先後次序。

以分析法編製教材時，其優點為所選教材很符合實際需要，但其缺點為因其所選教材是分析目前實際情境而不包括未來的情境，因此在這瞬息萬變的科技時代中，將使今日所學的，無法完全用於未來的工作世界，所以教材發展時宜兼顧使用其他方法，將未來發展及需要的能力列入教材之中。

第六節　教材運用之要領

在工業類科教材編選及運用上，下列幾項要領可供參考：

一、宜以實務為核心，務使學生具備就業所需基本知能

工業類科之專業科目及實習應以實務為核心，輔以必要的理論知識，以配合就業與繼續進修之需求，並兼顧培養學生創造思考、解決問題、適應變遷及自我發展能力，務使工業類科之學生具備就業所需之基本知能。

二、宜兼顧學生、社區及科技之發展，使教材內容儘量與生活相結合

因應學生個別差異或特殊需求、地區特殊性及科技發展日新月異等因素，工業類科之教材內容，應儘量與生活相結合，以引發學生興趣，增進學生之理解，並與時俱進，配合科技變遷與行業需求，使學生所學能應用於實際生活中。

三、宜兼具啟發性及創造性，使學生具有創造思考及獨立判斷力

工業類科教材之選擇須具有啟發性及創造性，教材內容及教學活動需能提供學生觀察、探索、討論與創作的學習機會，使學生具有創造思考、獨立判斷、適應變遷及自我發展之能力。

四、宜配合教學媒體之應用，使教材具多樣性

　　充分運用各項教學媒體，配合網路教學、多媒體整合教學之運用，而教材可考慮用靜態或動態的呈現，使教學具效率化、經濟化、趣味化，以提高教學的成效，發揮教材之最大效益。

五、宜充分利用社會資源，使理論與實務相結合

　　教學時教材不宜只以現成的教科書為唯一的教材來源，應充分利用社會資源，適時帶領學生到校外參觀有關機構設施，使理論與實務相結合，以改善教材內容與教學方法，趕上科技進步和時代要求，提高學習興趣和效果。

第 **3** 章

工業類科教材之發展策略

本章內容

第一節　教材之發展模式
第二節　教材之分析方法

　　技職教育到底要教什麼？學生所學習的內涵是否符合工作世界所需，一直是從事教育工作者關心的課題。我國跨世紀的技職教育應確保所有學生：(1)具有在全球市場競爭所需的基礎、職業、就業和科技知能(2)取得業界認定及廣為接受的能力證明(3)備妥在當前及未來職場中就職和發展㈣擁有終身學習所需的知能。其理想在於提高技職學校課程的品質，使學校努力和職場需求之間更為連貫、統整，達成「學用配合」的實務教學目標。

　　教材是教師從事教學時所用的材料，宜針對工作世界中各行職業的工作內涵，加以次序性、系統性、邏輯性的分析，採用有系統的分析方法，以提供教材發展之用，如此不但可提高教學的品質及內涵，同時可掌握工作世界的技術內涵，不致使技職教育與就業市場脫節。

　　教材的傳統觀念常以「編製」來說明其選擇、組織、表達的過程，因此教材編製就成為一種靜態的歷程；處在知識經濟及科技快速變遷的今日，教材「發展」的概念漸取代昔日編製的概念，因為發展的概念描述生生不息與追求卓越的動態歷程，如此才能使教材達到好追求更好的境界。

第一節　教材之發展模式

　　工業類科教材之發展過程中，以下八種教材之發展模式，可供教材發展時之參考。

一、系統方略教材發展模式

　　康自立（民 83）根據系統概念，將教材發展系統分成十一個步驟，如圖 3-1 所示，並分述如下：

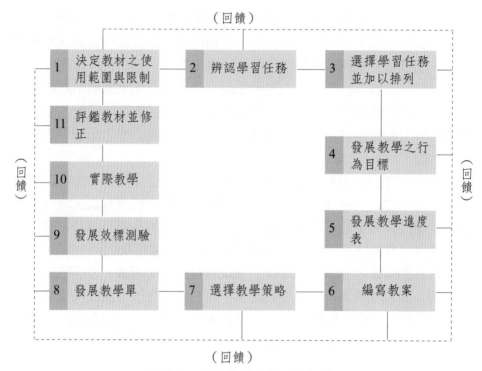

（回饋）

1 決定教材之使用範圍與限制	2 辨認學習任務	3 選擇學習任務並加以排列
11 評鑑教材並修正		4 發展教學之行為目標
10 實際教學		5 發展教學進度表
9 發展效標測驗		
8 發展教學單	7 選擇教學策略	6 編寫教案

（回饋）

（回饋）

（回饋）

圖 3-1　系統方略教材發展模式

資料來源：康自立，民 83，頁 90。

㈠決定教材的使用範圍與限制

主要是了解教材發展系統的背景資料，先了解現存之教材資料與文獻，其次是了解勞動市場的供需，加上教育與訓練哲學的檢討和目標的思考。如此可使教材發展系統的輸入與限制得以周延，教材的使用範圍得以界定。

㈡辨認學習任務

辨認學習任務可以說是教材發展最關鍵而重要的一個步驟，透過各種分析的技術，對一個成功的從業者進行分析而獲得客觀之資料，以決定該教什麼。

㈢選擇學習任務並加以排列

　　成功從業者應具備的能力並非都有教導的需要，教材之發展系統必須考慮學生的背景、訓練時間的長短、可運用的資源因素後，才選擇合適的學習任務加以排列成邏輯與心理的順序。成功從業者的能力應包含目前必須有與將來必須有的能力，以因應社會科技的變遷。

㈣發展教學之行為目標

　　教學目標必須以學生的行為結果來敘述，良好的教學目標具備明確、可量度和實際行為的條件。具備學習者、行為、情境、程度等四要素。

㈤發展教學進度表

　　教學進度表係針對某一學科之教學計畫表，整個學科如何規劃其進度，以便教師可以據以發展教案與單元教材，教學進度表之內容通常包含科目名稱、教學任務、時間分配、教學方法、教助、學生活動、教材、教科書、參考資料、學生學後評鑑設計等，透過教學進度之計畫，使整個學科的教學做妥善的安排。

㈥編寫教案

　　有了教學進度之後，教材發展者就可針對特定的教學資源、教學環境和學生特質編撰教案，將每一課或每一單元加以詳細的計畫與安排，每一個學習任務將重新規劃成作業或工作，單元教材通常規劃成 4 至 6 小時的學習時間。教案詳細地規劃每一個教學步驟所使用的時間、所需用之教學單與教助。

㈦選擇教學策略

　　主要為教學方法的選用，諸如講述教學法、示範教學法、探究教學法、欣賞教學法、協同教學法、自學輔導法、遠距教學法、參觀教學法等，各種教學法都有其特別使用場合與限制，教師應依學習特性而選用之。

㈧發展教學單

主要分成傳統式和自學單元教學單。傳統式是將教學單分成工作單、操作單、知識單等三種。自學單元教學單（module 或 packages）是將以上三種教學單整合，與視聽媒體合用而成。此外視聽媒體也可一併製作與發展。

㈨發展效標測驗

評量就記分的方式區分則可分為常模（Norm-Referenced）評量及效標（Criterion-Referenced）評量。所謂「常模評量」是將學生的成就與同一級學生做比較，並根據常態分配曲線以分配學生的成績為 A、B、C、D、E 等級，此種評量記分方式為傳統班級教學的特色。至於「效標評量」是指教師之評量記分方式是將學生的行為表現與預定的行為目標比較，以評定學生之成就是否已達已定的標準，因此其評定是個別化的，與同班的其他學生的表現無關。

「效標評量」記分法特別適合於個別化教學及精通學習的策略，透過效標測驗以證實教學成效，進而改進教學。測驗量表要具有效度、信度、可解釋能力和實用等特性。

㈩執行教學

到此已將教材之準備與發展宣告完成，教師將教材用於實際教學。

㈩一評鑑教材並做必要之修正

教材經實際教學後，教材發展者透過評鑑的歷程以客觀收集資料，作為教材改進的依據。依教材系統發展理論，透過評鑑的回饋，對教材發展的每一步驟做修正，如此循環不已。

二、系統化教材發展模式

吳天元所設計的系統化教材發展模式，如圖 3-2 所示，其教材發展亦分為十一個步驟：

㈠決定範圍及限制。

㈡確定學習任務。

㈢選擇及安排任務。

㈣發展行為目標。

㈤發展訓練明細計畫。

㈥發展訓練單元計畫。

㈦選擇訓練策略。

㈧發展教學單。

㈨發展效標測驗。

㈩實施課程或訓練計畫。

(十一)回饋至以上任何適當項目。

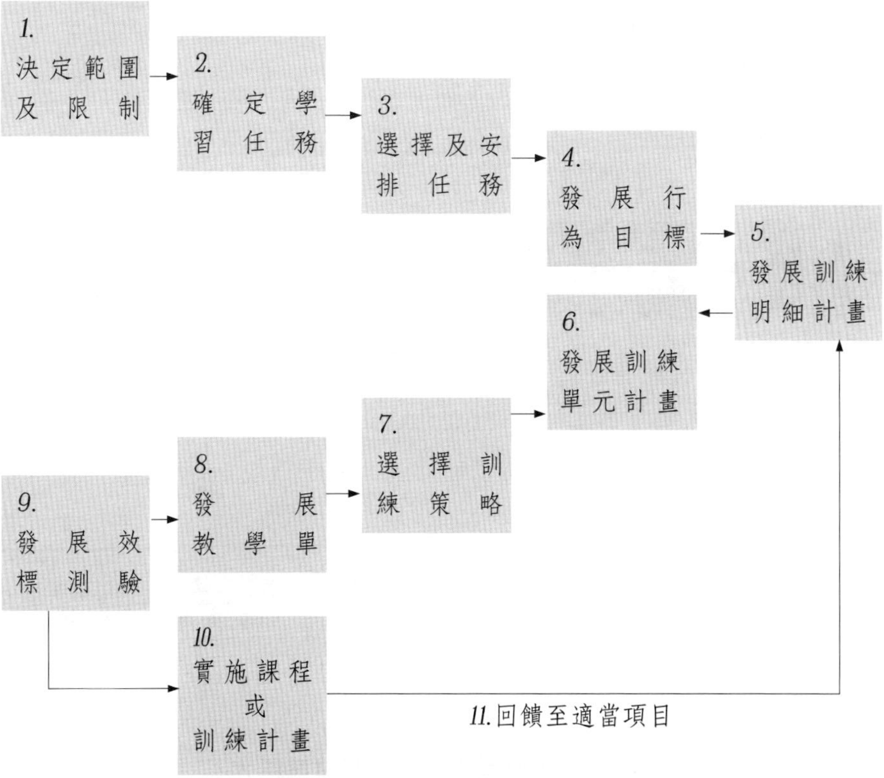

圖 3-2　系統化教材發展模式

三、能力本位單元教材發展模式

曾國鴻（民 85）所設計的能力本位單元教材發展模式，如圖 3-3 所示，其教材發展亦分為十一個步驟：

㈠擬訂教材開發計畫。
㈡需要性之評估。
㈢進行行業分析。
㈣擬定課程目標。
㈤選擇單元教材。
㈥設計教學行為目標與評量標準。
㈦編製單元教材與教學資料。
㈧單元教材之實驗。
㈨單元教材之評鑑。
㈩修正單元教材。
(十一)大量生產單元教材。

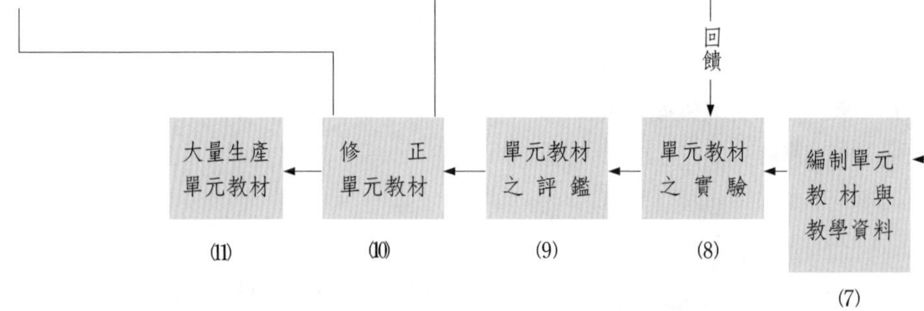

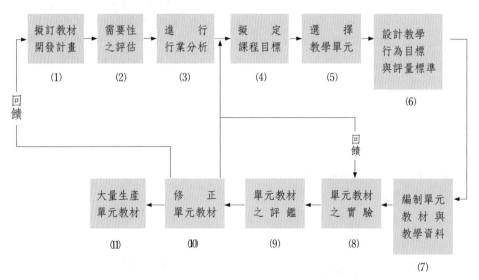

圖 3-3 能力本位單元教材發展模式

資料來源：曾國鴻，民 85，頁 334。

四、自學單元教材發展模式

李大偉（民 71）曾提出自學單元教材的發展模式，如圖 3-4 所示，其教材發展約可分為六個步驟：

　　㈠擬定教材發展計畫。

　　㈡決定目標及先決要求。

　　㈢製作學前及學後測驗。

　　㈣設計學習內容及活動。

　　㈤蒐集及製作相關的參考資料。

　　㈥試用及修改教材。

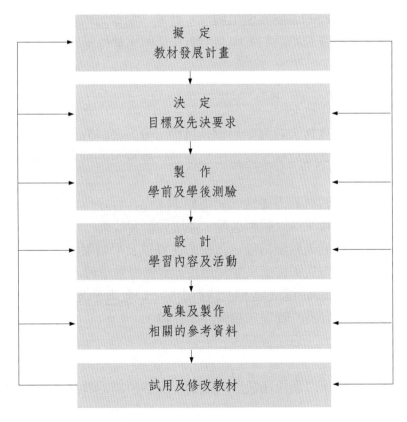

圖 3-4　自學單元教材的發展模式

五、教學系統設計教材發展模式

張火燦提出教學系統設計之教材發展模式，如圖 3-5 所示，其教材發展模式包括分析、設計、發展、實施與評鑑五個階段，每個階段各有其工作內涵，分敘如下。

㈠分析階段

此階段應依據需求評估的結果，作為分析教學內容的依據，並應用至以行為做基礎的任務分析或能力分析，和以科目為基礎的主題分析，以獲取教學內容。

其次，對學生學習的特性應有所了解，例如學習動機、經歷、能力及其生涯發展階段的需要與價值觀念。此外，對學習環境亦予以分析，俾使了解相關的資源和限制，作為判斷和選擇適當教學情境的依據。

㈡設計階段

此階段的工作有：

1. 決定單元教材，並擬定目標，目標可分為最終教學目標和次級教學目標，次級教學主要是用來描述一些特定的行為，用以達成最終目標。
2. 依據單元教材的需要性、使用頻率、工作程序等因素，排列教學順序，使教學得以順利進行，並增強學習效果。
3. 依據學生的人數與特性、教材的性質以及學習環境等因素，選擇適當教學方法和技術，並利用視聽媒體增進學習。
4. 設計教材發展所需的各種測驗與表格，以蒐集、整理和分析資料。
5. 設計教材發展的管理系統與評鑑計畫。

㈢發展階段

此階段乃依第二階段所設計的藍圖，發展所需的教材，主要的工作有：

1. 擬定教師與學生的學習活動。

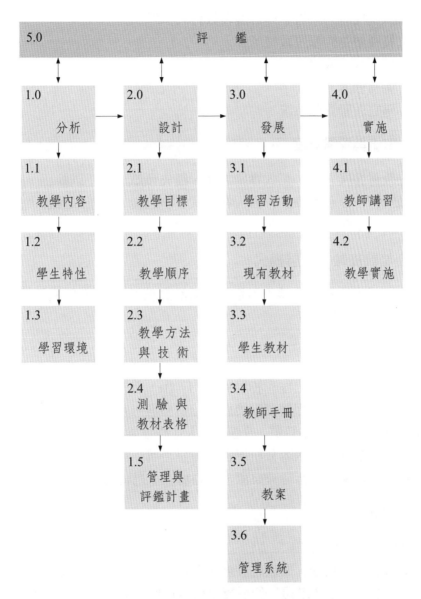

圖 3-5　教學系統設計教材發展模式

資料來源：陳清濱，民 85，頁 237。

2.檢視現有的教材，作為編製教材的參考。

3.發展學生的學習教材。

4.編訂教師教學手冊。

5.編寫教案。

6.建立教學管理系統。

㈣實施與評鑑階段

在教材發展之後，正式實施之前，需先預試，並予以修正，同時舉辦教師講習，以利教學的推展。在正式實施之後，需予以評鑑，作為檢討和改進的依據。

六、企業訓練教材發展模式

陳清濱（民 85）依據上述張火燦設計之教材發展模式將其細膩化如圖 3-6 所示，摘要如下。

㈠需求分析

此階段主要在找出理想和現實間的差距。首先蒐集工作內容、工作者所需的資格及工作相關資料後進行分析整理，並考量受訓者的年齡、知識背景、智力、人格特質、學習動機及工作經驗等，以決定教學內容。

此外，依其教學內容分析學習環境是否可以配合，以解決實施教學的困難；學習環境包括師資來源、訓練場地、視聽設備及訓練方式等。

㈡設計

此階段的工作有：

1.確立訓練目標，而教材發展主要目的在實現訓練目標，因此在教學發展的初級階段，便需擬定適當目標作為編製教材的指南。

2.依據需求分析及組織訓練目標，整理規劃教學科目及教學單元。

3.依據教材編製組織原則順序排列各科目及教學單元。

4.編寫各種科目及單元的教學目標。

5.選擇教學方法及技術。

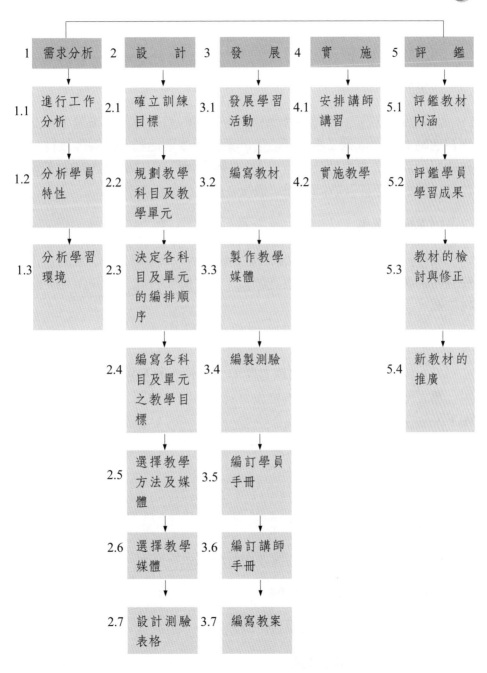

圖 3-6 企業訓練教材發展模式

資料來源：陳清濱，民 85，頁 240。

6. 選擇教學媒體。

7. 設計測驗表格。

㈢發展

此階段的工作，首先依據學科內容相關的教學目標，來選擇和安排學習活動；其次依第二步驟所設計的藍圖及學習活動安排編製教材，製作教學所需的教學媒體及評量學員的測驗試題，依其教材內容的不同，分別編製學員手冊及講師手冊，最後在試教之前編寫教案。

㈣實施與評鑑

教材發展完成後，安排講師講習，藉溝通教學目標及學習活動方式，使整體訓練得以連貫。之後實施試教，以了解試教成效，並作為改進教材依據。

七、能力本位教材發展系統

翁上錦（民 85）綜合整理有關能力本位教材發展所需的二十個因素，建立適用於我國的能力本位教材發展系統，如圖 3-7 所示，並簡述如下。

㈠閱讀前導研究資料

包括理論性與行業性。

㈡研訂能力本位教材發展程序

包含參與的人員、經費、資源與行政配合等措施。

㈢決定教材使用範圍及限制

決定教材使用對象及其學習目標。

㈣進行技術內涵能力分析

運用能力分析方法之一種或混合運用之。

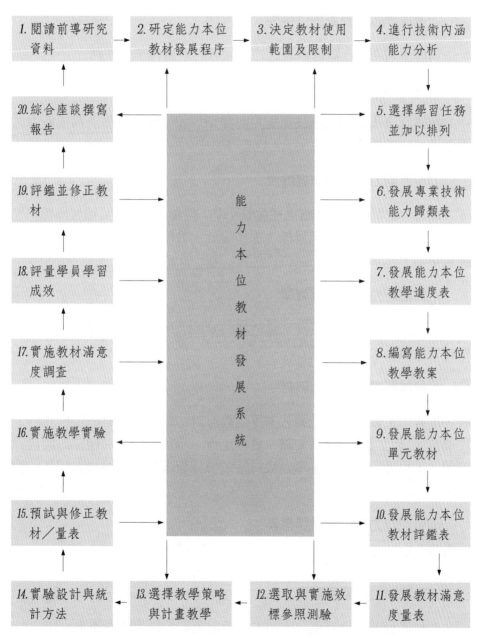

圖 3-7　能力本位教材發展系統

資料來源：翁上錦，民 85，頁 223。

㈤選擇學習任務並加以排列

依據學習理論，設計成整合性單元教材以選擇學習任務。

㈥發展專業技術能力歸類表

根據就業所需的基層技術能力而歸類，並透過專家釐清每項能力之重要性、頻率性與困難性。

㈦發展能力本位教學進度表

能力本位單元教材非常重視教學計畫，整套進度表要具備目標導向，包含實習單元名稱、單元目標、工作設計、教學節數、主要能力分析及評量準則。

㈧編寫能力本位教學教案

教案或稱單元活動設計，是依據特定的教學環境、教學資源、與學生特有性質編成的。

㈨發展能力本位單元教材

根據以上教學進度表與教案等活動設計，每單元教材的架構包含：「前言、單元目標、相關知識、實習工作、學後考評（問題探討與自我評量）、思考分析」，各單元教材需依據課程編製原則編成系統化的教材。

㈩發展能力本位教材評鑑表

可作為日後評鑑教材之用。

㈩一發展教材滿意度量表

教材滿意度量表適用於能力本位教學策略的學生填答使用。

㈥選取與實施效標參照測驗

如果由教師自編效標參照測驗，最好教師本身先經過測驗編製的訓練，一份編製好的測驗最好經過項目分析的篩選，才合乎水準。

㈦選擇教學策略與計畫教學

教學策略有演講法、示範法、個案研究法、角色扮演法、問題法等，各種方法都有其特別使用之場合與限制，教師應依能力本位教學性質而加以選擇。在計畫教學方面，要能兼顧學生自我學習活動、教師的準備工作、教師的教學活動等。

㈧實驗設計與統計方法

採取等組後測實驗設計，考驗能力本位教材是否優於傳統式教材之成效，並以效標參照測驗做考驗的指標。

㈨預試與修正教材量表

凡是教師自編的教材與量表，都有訴求的目標與適用的對象，必須經過預試與修正的研究。

㈩實施教學實驗

透過教學實驗，可以將新發掘的各項問題，反映到能力本位教材發展系統做回饋修正。

㈠實施教材滿意度調查

實施完畢一個單元的學習，要建立師生雙向溝通的管道，互享教學心得與成果。

㈡評量學生學習成效

能力本位單元教材的特色，是要發揮因材施教的理念，鼓勵學生自學，並達到效標標準。教師評量學生是要肯定學生已經學會的能力，指

出尚待努力的能力目標。

仇評鑑並修正教材

一套教材必須要經過下列四個層面的評鑑，才能實施於教學；教材的內涵、對學習者的適合度、對教學的適切性、效用與相關事項的配合程度。

什複製並推廣教材

能力本位教材的編輯，最好由一位熟悉能力本位教材與教法的學科與行業專家主編完成之，如此才能維持課程編製的品質。能力本位教材所花費的編輯時間與製作成本，約比正常傳統教材多出五成。最好的模式是由專職機構來召集編寫、出版與發行，類似德國 BIBB 機構一樣，如此才能出版一系列品質優良的教材，培育出品質保證的技術人力。

八、職業類科教材發展模式

林炎旦（民 85）歸納之職業類科教材發展模式，如圖 3-8 所示，而職業類科教材的發展首先須依社會環境、經濟條件、人為因素等，來建立職業教育哲學與目標，進而以行業技術能力為基礎，進行「行業分析」；接著依照教材編製的原則以及組織教材的方法與順序，來編排教材次序及編列補助、相關知識；其次，選擇單位行業、職業群集或能力本位等方式，編寫教材內容；最後完成整體教材。由此可知，職業類科教材的發展有其一定的模式與過程，才能編製出高品質的教材。

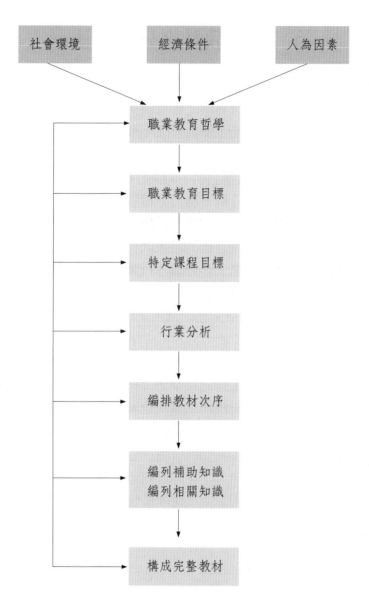

圖 3-8　職業類科教材發展模式

資料來源：林炎旦，民 85，頁 160。

第二節 教材之分析方法

　　工業類科教學最主要任務在於培養工業類科學生具備就業所需之知識和技能，因此必須對工作世界中之各行職業、或某一職務或工作，加以徹底了解並分析其工作內涵，使其形成一個個的小單元，以提供工業類科教材發展之主要參考依據。

　　有系統的分析方法包括行業分析、職業分析、職位分析、工作分析、功能分析、任務分析、操作分析、能力分析等，這些術語的形成有其時代背景與發展因素，但實施分析的方法與技巧上則差別不大，而又由於其選擇對象範圍不盡相同，所分析的結果則會因其切入角度之不同而有所差異。本節茲就較常使用之工作分析、行業分析、職業分析、任務分析、能力分析等五種常用分析方法分敘之。

一、工作分析（job analysis）

　　工作分析為美國職業教育家艾倫博士（Charles R. Allen）於 1919 年所提出，其定義是「一種對工作的科學研究與敘述，以顯示其內容及圍繞工作間之因素」，此種分析技術試圖決定職業課程之教學內容，以便訓練一位成功的職業從業人員，因此艾倫列舉分析的四個步驟為：

㈠教什麼

　　列舉工作者工作時所有的工作及履行這些工作所需的相關知識。

㈡教學內容之分類

　　主要工作項目做一系統之分類。

㈢分成主要部門

　　主要部門（block, division）係一群具有相同性質工作之總稱，主要部門之區分可以基於操作使用之材料、機具或技術之差異而區分，例如機工可分為鉗工、鑽床、鉋床、車床、銑床、磨床、熱處理等七大主要

部門。

㈣將主要部門重新安排

主要部門必須根據學習的難易程度及學習實際情境而做安排，以便教學。

艾倫使用卡片記載每一工作所需的知識，教師教學時係運用工作單，使教師、學生及工作連接在一起，學生根據工作單逐步地學習。

二、行業分析（trade analysis）

與艾倫齊名的美國密蘇里大學施碧治教授（Robert W. Selvidge）於1923 年倡導行業分析，艾倫是以行業工作（job）為其分析基礎及施教之單元；而施碧治則以單元操作（operation）為其分析及施教之單元，施氏其分析可分為四個步驟：

㈠列舉單元操作之清單。

㈡操作分析並列舉其操作步驟。

㈢依據操作準備知識單。

㈣編列必須知道的相關數學或科學。

工作分析是指對單位技能工作的分析，因此其內涵較窄；而行業分析之分析範圍涉及整個行業，因此趨於較廣泛的分析。但到了第二次世界大戰期間，兩個名詞就連在一起使用，而成為工作及行業分析（job and trade analysis）。

三、職業分析（occupational analysis）

第二次世界大戰後，美國學者夫瑞克倫（Verne C. Fryklund）以職業分析一詞概括工作分析及行業分析，Fryklund（1970）在其所著 *Occupational Analysis* 一書中，指出職業分析的步驟如下：

㈠列出職業包含的不同職類或部門。

㈡列出職業中各職類或部門所包含的技術工作。

㈢就各項技術工作分析其技能操作項目及相關知識項目。

㈣列出操作的每一個步驟，而相關知識依類別亦列出每一知識項目。

　　職業分析的步驟可歸納如圖 3-9 所示，相關知識可細分為技術知識，一般知識及輔導知識三類，若要轉換成單元教材，則需依據教材編製的一些基本原則，予以編排。茲以機工車床部門為例，如圖 3-10 所示。

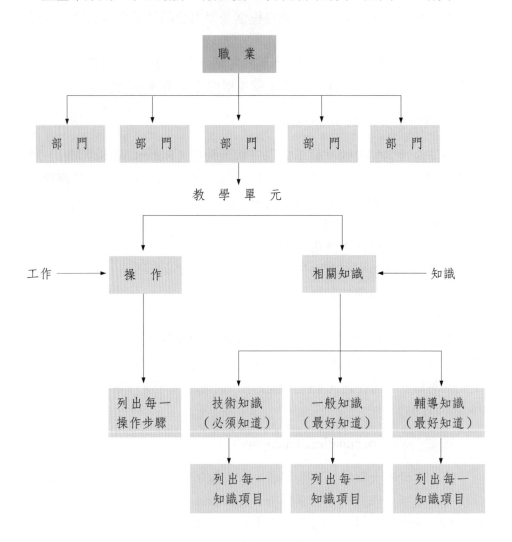

圖 3-9　職業分析步驟

資料來源：Fryklund, 1970, p.88.

技術知識　　　　　一般知識　　　　　輔導知識

圖 3-10　機工車床部門職業分析例

資料來源：陳錫鎬，民 85，頁 33。

　　此外，田振榮（民 84）在我國職業分類典修訂之職業分析研習會中指出，在職業的層級中，其垂直縱向的關係，可以圖 3-11 來表示，其中由多個操作的組合而成工作單元，多個工作單元可組合成一個任務，多個任務的組合則可形成一個工作，多個工作的組合則可形成一個職業。例如：拆螺絲、剪切鐵板為一操作；車削螺桿、劃展開圖為一工作單元；操作車床、車縫衣服、製作三明治為一任務；焊接為一工作；製圖師、電機裝修工為一職業。

　　茲列舉一例子將上述名詞界定之，並圖示如 3-12 所示。

㈠職業：指一個人在某一機構的特定職位上，所擔任的所有職務或工作。例如：航空公司票務員。

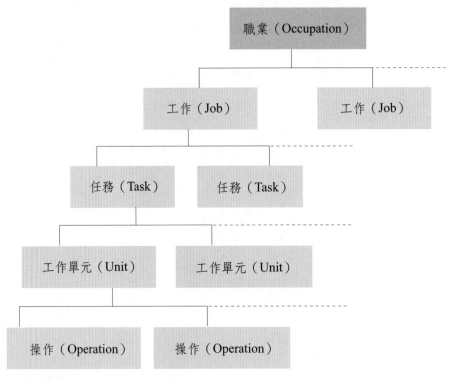

圖 3-11　職業的層級

資料來源：田振榮，民 84，頁 18。

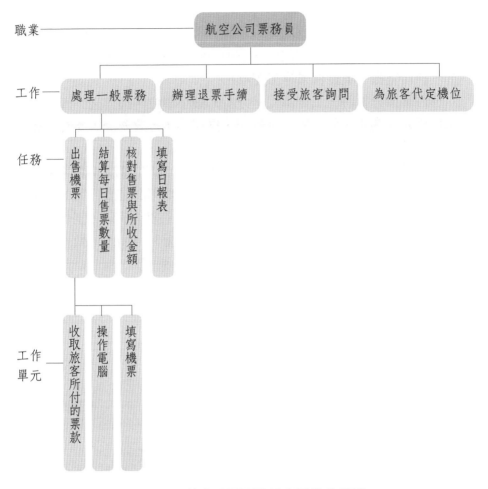

圖 3-12　航空公司票務員之職業分析例

資料來源：行政院勞工委員會職業訓練局，民 81，頁 1-2。

㈡工作：某一職位之業務常以工作稱之，這些工作可能包含幾個不同的任務。例如：航空公司票務員所擔任的工作可能有處理一般票務、辦理退票手續、接受旅客詢問、為旅客代定機位等。

㈢任務：指個人工作中的最小單元，但包括一個或多個工作單元。例如：航空公司票務員處理一般票務工作中的任務可能有出售機票、結算每日售票數量、核對售票價款與所收金額是否相符、填

寫日報表。

㈣工作單元：構成任務的基本單元。例如：航空公司票務員處理一
般票務工作中的出售機票任務裡可能包括收取旅客所附的票款、
操作電腦、填寫機票等工作單元。

進行職業分析時，工作單元是分析的最小單位，換言之，僅分析到
「工作單元」為止，而不細分至動作、操作等（行政院勞工委員會職業
訓練局，民 81）。

而在行政院勞工委員會職業訓練局（民 81）編印之職業分析手冊中，
第一頁即指出：職業分析是對一個職業所涵蓋的職務或工作所做的分析，
而一個職業往往含有若干任務，一個任務之中又往往含有若干工作單元，
可圖示如 3-13 所示，並列舉品管員的例子，如圖 3-14 所示，做一對照。

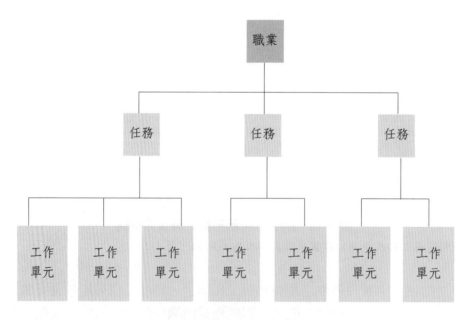

圖 3-13　職業分析的層次

資料來源：行政院勞工委員會職業訓練局，民 81，頁 1。

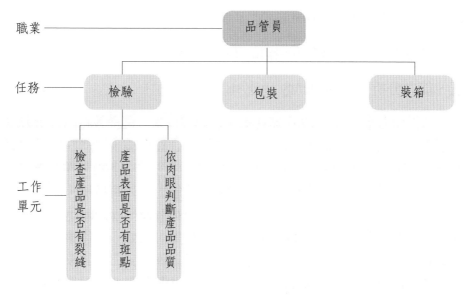

職業
任務
工作
單元

品管員

檢驗　　包裝　　裝箱

檢查產品是否有裂縫

產品表面是否有斑點

依肉眼判斷產品品質

圖 3-14　品管員之職業分析例

四、任務分析（task analysis）

到了 1970 年以後梅格（Robert F. Mager）提出以任務分析代替職業分析，深感以往所用的分析技術過分重視人以外的工作，而教育工作的對象是人，人的因素在課程設計及教材發展上應占重要地位。

梅格從事職業分析時發現工作說明（job description）過於廣泛而不精確，因此無法使分析者了解應該教什麼才能訓練學生準備一份職業，所以他認為工業類科教師可從職業分類典（Dictionary of Occupational Title，簡稱 DOT）或其他資源如觀察、訪問、問卷等方法，以獲得工作者之工作內容後，首先撰寫一份完整的工作說明，然後再進行任務分析。

梅格認為任務是完成工作目標所必須的，合乎邏輯的一組相關動作。因此一份工作包含了許多任務，任務分析包括二個步驟：

㈠任務編列（task listing）

將工作所包括之任務根據工作說明予已編列。

㈡任務細分（task detailing）

將每個工作者完成任務所需的步驟予以細分。

五、能力分析（competency analysis）

自從能力本位教育 1967 年在美國被倡導以來，選擇教材的分析方法有了思想上的改進，針對任務分析法之缺點企圖突破，目前在技職教育及職業訓練之教材發展領域中，大多以能力分析法作為教材選擇的方法。

能力分析的結果將導出一組具體明確的能力與教育目標，能力分析的結果應包括二種能力：一為必須能力（Must Have Competency），是指從事一個職業所必須具備的知識、技能與態度，假如一個從事人員缺乏這些必須能力，則無法履行其任務、完成其工作。另一為將來需要之能力（Should Have Competency）是指若干年後由於科技變化及職業結構變遷而將需要有的能力，因此這些能力無法從成功的從業者現行能力分析中獲得，需教材發展者的智慧判斷或預測。

技職教育的能力分析常採用三種主要的方法，即理論分析型的能力分析法、學科轉換型的能力分析法、與任務分析型的能力分析法，茲分明說明之。

㈠理論分析型的能力分析法

理論分析強調能力的統整性，雖然經過分析而成若干模式或能力，但是這些模式或能力間並非單獨存在的，應相互的聯繫。理論分析法係針對一種理想的模式而發展，其模式可針對未來的需要發展而不致落伍，但其模式之建立不易，分析者若無廣博的教育專業基礎，亦將主觀偏見參雜其中，是其缺失之一（康自立等，民 78）。

㈡學科轉換型的能力分析法

係從傳統知識本位轉換成能力本位最快速簡單的方法，只要將現存教材與課程加以分析，分析出原來學科期望學生達到的能力，然後再加以重新組織而以能力本位教育方式進行施教。

學科轉換型之能力分析法目前主要有二種型態，分敘如後。

1. **獨立學科轉換型（Isolated Course Translation）**

係各學科單獨從知識本位轉換成能力本位，學科間之內容不打破亦不融合，其轉換過程可分為三個階段，如圖 3-15 所示。

(1)第一階段：將所有學科皆以知識本位之傳統結構而組職。

(2)第二階段：將部分學科單獨轉換為能力本位結構之測試階段。

(3)第三階段：將所有學科轉換成能力本位，但各學科之間無任何之統整。

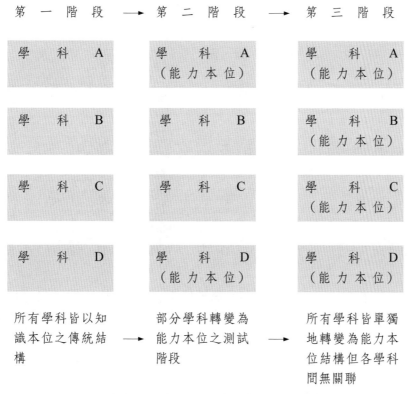

圖 3-15　獨立學科轉換型的能力分析

資料來源：康自立，民 71，頁 90。

2.分別學科轉換型（Separate Course Translation）

與獨立學科轉換型最大差異在於分別學科轉換型於轉換成能力本位結構時，各學科間經過融合與統整的過程。因為在傳統知識本位課程中，學科間之教材重複性相當大，因此形成學習的浪費，基於此觀點，須將各學科分析成能力時，加以重組與統整，然後給予各學科某些特定的能力，其轉換過程亦可分為三個階段，如圖 3-16 所示。

(1)第一階段：將所有學科皆以傳統的知識本位結構。

(2)第二階段：各學科之能力經過分析而整理出一組共同的能力。

(3)第三階段：根據共同能力予以重新編寫各科之教材，而安排成為能力本位新課程。

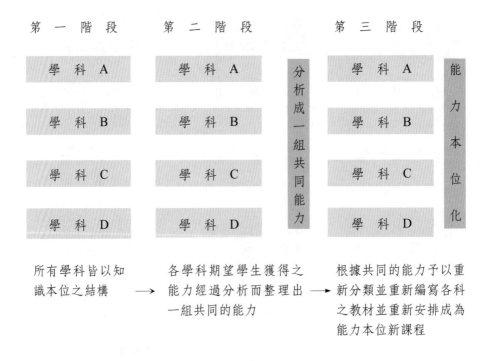

圖 3-16　分別學科轉換型的能力分析

資料來源：康自立，民 71，頁 91。

學科轉換型之能力分析法具有簡單、經濟、省力、省時之優點，只要將原有課程與教材加以轉換而已，其改變少亦為師生及社會大眾所接受；但其課程內容缺乏革新，亦為人所詬病之處。

㈢任務分析型的能力分析法

技職教育的教材發展及教學設計起始於任務分析，對於分析方法和技術引用適當與否，成為課程發展、教學設計、教材編製成功與否的重要關鍵。根據研究指出，用以鑑別工作任務的技術就有三十種之多，每種技術都有其特定的適用範圍、功能和限制，李隆盛（民 88）歸納提出四類十二種能力分析方法，如表 3-17 至 3-20 所示，而選用能力分析法的一般性指引可參考表 3-21 所示。

此外，有必要針對目前普遍應用的 DACUM 法、Delphi 法、V-TECS 法等分別敘述之。

1. DACUM 法

DACUM 法是 Developing A Curriculum 或 Designing A Curriculum 的縮寫，它是指發展或設計一套課程，在各科能力分析的方法之中，DAC-UM 法是講求業界本位與職場導向的能力分析法，屬於一種高效能、迅速和低成本的方法，透過 DACUM 法分析所得的結果為一「能力一覽表」或稱「能力目錄」（Competency Profile 或 DACUM Chart），可作為編製教材的內容結構及課程發展的主要依據。

表 3-17　訪談類能力分析法

	一般訪談法	能力訪談法	重要事件法
標的資訊	職責、任務、能力（需精細時）。	職責、任務、能力。	能力。
程序	可分為非結構化、半結構化和結構化訪談，愈前面的類型問題愈開放，愈被借重在辨認重要課題、發展後續問題等。結構化訪談常接續在非結構化訪談結果的分析之後。需有小心建構的問題、詳實的記錄及系統化的程序。	本法和一般訪談法的區分，在於本法訪談對象以待分析職務之工作人員和（或）其直屬主管為限。主要訪談受訪者的職務說明、工作活動、工作職責，並釐清職責之間的關係及各項職責的能力。訪談所有受訪者之後，能力需整理成 8-12 個領域，並加以命名。	由受訪者回顧工作中造成成功或不成功後果的重要事件（情境和因素等）。所有的訪談結果需加以記錄和解釋，只有名稱與能力內容一致及能有效描述行為表現的能力可被接受。
步驟	非結構或半結構化訪談：(1)準備激發性問題，(2)選取和聯絡受訪者，(3)依需要訓練訪談者。結構化訪談：(1)根據非結構化訪談結果，準備訪談程序。(2)預試小規模的訪談程序。(3)選取和聯絡受訪者。(4)選取和訓練訪談者。(5)進行和分析訪談。	大致如一般訪談法。	大致如一般訪談法。
優（缺）點	可獲得有品質的深入資訊，但常費時、昂貴（尤其受訪者分散時）。	程序簡單、徹底，但費時，也可能昂貴。	能獲得真實資料、產出成功表現的屬性，但可能漏失例行且必要的屬性、昂貴，及可能過於主觀。

資料來源：李隆盛，民 88，頁 12-13。

表 3-18　調查類能力分析法

	一般調查法	得懷（Delphi）術
標的資訊	職責、任務。	職責、任務。
程序	透過郵寄或面交問卷，或訪談，大規模蒐集資料。	根據取樣規準，選取專家，請他（她）們填答數回合的郵寄問卷，第二回合以後的問卷附有上一回合填答意見的摘要，參與者因而可在沒討論、辯論和公開衝突的情況下，也能因知道相互之間的意見而逐漸得到共識。本法通常需費時 45 天以上，參與者需善於文字溝通和有高度參與動機。
步驟	(1)選取對象，(2)發展問卷或問題，(3)實施調查，(4)進行催收，(5)分析調查結果。	(1)發展得懷問題，(2)選取和聯絡可能參與者，(3)選擇樣本數，(4)發展和寄發第一回合問卷，(5)分析問卷，(6)發展和寄發第二回合問卷，(7)分析問卷……(X)整理報告。
優（缺）點	可有效率地蒐集大量資料，但為了簡化資料的蒐集和解釋，常需有較封閉性的選項，以致限制了深度和細節。	適用於：(1)變遷中的專（職）業，但其未來可預測，唯需避免爭議。(2)專家們可能對未來結果有不同意見。(3)專家們分布廣泛時。

資料來源：李隆盛，民 88，頁 14。

表 3-19　集會類能力分析法

	名義小組術（NGT）	蝶勘法（DACUM）	搜尋會議法
標的資訊	職責、任務、能力。	職責、任務、能力。	職責、任務與能力（特別是未來可能和所需）。
程序	一位幹練的主持人和8-10位參與者，進行面對面的會議。主持人提出有待小組解答的問題，由參與者靜默且獨立地列出解答或構想。主持人循序請每一位參與者每次提出一項構想，列在大張紙上，遇重複的構想，則進行整合，構想窮盡時，即就所列構想評些以建立優先序和共識。	一位幹練的主持人和12位左右精心挑選的參與者進行面對面的會議。主持人借重腦力激盪術請參與者口述職責，並將這些職責列在卡片上，擺在牆上，待所有職責都列出，再請參與者口述各職責的任務，也用卡片列出及排在各職責之後。蝶勘法常分析至任務為止，但可依需要進一步分析執行各項任務所需的能力。主持人也能依需要請參與者從不同向度（如使用頻率、重要程度）評判各項任務或能力。	一位主持人和15-35位參與者，進行面對面的會議。先是開全體會議促進相識及借重腦力激盪構想未來的環境，接著進行分組會議借重發散式思考產出構想，最後再開全體會議，由各小組報導其構想的優先序、策略和行動規劃。
步驟	(1)選擇主持人。(2)選擇參與者。(3)聯絡參與者和安排地點。(4)選取問題。(5)進行名義小組程序。	(1)選擇主持人。(2)根據預定規準選擇參與者。(3)聯絡參與者，安排適當地點。(4)進行會前解說。(5)進行蝶勘程序。(6)彙整結果。(7)撰成報告。	(1)選擇適當的地點。(2)選擇適當的參與者。(3)進行會議。
優（缺）點	快速（每一問題約兩小時），可避免參與者之間的衝突，確保參與者的平等性，可產出許多構想，也可就產出的構想排序或評鑑。	快速、系統化、中度花費、徹底。	約需四週時間，經費由低至高，主要利害關係人都參與，未來導向，主持人及參與者需專精知能。

資料來源：李隆盛，民88，頁14-16。

表 3-20 其他類能力分析法

	功能分析法	CODAP 法	觀察法	McBer 法
標的資訊	職責、任務。	職責、任務、能力。	職責、任務、能力。	職責、任務、能力。
程序	通常由在業界領銜的企業體中分析，先考慮整個專（職）業各種職務的主要目的，再分析達到目的需要什麼，一直細分到能力的單元與要素。	利用電腦程式輸入、統計、組織、摘記和報導，借重工作清單蒐集的資料。問卷式清單含背景及任務兩大項。	透過實地觀察，進行記錄及分析。	McBer 顧問公司採用的統合分析法。先確認專（職）業中成功的工作者，探討優良及中度工作者的差異，再確認造成差異的屬性和（或）能力。
步驟	(1)確認職務目的，(2)透過逐步分解的問題，分析至達成目的所需能力。	(1)發展任務清單，(2)寄發問卷，(3)分析資料。	(1)選取對象，(2)發展觀察表單，(3)進行觀察，(4)分析結果。	(1)界定效能規準。(2)根據規準確認優良及中度工作者。(3)進行功能分析法，確認工作任務。(4)發展優良工作者的假定。(5)進行重要事件法訪談。(6)直接觀察，確認(3)-(5)。(7)透過兩人以上解釋資料。(8)利用第二組樣本的重要事件和（或）測驗測量能力，確認(7)。
優（缺）點	從團隊或組織觀點分析能力，但結果常無法類推至其他團隊或組織。	高度文件化，工作類型可系統化分類，有電腦輔助，中度至高度費時，昂貴，及欠缺未來觀。	可取得第一手資料，但可能欠缺信度，及需訓練觀察者。	此法可克服傳統方法的缺點，但偏重：知識而非表現，一般非特定屬性、簡化工作表現和太瑣碎。

資料來源：李隆盛，民 88，頁 16-17。

表 3-21　選用能力分析法的指引

類別	方法	標的資訊	1.可用經費 : 充裕	中度	短促	2.可用時間 : 長	中(如六個月)	短(如三個月)	3.樣本或母群大小 : 大	中	小	4.分析範圍 : 整個專(職)業	單一部門	5.程序的機密性高	6.衝突的可能性高	7.專(職)業變化快	8.想在室內崗位上進行
訪談	一般訪談法	DTC	○	×	×	○	×	×	×	×	●	×	●	○	○	○	○
	能力訪談法	C	○	○	×	○	×	×	×	×	●	×	●	○	○	○	○
	重要事件法	C	●	×	×	○	×	×	×	×	●	×	●	○	○	○	×
調查	一般調查法	DT	○	○	×	○	×	×	●	●	○	○	○	○	○	○	○
	得懷術	DT	○	○	×	○	○	×	●	●	○	○	○	○	●	○	○
集會	名義小組術	DTC	○	○	●	○	○	●	○	○	○	○	○	×	○	○	×
	蝶勘法	DTC	○	○	●	○	○	●	○	○	○	○	○	×	×	○	×
	搜尋會議法	DT	○	○	○	○	○	○	○	○	○	○	○	×	×	●	×
其他	功能分析法	DT	○	○	○	○	○	○	○	○	○	○	○	×	×	○	○
	CODAP 法	DT	○	×	×	○	○	○	○	○	○	○	○	×	●	×	
	觀察法	DT	●	×	×	○	×	×	×	×	×	×	×	○	○	○	○
	McBer 法	DTC	●	×	×	○	×	×	○	○	●	○	●	○	○	×	

註：D—職責，T—任務，C—能力。

　　　●—最適合，○—適合，×—不適合，空白表最不適合。

資料來源：李隆盛，民 88，頁 18。

　　　DACUM 法基於業界的從業者比任何人更能精確地描述和界定該行職業從業人員所需的職責和任務，並確知正確地執行各種任務所需的知識、技能和態度，其進行程序如下：

　　　(1)成立 DACUM 委員會：DACUM 委員會成員約為十至十二人所組成，其中行職業界的從業人員須占八至十人，由於業界專業

從業人員對工作的現況最為了解，可提供足夠可靠的資訊，發展正確的職責和任務描述。

(2)進行座談分析：委員會委員可自由地分享理念和充分發揮腦力激盪的優點，以確認所有職責與任務，其進行步驟如下：

①工作描述：首先委員對特定工作的內涵進行說明，此一步驟稱之為工作描述（Job Description），需歸納委員意見綜合出一有系統的一段文字敘述。

②提出職責：當工作描述完成後，委員將進行職責（duty）之分析，所謂「職責」係指個人成功履行工作時之主要責任與活動，有時亦稱為「一般主要能力」（General Area Competency），在腦力激盪過程中，任何一個人所說出的職責，主持人應不管其對與否，完全接受並記錄下所獲得的資訊。

③確定職責：當委員無法再想出某一工作之職責時，主持人接著引導委員將所列出的職責予以組合、刪除及修正，以確認各項職責。

④將每一職責分析成任務：職責確定後，主持人將其順序排列並請委員將每一職責分別分析成任務（task），所謂「任務」係指個人工作中的最小單元，有時亦稱為「技術能力」（skill competencies），任務通常係以動詞開始敘述，例如：更換火星塞、製作砂心、切削錐度、組合功率放大電路、查閱元件資料手冊、撰寫技術報告、發表測試產品、分析產品市場、使用統計軟體等。

⑤確定任務：當任務分析完成後，主持人應引導委員對每一職責所分析成之任務，逐一檢討、重組、刪除及修正，直到完全確認各項任務為止。

⑥完成能力一覽表（能力目錄）：當任務分析確認完成後，接著安排其學習順序，並且賦予評量等級，如此便完成一份完成的 DACUM 能力一覽表。

對於任何任務的學習所需達到的標準，DACUM 系統使用 0、1、2、3、4A、4B、4C 等七個等級來評量，其最低級為「0」，最高級為

「4C」，一般而言，職校或職訓中心之最低要求為「3」，而學生可依個別差異而有向上發展的可能，至於履行任務時之精度及速度之標準，教師可依照下列效標而評定其等第。

0：能執行本任務，無法在職業現場中得到滿意的結果。

1：能執行本任務，但必須經常在主管或督導人員之協助下完成。

2：能執行本任務，但偶爾需要在主管或督導人員之協助下完成。

3：能執行本任務，無須任何之督導與協助。

4A：能比正常之工作者更快或更好品質之情形下執行本任務。

4B：能成功地執行本任務並具有進取與適應新改變之能力。

4C：不但具有 4B 之能力，同時能訓練他人執行本任務。

一份 DACUM 發展的結果，通常包括 8 至 12 項職責（duty）及 50 至 200 個任務（task），這些項目都是一位成功的從業者在一個特定工作或職類中必須要具備的工作能力。而凡是經過確認的任務，均可發展成模組化能力本位單元教材，以利教學或訓練之用。

茲列舉砂模鑄造、基礎電子實習、電機工程技術員、高職工科畢業生應具備之資訊能力一覽表等，如表 3-22 至 3-25 所示，以供參考。

2. Delphi 法

Delphi 是一座位在古希臘中部的城市，宗教活動鼎盛，祠奉有阿波羅太陽神，該神廟建於公元前 6 世紀，希臘人有疑難常來此祭拜求得神的解惑，久而久之，阿波羅成為掌管預言之神，而 Delphi 也變成常有神諭之地，以及預測未來的代名詞。

Delphi 法在 1950 年代即由美國蘭德（Rand Corporation）奧拉福・赫爾默與諾曼・達爾基（Olaf Helmer and Norman Dalkey）所倡導使用，是一種將用集體直覺來預測未來的方法，在運作上是先邀請一些與研究問題有關的專家學者，在他們匿名且彼此不碰面的狀況下，進行數回合的問卷式個別調查，每次在調查之後均將分析結果連同新的問卷分送接受調查的專家學者，作為修正其先前意見的參考，如此反覆實施，直到專家學者之間的意見差異降至最低程度為止。

表 3-22　砂模鑄造職類能力目錄

工作描述：能應用模型製作砂模，鑄入金屬熔液，凝固成鑄件之工作。

0─無法在職業現場中得到滿意的結果
1─能執行本任務，但必須經常在主管或督導人員之協助下完成
2─能執行本任務，但偶爾需要在主管或督導人員之協助下完成
3─能執行本任務，無須任何之督導與協助
4A─比正常之工作者更快或更好且具有品質良好之情形下執行本任務
4B─能成功地執行本任務並具有進取與適應新改變之能力
4C─不但具有 4B 之能力，同時能訓練他人執行本任務

	1	2	3	4	5	6	7
(一) 認識砂模鑄造	1-1 近代砂模鑄造工藝	1-2 砂模鑄品與生活	1-3 砂模鑄造流程	1-4 認識砂模鑄造用材料	1-5 砂模鑄造的種類及其特性	1-6 認識砂模鑄造設備	1-7 鑄造工作安全事項
(二) 認識鑄造方案	2-1 認識圖面及說明	2-2 鑄件重量計算	2-3 模型材料及種類	2-4 模型移動及分模面	2-5 澆口系統	2-6 冒口系統	
(三) 濕模砂調配及試驗	3-1 認識鑄砂種類	3-2 調配濕模砂	3-3 鑄砂特性及試驗	3-4 系統砂的再生處理	3-5 維護保養調砂相關設備		
(四) 砂模製作	4-1 製作濕模砂模	4-2 機械造模	4-3 製作自硬性砂模	4-4 製作熱硬性砂模	4-5 製作自硬性砂模	4-6 維護保養砂模製作相關設備	
(五) 砂心製作	5-1 砂心的種類及功能	5-2 製作砂心	5-3 砂心的排氣塗模烘乾及安置	5-4 維護保養砂心製作相關設備			
(六) 金屬熔鑄	6-1 檢查與修補爐視	6-2 熔解配料演算	6-3 操作化鐵爐	6-4 操作感應電爐	6-5 爐前管理(一)~(六)	6-6 準備澆桶及鑄造作業(一)~(二)	6-7 維護保養感應電爐
(七) 鑄件後處理	7-1 開箱及清砂作業	7-2 去除及研磨澆冒口	7-3 銲補及整修鑄件	7-4 鑄件熱處理	7-5 鑄件外觀處理	7-6 維護保養鑄件處理相關設備	
(八) 鑄件檢驗	8-1 目視檢查及量測尺寸(一)~(二)	8-2 機械性質試驗	8-3 鑄件材質成分分析	8-4 非破壞性檢測(一)~(四)	8-5 金相組織檢驗	8-6 鑄流發生原因及對策	8-7 維護保養檢測相關設備儀器

資料來源：郭友超，民 89，頁首。

表3-23 職業訓練基礎電子實習學生專業能力一覽表

姓　名：＿＿＿＿＿＿　學號：＿＿＿＿＿＿
資源供應者：＿＿＿＿＿＿
業　務：＿＿＿＿＿＿

(1) 等級 A：不需監督，即會做本項技術，並能領別人做好這項技術。
(2) 等級 B：不需監督，能適應特殊問題情境，做好本項技術。
(3) 等級 C：不需監督但需協助，才能做出令人滿意的技術。
(4) 等級 D：需要監督和（或）協助，才能做出令人滿意的技術。
(5) 等級 E：僅具備某些知識和有限的經驗，但不足以參與學習環境，基本技能尚未獲得，須重新加強學習。

能力：

	1	2	3	4	5	6	7	8	9	10
(一) 辨認及選用電子零件	1-1 辨認及選用焊錫	1-2 辨認及選用電路板	1-3 辨認及選用插座	1-4 辨認及選用插頭	1-5 辨認及選用電阻器	1-6 辨認及選用電容器	1-7 辨認及選用揚聲器	1-8 辨認及選用電池	1-9 辨認及選用保險絲及保險絲座	1-10 辨認及選用開關
	1-11 辨認及選用二極體	1-12 辨認及選用電晶體及場效電晶體	1-13 辨認及選用導線	1-14 辨認及選用散熱板	1-15 辨認及選用繼電器	1-16 辨認及選用連接器	1-17 辨認及選用排線	1-18 辨認及選用積體電路	1-19 辨認及選用數位積體電路	1-20 辨認及選用顯示器
(二) 使用手工具及量測儀器	2-1 使用電烙鐵	2-2 使用鉗子	2-3 使用吸錫器	2-4 使用電鑽	2-5 使用起子	2-6 使用鎚子	2-7 使用虎鉗	2-8 使用手弓鋸	2-9 使用銼子	2-10 使用量具
(三) 裝配	3-1 查閱元件資料手冊	3-2 選用電路板的電子零件表規格	3-3 製作印刷電路板	3-4 對照電路圖和印刷電路相關位置	3-5 裝置元件到印刷電路基板	3-6 焊接電路	3-7 裝置印刷基板的配線	3-8 裝置固定面板的零件、配線	3-9 裝置機箱零件	
(四) 使用電子儀器	4-1 使用三用電表	4-2 使用音頻信號產生器	4-3 使用函數信號產生器	4-4 使用電源供給器	4-5 使用示波器	4-6 使用電阻電容電感測試器	4-7 使用計頻儀	4-8 使用電品體測試表	4-9 使用積體元件測試器	4-10 使用電晶體特性曲線描跡器
(五) 測試	5-1 測試電壓	5-2 測試電流	5-3 測試波形	5-4 測試頻率與週期	5-5 測試電阻值	5-6 測試電壓增益				
(六) 檢修	6-1 查閱操作說明書	6-2 查閱電路資料	6-3 區分系統方塊圖	6-4 檢視設備之外觀	6-5 分析電路圖	6-6 拆卸電子設備	6-7 確認主要元件位置	6-8 檢查零件狀況	6-9 依據電阻測量結果找出故障元件	6-10 依據電壓量結果找出故障元件
	6-11 依據電流測量結果找出故障元件	6-12 依據頻率測量結果找出故障元件	6-13 依據聲音狀況找出故障元件	6-14 依據波形測量結果找出故障元件	6-15 更換元件	6-16 試用與調整	6-17 修補與保養			

資料來源：翁上錦，民82，頁8。

表 3-24　電機技術能力一覽表

職業（OCCUPATION）：電機工程技術員　　　行業（TRADE）：電機業　　　技術層級：（TECHNICAL LEVEL）：中層技術人員

職務（DUTIES）◀━━━━━━━━━━━━技術能力（任務）[COMPETENCIES TASKS]━━━━━━━━━━━━▶

A 使用電工儀表	使用直流指示儀表 A01	使用交流指示儀表 A02	測量電功率、相位與功率因數 A03	測量電能量 A04	使用交、直流電橋 A05	使用電子測量儀表與訊號產生器 A06	使用記錄電儀表 A07
	使用遙測電儀表 A08	使用特殊電儀表 A09					
B 檢驗電機設備	斷路器及開關之試驗 B01	避雷器之試驗 B02	突壓器之檢驗 B03	旋轉電機之檢驗 B04	絕●試驗 B05	電纜之試驗 B06	電焊之試驗 B07
	電力電容器之試驗 B08	配電器之試驗 B09	高壓大電力之試驗 B10				
C 維護電機機械	直流電機之試驗與維護 C01	三相感應機之試驗與維護 C02	單相感應機之試驗與維護 C03	同步機之試驗與維護 C04	變壓器之塊結試驗與維護 C05	特殊電機之試驗與維護 C06	
D 控制電動機	控制人工直流及交流啟動器 D01	控制自動直流及交流啟動器 D02	控制直流電動機 D03	控制三相電動機 D04	控制單相電動機 D05	控制步進電動機 D06	控制伺服電動機 D07
E 配線設計	電機識圖與製圖 E01	屋內配電設計 E02	工業配電設計 E03	辨識建築圖 E04	設計火災警報消防系統 E05	設計通訊配線系統 E06	
F 設計自動化系統	PLC 控制器之裝配與應用設計 F01	感測器之應用 F02	伺服控制系統之操作與設計 F03	數位／類比控制系統之操作與設計 F04	順序控制系統之操作與設計 F05	實用工業控制系統之操作與設計 F06	認識中央監控系統 F07
G 應用電力電子	選用功率元件 G01	應用整流器 AC→DC G02	應用變流器 DC→AC G03	應用發流器 DC→DC G04	應用變頻器 AC→AC G05	組合電力電子電路 G06	
H 設計數位邏輯	選用數位IC元件 H01	設計組合邏輯 H02	設計序向邏輯 H03	設計計數器/計時器 H04	設計顯示器及驅動器 H05	製作邏輯控制系統 H06	
I 構建微處理機系統	認識電腦基本結構 I01	選用微處理機元件 I02	選用記憶IC元件 I03	選用介面IC元件 I04	單晶片程式語言設計 I05	記憶電路之操作與設計 I06	建立 I/O 介面電路 I07
	製作微處理機系統電路 I08						
J 電腦操作與應用	操作作業系統 J01	操作中文系統 J02	操作文書處理系統 J03	使用繪圖軟體 J04	使用管理軟體 J05	使用電路分析軟體 J06	使用排版軟體 J07
	使用統計軟體 J08	設計高階程式語言 J09					
K 監督生產管理	維護工作安全 K01	維護工作衛生 K02	控制生產程序 K03	管制生產品質 K04	人際關係與溝通協調能力 K05	英語聽說讀寫之能力 K06	日語聽說讀寫之能力 K07

資料來源：陳昭澤，民 83，頁 88-90。

表 3-25　高職工科畢業生應具備之資訊能力一覽表

職務（Duty）　　　　　　　　　　　　　任務（Task）

A.維護資訊安全	A01 病毒防治	A02 維護電腦電源之安全	A03 加密及解密以維護電腦資訊之安全	A04 備份及復原
B.遵守職業道德及工作倫理	B01 遵守綠色環保電腦相關法規	B02 遵守智慧財產權相關法規		
C.操作作業系統	C01 基本開、關機操作	C02 複製磁片（碟）資料	C03 作業系統基本操作能力	C04 處理檔案
	C05 管理檔案	C06 格式化磁片	C07 辨認作業系統	C08 了解網路基本概念
D.保養電腦	D01 保養軟式磁碟機	D02 保養電源供應器	D03 保養硬式磁碟機	D04 一般保養
E.安裝軟體	E01 安裝軟體			
F.認識光碟資料使用	F01 認識光碟資料使用			
G.電腦基本應用	G01 認識電腦在各行業工作崗位基本應用及未來發展			
H.認識電腦	H01 辨認電腦及其周邊設備	H02 說出電腦在資料處理的應用	H03 認識電腦發展史	
I.閱讀資訊技術資料	I01 閱讀個人電腦組件技術資料			
J.操作電腦軟體	J01 辨識應用軟體	J02 辨識程式語言	J03 使用圖形介面作業環境	J04 程式基本規劃

資料來源：施純協等，民 84，頁 151-152。

Linstone（1978）認為 Delphi 法的進行須包括十個步驟：

(1)組成小組以監督既定主題上 Delphi 的進行。

(2)選取一或一個以上的專家小組參與預測。

(3)發展第一回合的 Delphi 問卷。

(4)測試問卷以修整遣辭用字。

(5)分送第一回合的問卷給小組專家。

(6)分送第一回合的問卷反應。

(7)準備第二回合的問卷。

(8)分送第二回合的問卷給小組專家。

(9)分析第二回合的問卷反應。

（重複步驟(7)－(9)，直到反應結果已達預期或所需的穩定度為止。）

(10)撰寫分析報告以提陳預測所得的結論。

歸納 Delphi 法的進行步驟如下所述：

(1)選定一組專家或 Delphi 小組接受實施調查：調查的對象必須是對預測的主題學有專精，並且有預測能力的專家，其人數以十至十五人較適宜。

(2)編製三至四份問卷，寄予 Delphi 小組成員反應意見

①第一份問卷：多半採開放式問卷，請小組成員針對調查主題表示意見。

②第二份問卷：係將第一份問卷蒐集而得的資料予以處理，摘要成重要的若干題目，按隨機方式排列，其中每題分成若干選項或依五等量表方式編製成本份問卷，再交由原調查對象填寫或評定等級。

③第三份問卷：分析第二份問卷調查所得之資料，就每一題選項之等級平均數或中數、或就每題五等量表各選項加權平均數及整題的加權平均數和標準差列在第三份問卷中，以顯示初步調查結果，再分別寄給原調查對象，使其了解自己在第二份問卷上的反應與團體調查結果的不同所在，然後再對第三份問卷重新評定，以表達自己新的觀點，如應答者對每一

題看法仍有實質差異時，需提出簡要解釋。

④第四份問卷：為最後一次的評定結果，可提出最後一次團體
反映出的一致性陳述，或如同第三份問卷的分析方法，加以
解釋說明，以獲致結論。

3. V-TECS 法

V-TECS 係英文 Vocational-Technical Education Consortium of States 字
首的組合詞，依字譯為州的職業技術教育聯盟，美國若干州鑑於推行能
力本位職業教育過程中，確定能力目錄的重要，若由各州單獨發展實為
不易且費用高昂，乃於 1973 年 7 月在威斯康辛（Wisconsin）州首府美得
森（Madison）市，共同組織一個發展中心專門研究發展能力本位職業教
育，由參與的各州共同投資並分享成果，現已發展成一個全國性的能力
本位職業教育發展中心，其主要產品項目有：

(1)職業分析資料

①職責／任務表（Duty/Task List）。

②工具、設備及輔助工作器材表（Tool Equipment & Work Aids
List）。

③行為目標（Performance Objectives）。

④行為步驟（Performance Steps）。

⑤中介能力（Enabling Competencies）。

⑥相關的學科技術（Related Academic Skills）。

(2)效標參照測驗題庫（Criterion-Referenced Test Item Banks）

①紙筆測驗題（Written Items）。

②實作題（Performance Items）。

(3)教學單元（Instructional Elements）

①教學活動（Instructional Activities）。

②教學資源（Instructional Resources）。

③教學工作單（Instructional Worksheet）。

(4) V-TECS 指引（V-TECS Direct）。

(5)自動交互參考職業系統（The Automated Cross Referencing Occupational System）。

V-TECS 法的能力目錄之發展流程與 DACUM 法不同，V-TECS 法係採用比較嚴謹的方法，採大規模且精確的分析法，廣收資料並運用電腦協助分析大量的資料，以達到所建立的能力目錄能符合工作世界的需求，其能力目錄之發展流程如圖 3-17 所示，並分敘如後。

(1)發展職業目錄之問卷：V-TECS 法對每一工作能力目錄之發展均從職業現況之能力需要著手，透過詳實的各類文件分析，將「工作」分析成「職責」（Duty），然後再分析成「任務」（Task）。

當資料蒐集完整後，能力分析工作者立即進行閱讀分析，而擬定職業能力問卷初稿，初稿完成後乃進行試測（Pilot test），以便修正及增刪，試測對象需包括職業現場工作者、經理、企業負責人、職業類科教師、勞工代表及企業界代表等各類人士，試測完成後加以修正整理後而成為職業目錄問卷。

每份職業目錄大約包括三大部分：

①第一部分為基本資料：其目的在了解作答者之背景，包括性別、教育背景、從事工作時間、工作經驗、擔任職務、督導員工之人數等。

②第二部分為執行工作時所使用的設備目錄：作答者可從表列之設備目錄表中，將自己執行工作時所需用到之設備名稱予以勾選。

③第三部分是工作目錄（Job Inventory）：或稱之為職責任務清單（Duty-Task List），每位作答者依據他平日工作中所做的「任務」在表中勾選，並同時估算平日擔任該任務所費的時間值。

(2)進行實地調查：完成之問卷係針對與本工作有關之實際工作者進行實地調查，其抽樣係以電腦隨即抽樣而得，調查進行中可郵寄信函或電話催請回卷，以提高問卷回收率。

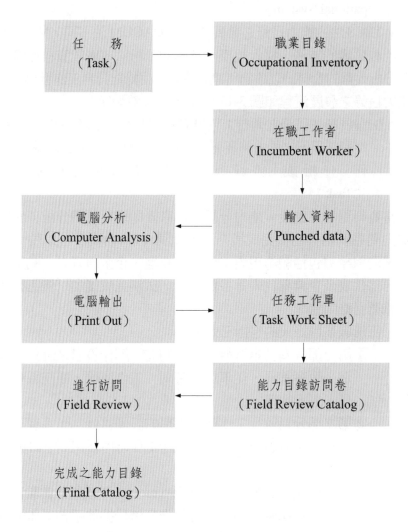

圖 3-17 能力目錄發展流程圖

資料來源：康自立，民71，頁100。

(3)選定進一步寫成行為目標的「任務」：當調查問卷回收後，乃
　　將大量資料送入電腦進行統計分析，而某一「任務」是否被列
　　入進一步寫成行為目標，主要依據該任務之費時程度、執行任
　　務之百分率、及任務之必要性等三因素而決定之。

(4)發展能力目錄以便實地進行訪問：當寫成行為目標之任務被選定後，須開始進行發展能力目錄，工作小組成員必須具備書寫行為目標及效標參照評量的能力，並分頭進行書寫「任務工作單」（Task Work Sheet），然後再依據任務工作單發展「能力目錄訪問卷」。

(5)進行訪問：當能力目錄訪問卷完成後，需針對各類各不同層次的對象進行訪問測試。

(6)整理分析完成能力目錄：經過訪問測試回收之資料，再經過整理、統計、及分析，最後完成一能力目錄。

茲列舉美國德州技術學院（Texas State Technical Institute）曾採用 V-TECS 法編製「機電科技能力目錄」之例如下（陳錫鎬，民 85）：

(1)科目（Program）：機電科技（Mechanical Electrical Technology）。

(2)職責（Duty）$\boxed{E}$：維護冷凍系統（Mechanical Refrigeration Systems）。

(3)任務（Task）$\boxed{0}$ $\boxed{1}$：配管（Fabricate Tubing）。

(4)序言（Introduction）。

(5)目標單（Objectives Sheet）。

　①行為目標（Performance Objective）。

　　❶條件（Conditions）：給予（Given）。

　　❷行為（Behavior）：你要（You will）。

　　❸標準（Standard）：如何是好（How well）。

　②中介目標（Enabling Objectives）。

(6)針對中介目標的學習活動（Learning Activities for Enabling Objective）$\square$。

(7)針對中介目標的學習單（Instruction Sheet for Enabling Objective）$\square$。

(8)針對中介目標的自我檢核（Self-Check for Enabling Objective）$\square$。

(9)知識測驗（Knowledge Test）針對任務$\boxed{E}$ $\boxed{0}$ $\boxed{1}$。

⑩行為測驗（Performance Test）針對任務 E ⓪ 1 。

⑪資源表（List of Resources）。

此一教材設計的模式係以一個任務（Task）為一教學模組（Module），每一模組又以行為目標作為終極目的。為了要達成具體的、可觀察的、可量度的學習結果，必須規範一定的條件（Condition）、行為（Behavior）的要求及其應達到標準（Standard）。每一個模組只有一個行為目標，但由於行為目標的要求還太籠統，欠缺具體表現行為的做法，因而在依序列幾項使能夠（enable）達成的分項細目標，稱之為中介目標（Enabling Objective）。每一項中介目標只有一個標的，係按學習的進程，由淺而深逐項列出。在上述「機電科技能力目錄」列中第六項至第八項，即針對每一項中介目標而訂，若中介目標有五個，則第六項至第八項需反覆活動五次訂逐項完成，故上例中各項次之後僅畫一□，實際作業應標上中介目標之序號。第九項及第十項則係針對整個模組做認知及技能之評量，本例代號為 E ⓪ 1 ，故於其項次之後均明示係針對任務 E ⓪ 1 。

第 **4** 章

工業類科教學單之編製

本章內容

　　自從美國職業教育家艾倫博士（Charles R. Allen）提倡使用工作單，及美國職業教育家施碧治（Robert W. Selvidge）重視使用操作單於教學中，教學單普遍使用於職業教育及各項技術訓練，認為編製良好的教學單對提升教學效果，達成教學目標，確實有所貢獻。因此試圖針對每一教學單元的各種教材編寫成教學單，用以幫助教師教學，方便學生學習，或當為一種教助。

　　尤其我國在 50、60 年代職業訓練機構所用的教材，以及以單位行業訓練為主的職業學校課程的那一段期間，工場實習課所使用的教材，大都均以教學單為主。教學單是一種達成教育及訓練目標，熟練技能學習，而對每一單元教材的教學活動所準備的核心教材，其既有其獨立性，也應有其關聯性。本章茲以教學單之意義及種類、功用及限制、編寫應注意事項、各類教學單之編製等分敘之。

第一節　教學單之性質

一、教學單的意義及種類

㈠教學單的意義

　　教學單是技職教育及職業訓練中常被採用的教材形式，係針對學生而寫，教師在教學時，用以幫助教師教學的教材，乃是一種為達成教育及訓練目標，熟練技能學習及訓練，而對每一單元教材的教學活動所準備的核心教材，其具有獨立性及相互關聯性。

㈡教學單的種類

教學單可分為下列五種：
 1. 知識單（Information sheet）。
 2. 操作單（Operation sheet）。
 3. 工作單（Job sheet）。
 4. 課業單（Assignment sheet）。

5.實驗單（Experiment sheet）。

二、教學單的功用及限制

㈠教學單的功用

1.可重複使用、隨時取閱及更新內容。
2.可作為課程內容的說明或補充。
3.可幫助學生回憶教師的示範或講解。
4.可幫助教師管理大班級的學生。
5.能獲得課程的標準化，不會因教師的不同而差異太大。

㈡教學單的限制

1.教師要編製良好的教學單，需花費許多的時間和心力。
2.對閱讀能力較差的同學，不易收到學習效果。
3.師生容易依賴教學單之書面講義資料。
4.須搭配其他教學方式，才能引起學生興趣。

三、教學單編寫應注意事項

㈠兼顧內容、功能及結構三者

教學單之內容宜求真、功能宜求善、結構宜求美，三者宜兼顧並力求編製之完整性。

㈡題目名稱不宜太大

大題小作，漏洞百出；大題大作，勞民傷財，寧可小題小作或小題大作，因此，題目名稱選擇甚為重要。

㈢各種教學單宜分開編撰

各種教學單雖有其關聯性，但其性質不盡相同，宜獨立編撰，不宜將各種教學單混在一起。

㈣文字敘述宜採條例式

各種教學單之內容文字敘述宜採條例式撰寫，以易於師生閱讀。

㈤宜多使用圖式或表格歸納

常言：文不如表、表不如圖，操作單、工作單等宜以操作或工作圖示；知識單、課業單等宜以表格歸納整理，使其圖文並茂。

㈥圖表均要有名稱及編號

圖編號及名稱要置於圖下；表編號及名稱要置於表上位置，且圖表中之符號、單位等均要標註清楚。

㈦適當使用專業術語

教學單應具有其專業性，宜適當使用該行職業之專業術語或行話，不應只是一般常識性之敘述。

㈧撰寫層次宜分明

撰寫時宜依一般寫作格式，從壹、一、㈠、 *1.* 、(1)……等層次，一層層撰寫，才不致於顯得紊亂。

㈨參考資料撰寫要完整

教學單上所參考及引用的資料一定要註明來源或出處，並完整詳列於參考資料中。

第二節　知識單之編製

一、知識單的意涵

凡與工作、操作等有直接關係的相關知識，每一個相關知識講題都可編製為知識單，當教師在教導相關知識時，用以幫助教學所使用的教

學單,即為知識單。

相關知識的內涵包括事實、概念、原理三種,此三種知識循序漸進,茲略述如下(張火燦,民 78):

㈠事實

包括操作步驟中技能的組成要素、功能、和過程,此可依技能是否需要這些事實,以及對事實的了解是否能使技能操作做得更好,以作為事實知識的取捨。

㈡概念

此在說明各種事實的因果關係,可依從事技能操作時是否需要這些概念來做抉擇的依據。

㈢原理

原理乃依據目的,將事實與概念加以組織,主要用以說明如何工作、和為何工作,通常係處理因果關係的應用,此亦是依從事技能操作時,是否需要此原理作為選取此項相關知識的依據。

二、知識單編製內容格式

一份編製完整的知識單,其包括的項目大致有下列幾項:

㈠編號

為便於取閱及教學,知識單應予以編號,通常編號位於上角處,而一般知識單之編號大都由三部分所組成,例如一:BW-03-I2,第一部分之 BW 乃是 Bench Work 的縮寫,係表示教材所相關的職種;第二部分之03,係表示教材所屬之單元,第三部分之 I2,係表示第二號知識單,因此本例編號係表示「鉗工第三單元第二號知識單」之意。例如二:PM3-I-5,第一部分之 PM3 乃是 Pattern Making 的縮寫,係表示該教材適用於木模工三年級;第二部分之 I,係表示知識單;第三部分之 5,係表示第五號知識單,因此本例編號係表示「木模工三年級第五號知識單」之意。

㈡**名稱**

亦稱題目或講題，每一知識單均有一名稱，且其題目不宜太大，並要與其內容相互吻合。

㈢**教學目標**

每一張教學單均要有一明確的教學目標，以溝通教學意向給學生。

㈣**引言**

說明其重要性及與該行職業的關係等重要議題。

㈤**課程內容**

為知識單所要講授重點之所在，儘量配合圖解或表格。

㈥**參考資料**

須將知識單中所引用及參考資料詳述於參考資料中。

三、知識單編製實例

茲列舉虎鉗說明、木模種類等二個實例以供知識單編製時之參考。

㈠知識單編製實例一

鉗工基本訓練教材	BW-01-I2
	虎鉗說明

目　　　的	使了解虎鉗的形式及規格。
教　　　助	虎鉗。
課程時間	1 小時。
課程內容	鉗工所用的虎鉗，多屬桌上虎鉗，是用來夾持工件的一種工具，凡進行銼削、攻絲、鏨削、鋸割工件時，均須將工件固定於虎鉗中。它的形式有下列數種。

1.立式虎鉗

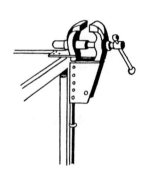

2.固定式虎鉗

3.旋轉式虎鉗

4.管子虎鉗

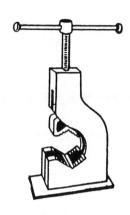

　　由於虎鉗外表較為粗糙，不甚精美，因此虎鉗常不被小心使用。如夾持工作物唯恐不牢，常用手錘敲擊，以增加其夾持力，當知此不正確動作皆足以損壞虎鉗，應該特別注意。

虎鉗應保持清潔，並時常在轉動或滑動部分加油潤滑。

至於虎鉗大小，尺寸是以鉗口的寬度為準，如 100mm、125mm 等。

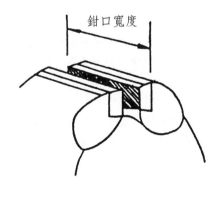

鉗口寬度

資料來源：工業職業訓練協會，民 65a，頁 20-21。

㈡知識單編製實例二

木模工一年級	知　識　單	PM1-I-3

科　　別：木模科。

名　　稱：木模種類。

引　　言：木模是用來製作砂型（翻砂）的，它的結構需要考慮到鑄工工作法，不能一意獨行。如只考慮木模製作方便，則對於鑄工的影響非常之大，不但增加了鑄工的麻煩，而且還增長了它的工作時間，往往鑄造件數一次多在數件以上，假如每一件增加一點時間，則數件增加的時間便可觀了，勢必直接影響了該機件的成本，因此木模結構除應考慮鑄工工作法，還要考慮鑄工工場內現有的設備。有時在製造一件較為繁雜的木模時，事先應該與鑄工工場有關人員商討。木模之分類除了依據鑄工原則外，還要考慮木模本身的材料及成本，現將木模依其結構形式分為下列八大類。

　1. 整體模：

　　該木模是由一整塊木板結構的，形式非常簡單，容易製作，例如法蘭盤等（如圖 4-1 所示）都是整體模。總之，整體模是無需分型的木模，或是無法分型的木模。

　2. 分型模：

　　分型模又稱為哈呼（half），意思便是整體模分為兩半，其間用結合梢連接在砂型中，亦分為兩個砂箱製作，主要作用在於取砂（拔模）簡便（如圖 4-2 所示）。

　3. 刮板模：

　　大凡圓形的工作物，而且又是比較大形的，均採用刮板模。如此不但使木模之製造省工儉料，對於鑄工亦不繁難，且又準確（如圖 4-3 所示）。惟當需要翻製多件木模時便不能採用刮板，而需製造一個實體模或金屬模。

　4. 組合模（或稱謂鬆片木模）：

　　由幾個部分組合成為一件木模，或者一個木模由於兩片以上所結合成的都稱為組合模，究竟分為幾個部分，主要的是取決於鑄工的取砂（拔模）。組合模又謂鬆片模（如圖 4-4 所示）。

5. 部分模：

一個部分模僅作整個木模的幾分之一，其主要的作用是為了便於
製作，再便是考慮到假如全部製作出來，一則浪費材料，再則又
會變形。部分木模主要的對象是大型的圓形物，如圈、環，或大
形齒輪等（如圖 4-5 所示）。

6. 形框模：

如大形彎管，三通管接管，墊板等均採用形框模，主要目的是省
工省料，再則減輕木模本身重量，過重的木模在鑄造時是不大方
便的。形框模除了一具形框外，還要一兩塊刮板，這類工作需要
優越的鑄工技術為之（如圖 4-6 所示之圓盤）。

7. 骨架模：

這種木模是專門製造大形機器用的，如汽錘伸臂，龍門鉋床架等
均是採用此種方式來製造木模，整個木模是用架子做成，其間之
空隔則用刮板刮成之，如此不但省工省料，主要在於減輕重量。
（如圖 4-7 所示）。

8. 金屬模：

凡是需要翻製多件的木模均採用金屬模，因為它有三大優點：(1)
堅固不易磨損。(2)表面光滑，容易拔模。(3)不易變形，可以存放
很久。凡是大批生產的物件，均應使用金屬模，如製造汽車工廠
中鑄造引擎，便用金屬模。不過在金屬模製成之前仍然要用木模
製造，該種木模稱為母模，需要加放雙倍之收縮率。

金屬模的成分大都採用鋁合金（鋁 98%，銅 2%）。其他也有用
銅、鐵製成的。但鋁合金者質輕，是唯一的優點。金屬模尚有一
種裝有流路的塊狀模型，這種模型的主要作用在使鑄工省去挖開
流路的手續，而且一箱可製多件。

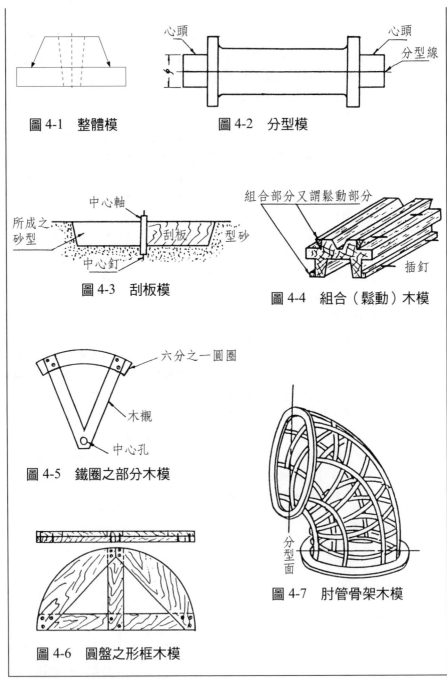

圖 4-1　整體模

圖 4-2　分型模

圖 4-3　刮板模

圖 4-4　組合（鬆動）木模

圖 4-5　鐵圈之部分木模

圖 4-7　肘管骨架木模

圖 4-6　圓盤之形框木模

資料來源：台灣省立師範大學工業教育系課程研究室，民48，頁5-7。

第三節　操作單之編製

一、操作單的意涵

　　教師在教導操作時，用以幫助教學所使用的教學單，即為操作單。操作單乃在於技能學習過程中，用於明確地指示，如何來完成特定的一項操作，其不但要詳細的指示做什麼，還要描述其操作步驟，並必須附加圖解來幫助學習，且必須列出操作所需的工具、設備和材料等。

二、操作單編製內容格式

　　一份編製完整的操作單，其包括的項目大致有下列幾項：

㈠編號

　　位於操作單之右上角處，通常由二部分或三部分所組成，第一部分為職類、第二、三部分為單元教材編號。例如一：電子工-2，係表示「電子工第二號操作單」。例如二：FD-13-O4，第一部分之 FD 乃是 Foundry 的縮寫；第二部分之 l3，係表示教材所屬的單元；第三部分 O4，係表示第四號操作單，因此本例編號係表示「鑄造工第十三單元第四號操作單」之意。

㈡名稱

　　操作名稱通常為一獨立的操作單元，其具有獨立性及完整性。

㈢教學目標

　　常以行為目標編寫，將該項操作單元所欲達成之教學目標明確地列出，使學生有明確的目標可遵循，亦可作為教師評量該項操作之標準。

㈣引言

　　說明此項操作的重要性及其應用的範圍，以引起學習動機。

㈤工具及設備

在操作過程中，所需要用到的工具及設備均要詳細列出。

㈥操作步驟

操作步驟乃是操作單的核心部分，其功用在於引導學生從頭到尾，完整的學習一個操作單元，需完整且一步一步地按照學習順序列出每一項操作步驟，同時要附上圖示，以確實讓學生了解操作的過程。

㈦注意事項及參考資料

可將操作時應注意的事項及安全有關事宜列出。同時列出參考資料，以供學生進一步資料搜尋之參考。

㈧操作檢討

通常以問句的方式，引導學生試著回答或注意一些操作的要點，使學生確實完成此項操作單元的學習。

三、操作單編製實例

茲列舉膠接，推銼等二個實例，以供操作單編製時之參考。

(一)操作單編製實例一

木模工一年級	操　作　單	PM1-O-20

科　　　別：木模科。

操 作 名 稱：膠接。

引　　　言：如果木板的厚度不夠，寬度不夠，或受木模形狀所限，需用膠接
方法使之接合時，都需經過此一操作，始可將工作物完成。膠接
木板有多種方法，常用者計有平面與平面接，平面與側面接，側
面與側面接等三種方法。

　　　　　　膠接是製作木模重要操作之一，有些地方可用釘子釘接，但有些
不能釘的地方就非用膠接不可了。還有膠接後再用釘子釘接，使
其結構更為堅固。故膠接在木模結構法中，占有重要的地位。

工具及設備：*1.* 溶膠設備　　一套　　　　*2.* 木板　　兩塊
　　　　　　3. 塗棒　　　　　　　　　*4.* 膠刷

步　　　驟：*1.* 將膠溶化妥當。

　　　　　　2. 用塗膠板沾上膠水，塗於膠接面。

　　　　　　3. 使兩塊木板的膠接面吻合，兩手用力壓著，並互相摩擦。

　　　　　　4. 摩擦至貼著為止，並對正膠接位置。

　　　　　　5. 木板兩端用 U 型釘釘牢，或用木夾鉗夾持之。

注 意 事 項：*1.* 膠水不可過稀或過濃。

　　　　　　2. 膠水不可塗得太多或太少。

　　　　　　3. 膠接之木板應乾燥、清潔。

　　　　　　4. 所需膠接之面必須平直密合，尤以木板側面膠接為最重要。

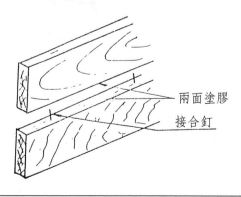

　　兩面塗膠

　　接合釘

資料來源：台灣省立師範大學工業教育系課程研究室，民 48，頁 39-40。

(二)操作單編製實例二

鉗工基本訓練教材	BW-O6-02
	推銼

目　　的	使獲得推銼的技能。

機　　具

名　稱	規　格	數　量
虎　鉗	125mm	1　座
銼　刀	中平銼	1　把
角　尺	150mm	1　只
鋼　尺	300mm	1　只

材　　料

名　稱	規　格	數　量
軟鐵板	30 × 30 × 30m/m	2　塊

課程時間　1 小時。

步　　驟

1. 準備機具及材料。
2. 將工件夾持於虎鉗中，被加面與鉗口平行應高出一公分。
3. 雙手握銼刀，兩端橫置於工件之被加工面上。

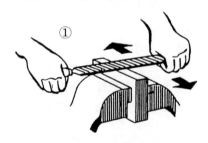

①

4. 兩手均勻下壓，使銼刀平穩地置於被推銼面上。
5. 沿被加工面作往復水平推銼。
6. 檢驗加工面，修整不平處，繼續工作至銼平為止。

注意事項：

1. 銼削時，銼刀不可兩邊擺動。
2. 銼刀須經常保持清潔及銳利，不可使鐵屑嵌入銼齒內，以免損傷工具面。
3. 推銼經常用於銼削後修平工作。

資料來源：工業職業訓練協會，民 65a，頁 297。

第四節　工作單之編製

一、工作單的意涵

工作單是教師指定學生做一項工作時，指示學生完成工作的方向所使用之教學單。學生要完成工作有一定方向，較容易完成任務，但難以培養創造性能力。

一般從事技能教學或訓練，其教材的設計或計畫，大都以一個工作項目作為單元教材的主題，也就是說，一份理想的單元教材應只有一項工作單，然後在一個工作中包含好幾個新的操作項目以及相關知識，因此工作單與知識單、操作單等教材之功能是相輔相成缺一不可。

二、工作單編製內容格式

一份編製完整的工作單，其包括的項目大致有下列幾項：

㈠編號

位於工作單之右上角處，與知識單、操作單類似，通常由二至三部分所組成。例如一：MT-3-J6，第一部分之 MT 乃是 Machine Turning 的縮寫；第二部分之 3，係表示教材所屬第三單元；第三部分之 J6，係表示第六號工作單，因此本例編號係表示「車工第三單元第六號工作單」之意。例如二：木工-J-1，係表示「木工職類第一號工作單」之意。

㈡工作名稱

有時僅看到工作圖時，並不知道這工作成品是什麼，因此每項工作均要有一名稱，且這個名稱最好是產業界常用的名稱，使學生覺得在做有用的東西，其成就感和學習動機自然產生。

㈢教學目標

與操作單同，亦常以行為目標方式編寫之。

㈣工作及設備

按工作時所使用到的工具設備，應將其名稱、規格、數量等詳細列出。

㈤材料及消耗品

所需使用之材料及消耗品，應將其名稱、規格、數量等詳列出，這些規格及材質必須是市面上常使用及容易買到的。

㈥工作圖

工作圖中之尺寸、公差、加工符號等均要詳細註明，以為工作時之依據。

㈦工作程序

工作程序是否正確，對工作影響非常大，因此在編製工作單時，對工作程序要特別留意，以達事半功倍之效；同時輔以圖示幫助說明更為理想。

㈧注意事項

可將工作中應注意事項及安全相關要領列出。

三、工作單編製實例

茲列舉中心沖、機座製作等二個實例，以供工作單編製時之參考。

㈠工作單編製實例一

1. 行為目標

(1)在沒有任何參考資料之下，學員能在六分鐘內完成壓花工作，其花紋清晰，公差在 ±0.30mm 之內。

(2)在沒有教師指導之下，能在八分鐘之內完成切削錐度，其公差在 ±0.0016 之內，其表面粗糙度在 6.3α 以內。

機工實習	科目	車　　工	工作名稱	中心沖	編號	J-2

作 圖	

材料	S60c　$\phi \times$ L145，黑胚一支

實 習 要 點	(1)本工作物呈細長狀，故在車削或壓花時，須特別注意壓力之適當，以免打彎。 (2)本工作物為中心沖兼用刺狀沖（標準之尖端角度，中心沖應為 90°，刺狀沖應為 30°）。 (3)尖端須經淬火方始可用。 (4)新操作技能：滾花紋與車削錐度。

工作 程序	圖　　　解	要　　點	工具及 消耗品	預定 時間	實際 時間
1		(1)工作物夾在三角爪夾頭（不可太長） (2)車端面	①側面刀	6 分 鐘	
2		(1)中心孔	②鑽頭夾頭 ③中心鑽頭	6 分 鐘	

3		(1)工作物夾出133mm長並用尾架頂心頂住 (2)車 10mm 徑 130mm 長 (3)壓花處不須整光但亦不得太粗糙	①頂心 ②右手外徑車	13分鐘	
4		(1)壓花 (2)速度應稍慢 (3)壓花刀加在工作物之壓力應稍大 (4)須加切削油	①壓花刀 ②切削油	15分鐘	
5		(1)倒右端30°角 (2)複扶座以順時鐘方向旋轉4°20'（即 4 1/3度） (3)車削斜度 (4)除壓花外均予整光	①斜面刀 ②圓鼻刀	20分鐘	
6		(1)砂輪上磨 60°尖角	①砂輪機 ②熱處理設備	10分鐘	
7		(1)熱處理——淬火，回火	①簡易熱處理設備	20分鐘	
檢查		工作者	預定總時數	90分鐘	
			實際總時數		

資料來源：羅慶璋，民78，頁 252-255。

㈡工作單編製實例二

1. 實習項目：機座。圖號（4-4-2）
2. 材料：
   ⑴檜木上材
     ① 330mm × 270mm × 13mm 一塊。
     ② 100mm × 25mm × 25mm 一塊。
   ⑵鐵釘數根。
   ⑶補土 3 克。
   ⑷樹脂白膠 2 克。
   ⑸砂布½號半張。
3. 學習目標：
   ⑴組合模的結構設計。
   ⑵活動片利用鳩尾槽的設計。
   ⑶活動片利用其他固定的方法。
4. 製作要點：
   ⑴繪製木模現寸圖。
   ⑵本件模型共分五大部分接合與組合。
   ⑶為增加本體結構強度，木體的接合方式共由三部分組成，如①、②、③所示。每一部分由相同厚度之 4 片材料接合。
   ⑷第②要接合前要先挖出活動片定位的四方孔。
   ⑸④做成活動片方式，拔模時向內部方向拔出。
   ⑹⑤之突緣也由於無法拔模，所以必須做成鳩尾槽方法，使其在本體拔出後再拔模。
   ⑺完成後的形狀如結構圖。
5. 注意事項：
   ⑴本件特別要考慮到各部分的拔模斜度。
   ⑵每層必須確實鉋平，始能增強結構的接合強度。
   ⑶鳩尾槽之斜度不宜過大，以容易開合為原則，並應有足夠的深度以增加活動片的強度。

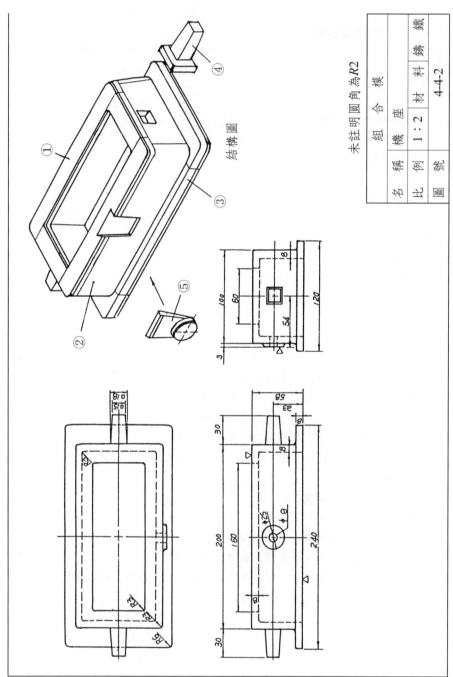

結構圖

未註明圓角為 R2

名 稱	組 合 模		材 料	鑄 鐵
比 例	機 座 1 : 2			
圖 號	4-4-2			

第五節　課業單之編製

一、課業單的意涵

課業單是教師指定學生自行學習、閱讀或觀察所使用的教學單。最普通的方式是指示學生閱讀有關書籍而回答其問題，但也不限於知識方面；在工作技能上也可利用於協助學生學習做作業上必要的操作以及主要的方法指示。

二、課業單編製內容格式

課業單並無固定的形式，但要求學生做什麼必須要有明確的做法指示。其內容大致包括：㈠指定閱讀的參考書籍或資料，㈡讓學生作答的題目，其格式大致如表 4-1 所示。

表 4-1　課業單的格式

課　業　單	編號：＿＿＿＿＿＿
一、課業名稱：	
二、教學目標：	
三、課業指示：	
四、學習問題：	

三、課業單編製實例

茲列舉板金材料之認識實例，以供課業單編製時之參考。

(一)課業單編製實例一

課 業 單　　　　　　　　編號：板金 A-1

1. 課業名稱：板金材料之認識。

2. 目　　的：讓你認識各種板金材料之特性。

3. 課業指示：閱讀：(1) Giachino J. W.所著《基本板金工作法》頁 1-8。

　　　　　　　　　　(2) Bruce L. F.所著《板金》頁 27-33，然後回答下列問題。

4. 問　　題：

　(1)黑鐵板的用途為何，舉例說明之。

　(2)鍍鋅板的特性是什麼？舉出實例說明其用途。

　(3)比較純金屬板和鍍鋅板的優劣點。

　(4)錫板是什麼？其用途為何。

　(5)錫板是以重量計價或以面積計價的。

　(6)錫板為何不可以用於製作裝食物之容器？

　(7)鋁板有什麼特性？

　(8)不銹鋼有什麼特性？

資料來源：彭錦淵，民 67，頁 129-130。

第六節　實驗單之編製

一、實驗單的意涵

實驗單是教師指導學生做實驗所使用的教學單。隨著科技進步，各行業的材料或成品做實驗的機率大增，以充分掌握其性質或性能的需求。因此實驗單也漸被使用及重視。

二、實驗單編製內容格式

實驗單的格式，大致如表 4-2 所示之內容。

表 4-2　實驗單的格式

實　驗　單　　　　　　　　　　　編號：_____

一、實驗名稱：

二、教學目標：

三、儀器及材料：

四、說明：

五、實驗步驟：

六、問答：

七、注意事項：

八、參考資料：

三、實驗單編製實例

　　茲列舉歐姆定律、沈澱重量法等二個實例，以供實驗單編製時之參考。

(一)實驗單編製實例一

實　驗　單　　　　　　　　編號：_____

1. 實驗名稱：歐姆定律。
2. 目　　的：讓學生以實驗了解歐姆定律。
3. 儀器及器材：
   (1)直流電流錶；　　　　(4)乾電池；
   (2)三用電表；　　　　　(5)電線。
   (3)電阻器；
4. 說明：歐姆定律在電學中應用甚廣，是為一項重要的定律，根據歐姆定律，
   電壓、電流和電阻有如下公式所示之關係：

   V（電壓）
   ＝I（電流）× R（電阻）

   $$I（電流）＝\frac{V（電壓）}{R（電阻）}$$

   $$R（電阻）＝\frac{V（電壓）}{I（電流）}$$

5. 實驗步驟：
   (1)取出一個乾電池，一個電阻，和電流錶連接成如所示之電路，然後記錄下
   面的資料。

   A、電流_____（安培）
   B、電阻_____（歐姆）
   C、電壓_____（伏特）

   問題1. 計算（電流）×（電阻）＝
   　　　詳細看看（電流）×（電阻）是否等於（電壓）
   　　　I × R＝V

   (2)取出一個乾電池，把線路接成如所示之電路，然後記錄下面的資料：

   A、電流＝_____（安培）
   B、電阻＝_____（歐姆）
   C、電壓＝_____（伏特）

問題2.計算 $\dfrac{V\,(\text{電壓})}{R\,(\text{電阻})}=$

　　　　詳細看看 $\dfrac{V\,(\text{電壓})}{R\,(\text{電阻})}$ 是否等於 I（電流）

(3)再取出一個電阻，把線路接成如所示之電路，然後記錄下面的資料：

　　　　　　　　　　A、電流＝＿＿＿＿＿（安培）

　　　　　　　　　　B、電阻＝＿＿＿＿＿（歐姆）

　　　　　　　　　　C、電壓＝＿＿＿＿＿（伏特）

問題3.計算 $\dfrac{V\,(\text{電壓})}{I\,(\text{電流})}=$

　　　　詳細看看 $\dfrac{V\,(\text{電壓})}{I\,(\text{電流})}$ 是否等於 R（電阻）

6.注意事項：

(1)如果你已做好實驗，再詳細檢查一下，該填的報告是否做好。

(2)報告做好後可交給老師。

(3)你所要的儀器及材料，要整理好交還給老師。

(4)你所用的工作台面，地面應該整理乾淨，教室的整潔要靠我們大家通力合作，才能做好，希望你能自動幫忙。

資料來源：工業職業訓練協會，民69，頁228-229。

⬡實驗單編製實例二

實驗 2　沈澱重量法

1. 目的：
　(1)了解沈澱重量分析的原理。
　(2)學習沈澱重量分析的操作技巧。

2. 相關知識：
　　沈澱重量法是將欲分析的物質與某試劑發生化學反應，產生難溶性物質，過濾後並作適當處理，稱重此已知化學組成之沈澱，由此計算待測物中某成分的含量。
　　本實驗是測定可溶性硫酸鹽中硫酸根的含量，所加入沈澱試劑是鋇離子，使其產生硫酸鋇沈澱，而由其重量，利用重量因素求出鹽中所含硫酸根百分率。

3. 藥品與儀器：

硫酸鹽試樣	0.6g	氯化鋇	1.5g
濃鹽酸	5ml	500ml 燒杯	1
250ml 燒杯	1	100ml 燒杯	1
10ml 量筒	1	稱量瓶	1
瓷坩堝	1	泥三角	1
本生燈	1	石棉網	1
坩堝夾	1	過濾裝置	1
濾紙（No. 5c）	3	藥杓	1
玻棒	1	乾燥器	1
錶玻璃	1	三角架	1

4. 實驗步驟：
　(1)於 110℃烘箱內，事先烘乾硫酸鹽試樣約 0.5 克。
　(2)於乾淨之稱量瓶中，加入 0.5 克的硫酸鹽試樣，精稱其重量（W_a）。
　(3)將試樣倒入 500ml 燒杯中，加入含有 4ml 6N HCl 的 200ml 蒸餾水使之完全溶解，用錶玻璃蓋住，加熱至接近沸騰。
　(4)精稱剛傾出試樣之稱量瓶，記下重量（W_b）。
　(5)稱取約 1.3 克的氯化鋇（barium chloride, $BaCl_2 \cdot 2H_2O$），倒入 250ml 燒杯內，並加入 100ml 蒸餾水，亦加熱至接近沸騰。
　(6)迅速將氯化鋇熱溶液傾入試液燒杯中，並攪拌之，放置一段時間，使沈澱析出。

(7)於上層澄清液中加入少量氯化鋇溶液，觀察是否沈澱完全？

(8)裝好過濾裝置，選用東洋濾紙 No. 5C 或 Whatman 濾紙 No. 42。

(9)用傾倒法將溫熱之上述沈澱溶液過濾，並用熱水洗滌沈澱數次。

(10)將瓷坩堝事先洗淨烘乾後，精稱其重量（W_c）。

(11)將上述沈澱連同濾紙移至瓷坩堝內，放置於泥三角中灼燒，使濾紙灰化。

(12)灼燒完成後，將瓷坩堝置於乾燥器中，冷卻後稱重，如此重複灼燒，直至恆重為止（在 ±0.3mg 以內），記下精確重量（W_d）。

5. 習題：

(1)說明本實驗的原理，並以方程式表示之。

(2)何謂重量因數，以本實驗為例表示之。

(3)簡述濾紙的規格與種類有哪些？

(4)說明灰化及灼燒的操作技巧。

定量分析實驗記錄及報告

實驗 2　沈澱重量法

科（系）級：＿＿＿＿＿＿　　同組實驗者：＿＿＿＿＿＿＿＿＿

組　　　別：＿＿＿＿＿＿　　座（學）號：＿＿＿＿＿＿＿＿＿

座（學）號：＿＿＿＿＿＿　　實驗日期：＿＿＿年＿＿＿月＿＿＿日

姓　　　名：＿＿＿＿＿＿　　評　　　分：＿＿＿＿＿＿＿＿＿

（註：實驗完畢立即填妥本實驗數據，送請任課教師核閱簽章。）

數據記錄：

1. 硫酸鹽試樣的編號＝＿＿＿＿＿＿＿＿＿

2. 稱重數據

$W_a(g)$		$W_b(g)$	
$W_c(g)$		$W_d(g)$	

結果整理：

1. 硫酸鹽試樣的精確重量 W 試樣＝＿＿＿＿＿＿＿＿ g

2. 硫酸鋇沈澱的精確重量 W 沈澱＝＿＿＿＿＿＿＿＿ g

3. 硫酸鹽試樣中硫酸根的重量因數F_{SO_4}＝＿＿＿＿＿＿

4. 硫酸鹽試樣中硫酸根含量的計算

　計算公式$SO_4\%$＝＿＿＿＿＿＿＿＿＿＿

　故知試樣中硫酸根百分率$SO_4\%$＝＿＿＿＿＿

5. 準確度之計算

試樣名稱	編　　號	實　驗　值	理　論　值	相對誤差（ppt）
硫酸鹽試樣				

資料來源：洪英欽，民 78，頁 107-109。

第 **5** 章

工業類科單元教材之編撰

本章內容

　　近年來已趨向將各種教學單整合成一單元式教材,並與教學媒體一併製作與發展。此外,編製單元教材,發現單元教材單獨存在時,常常導致教師照本宣科、學生死記死背等缺失,因此逐漸在教材中加入單元目標、學習活動、學習評量等項目,單元教材與教學單元便逐漸融合起來。另外,為配合能力本位教學,幫助學生達到某一特定的學習目標,常採用自學單元教材。

　　一個教學科目是由許多的單元教材所組成,以導引教學活動設計、教學準備等工作。一個單元教材教學時間端視單元大小和性質而決定之,本章茲以單元教材的意義與特性、單元教材與教案的關係、單元教材的組成要素、單元教材的檢核、單元教材編撰的實例等分敘之。

第一節　單元教材之意義與特性

一、單元教材的意義

　　單元教材係指在教學系統中,提供學生有關某一主題的完整學習教材,通常是由教師編製,其中包括一系列的學習活動設計,旨在協助學生精通特定的單元目標。

　　良好的單元教材設計,不但單元間具有連貫性,某單元的學習常是另一單元學習的基礎,而且單元間具有統整性,某單元的學習可以有助於其他單元的學習。因之,單元教材編製良窳、能否靈活運用是教師教學效率與學生學習成效的基石。

二、單元教材的特性

　　編製良好的單元教材,宜具備下列特性(李大偉,民 71;黃政傑,民 85;黃光雄,民 85):

㈠自足性

　　在單元教材中提供完整的資料與說明,每一份單元教材必須對學生要做的事項、學生如何進行學習、學習資源等提供明確的指導和說明,

具備自足的特性。

㈡個別化

雖然可能會受到時間及經費的限制，設計單元教材時應儘可能的把各單元設計於適合個別化教學，以符合自學、回饋、熟練之原則。

㈢完整性

單元教材是一種完整的資料套裝，內容安排依邏輯及系統化的流程，學生知道何時開始、進步到何種程度、及何時完成單元教材，所以學習活動具完整性。

㈣連貫性

單元教材雖然是自足的、個別化的、完整的有系統學習，並非說單元教材必然是孤立的，而是單元間常是相互連貫的。

㈤含有學習目標及學習活動

學習目標是一種學習導向，通常以行為目標敘寫，藉由學習活動設計以協助學生熟練特定的行為目標。

㈥包含學習評量

單元教材宜包含評量學生達成單元目標程度的過程，學生在學習的過程中隨時可以得到回饋。

第二節　單元教材與教案之關係

在教材教法中，我們常聽到教學單、教學單元、單元教學活動設計（教案）、單元教材、學習單元、自學單元教材等有關名詞，常令人產生混淆的概念，而其意涵均不盡相同，但其六者的關係卻十分密切，茲提出個人見解，以供參考。

一、教學單

是單元教材的子項之一，如第四章所述之知識單、操作單、工作單、課業單、實驗單等各種教學單均是，其包含範圍最明確、最小，係由教師編製後提供學生使用，以協助教學。

二、單元教學活動設計

或稱教案，係由任課教師自行編製，提供本身教學時的依據，不提供給學生參考。因此，教案完全是教師使用的，不是給學生看的，通常在教學實習及試教時，需要編寫教案，教案的內容一般包括：班級、人數、教學方法、教學資源、單元名稱、教材來源、教學時間、教學目標、教學活動、教學評量等。

三、單元教材、教學單元、學習單元

單元教材、教學單元、與學習單元三者，一般常融合使用，其內容及意涵大同小異，可以偏向於教師或學生使用的角度，而一般編製時均著重於師生可共同使用的角度。

若用「單元教材」時，常使用單元名稱、單元簡介、單元目標等用詞；若使用「教學單元」時，常使用教學目標、教學內容、教學活動、教學資源、教學評量等用詞；若使用「學習單元」時，為了使學生易於了解，可將「教學」兩字改為「學習」兩字較為適當，例如教學單元改為學習單元、教學目標改稱為學習目標、教學內容改稱為學習內容、教學活動改稱為學習活動、教學資源改稱為學前準備、教學評量改稱為學習評量。

四、自學單元教材

純為學生的自學而編寫的單元教材，是實施能力本位教學最基本的教材。李大偉（民 71）對它的定義是：為了幫助學生達到某一特定的學習目的而設計的一系列學習經驗，這一系列學習經驗的綜合，便叫做一個自學單元教材（individualized learning module）。

第三節 單元教材之組成要素

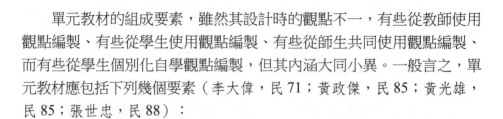

單元教材的組成要素，雖然其設計時的觀點不一，有些從教師使用觀點編製、有些從學生使用觀點編製、有些從師生共同使用觀點編製、而有些從學生個別化自學觀點編製，但其內涵大同小異。一般言之，單元教材應包括下列幾個要素（李大偉，民71；黃政傑，民85；黃光雄，民85；張世忠，民88）：

一、單元編號及名稱

在每一單元教材最前面或封面，可揭示教材編訂號碼及名稱，以便與其他教材相互連接、識別或尋找時方便。

二、單元簡介

在這部分裡，主要是讓學生了解這個單元的內容重點與重要性，以及它與其他單元或以前學習經驗之間的關係，作為跨越學生已知及未知的橋樑，並刺激學生的學習興趣，若有先決要求條件，也應在此說明。

三、單元目標

單元目標引導單元教材的編製方向，同時引導學生的學習，使學生了解應達成的目標，因此單元目標必須事先明確訂定，作為評量學生成就的主要依據，其通常以行為目標的方式敘寫，即學生在什麼的情境下產生何種行為改變而達到什麼樣的程度，每個行為目標都明確指出學生行為、在何種情境下操作、以及評量的標準等。

四、學前評量

學前評量提供診斷學生是否已具備單元教材目標的能力，如果學生通過學前評量，則應可不必學習本單元，教師可指導學生學習與本單元有關的更為深入或更為廣泛的學習活動。然而，這裡所指的學前評量不一定是限於紙筆測驗，亦可為口試或實際操作，端視該單元所要求的能

力而定。

五、學習內容

學習內容的選擇一定要配合單元目標，這些內容可配合學習活動去實施。學習內容可以列出學習內容大綱或呈現完整的教材，以使學生參考，亦可指引學生閱讀有關的參考資料。

六、學習活動

學習活動有時與學習內容合併設計，因為內容與活動往往相互關聯，學習內容及活動的選擇與安排，是以協助學生達到單元目標為前提，為了配合不同學生的學習方式，這些學習活動儘可能使其具備選擇性，此外由於同樣的學習內容可以透過不同的學習活動來學習，因此學習活動必須儘量多樣化，舉凡閱讀、參觀、訪問、觀察、實驗、操作、設計、比賽、表演等活動，均可採用，並讓學生多參與整個學習活動。

七、學後評量

當學生完成所有的學習活動，或者覺得自己已達到該單元所要求的行為目標，學生就可接受學後評量，這個評量的重點在決定學生是否已達到所預定的行為目標。經此評量後，通過者，可以學習另一單元；未通過者，則應接受補救教學，直到達成單元目標為止。

八、教學資源

編製單元教材所使用的相關參考資料、教學媒體、機具設備、學校或社區能提供的資源等，均可列在教學資源中。

為活化技藝教育教材，茲列舉技藝教育單元教材編撰的組成要素如下：

一、引導模組

可以生活小故事作為引導語，屬單元教材之簡介部分。

二、認知模組

亦稱知識模組或知識寶藏，屬知識性教材可放置於此。

三、活動模組

亦稱工作模組或活動考驗，屬技能性學習可放置於此部分。

四、思考模組

亦稱討論模組或問題模組，可將討論區放置於此部分。

五、應用模組

或稱評量模組或學習考評，亦可將生活應用放置於此。

六、資源模組

可將學習指引、參考資料、相關網站等訊息放在此部分。

第四節　單元教材之檢核

單元教材編撰是否完善，可參考 Finch & Crunkilton 所設計的檢核表，如表 5-1 所示，加以檢核修正之。

表 5-1　單元教材發展檢查表

	是	否
㈠單元簡介		
1.前言簡單扼要。		
2.簡介說明了本單元教材於其他單元教材或學習經驗的關係。		
3.學前技能明確地訂定了學生學習前應具備的能力。		
4.包含清楚的目標。		
㈡單元目標		
1.提供了總結目標和能力目標。		
2.每一項目標均訂定活動的操作、條件、能力合格的程度。		
3.總結目標直接著重於應用。		
4.能力目標有利於學生精熟總結目標。		
5.目標從基本的認識和了解到基本的操作，均依邏輯的順序。		
㈢學前及課後評量		
1.學前和課後評量與總結目標密切相結合。		
2.提供指導學生完成評量的說明。		
3.在特殊情況時，使用最客觀的評量過程。		
㈣學習經驗		
1.每一個學習經驗與能力目標互相配合一致。		
2.每一種學習經驗是提供學生完成既定目標的最佳方法。		
3.學習經驗活動提供參加學習過程的方法。		
4.選擇性活動提供精熟單元教材的不同方法。		
5.增廣性活動用以補充或增強基本教學。		
6.學習經驗評量提供學生對他的進度進行回饋。		
㈤資源材料		
1.單元教材中所使用的資源教材均詳細列出，因此他們能事先確定和分配。		
2.每一列出的資源均能真正地協助學生精熟單元教材的目標。		
3.協助學生完成精熟特定目標的每一種資源是最低廉的。		
㈥一般性		
1.所有的書面資料均適合於預定對象的閱讀能力。		
2.單元教材的每一部分均互相連貫。		
㈦試驗		
1.教師認為單元教材是一種有效的教學設計。		
2.學生認為單元教材是一種有效的教學設計。		
3.學生以有效的方法精熟單元教材的學習經驗。		

修改自黃光雄，民 85，頁 172-173。

第五節 單元教材編撰之實例

茲列舉活塞式汽油引擎的替代、三用電表操作、交流電弧立銲 I 形槽對接銲等三個實例，以供單元教材編撰時之參考。

一、單元教材編撰實例一

單元名稱：活塞式汽油引擎的替代

科目：汽車學　　　　　　對象：高工汽車科

㈠單元簡介：

　由於能源危機和對環境污染的關懷，引發人們對找尋能夠替代傳統汽車引擎的興趣，未來，汽車技師將對發動機的特性和動作原理，做更深的了解。

㈡主要內容：

　我們要學習下列六種發動機：

　1.柴油機。

　2.溫凱爾引擎。

　3.史蒂爾引擎。

　4.蒸汽機。

　5.電動機。

　6.渦輪機。

　我們根據下列各項，研究以上六種發動機：

　(1)動作基本原理。

　(2)各個主要工作部分。

　(3)特性：各種使用上的方便與不便處。

　(4)目前形勢和將來展望。

㈢單元目標：

　1.學生能畫出上列六種發動機的簡略構造圖。

　2.學生能解說各種機器的動作原理。

　3.學生能通過各種機器在使用時的便利與否的測試。

　4.學生能再次對這些發動機的名詞下定義。

㈣學習活動：

　1.聽老師介紹將要研究的新型發動機，然後共同討論。

　2.研讀二十一章（教科書 Rack and Pirion. Automotive Mechanics）。

3.分成三個小組，然後對其中一種發動機做十五分鐘的介紹。

4.參與課堂上的分組介紹。

5.在方格紙上畫出每種引擎的結構圖。

6.觀察溫凱爾引擎模型。

7.準備一些引擎圖片，並做成透明片。

8.收集有關使用上述引擎的汽車的特性評論文章或道路測試報告。

(五)課後評量：

1.引擎形狀的測驗：未完成的引擎圖樣，標明主要部分，並畫出氣體的流程圖。

2.引擎原理的口頭測驗：教師從學生的回答中給予評分。

3.對小組的介紹加以測驗並評分。

資料來源：黃光雄，民 85，頁 168-169。

二、單元教材編撰實例二

單元名稱：三用電表操作

學習目標

　　本單元完成之後，學生應能在三分鐘內讀出交、直流電壓及電阻之數值，而無任何缺點。

說　明

　　三用電表在汽車電系修護上，用途頗廣，它可以測插座是否有電壓、電線或燈泡是否斷路，以及端電壓、電壓降、整流粒的好壞等。

學習活動

　　現在我們來學習使用，首先參考圖 5-1 的三用電表面板，或你手上的三用電表。

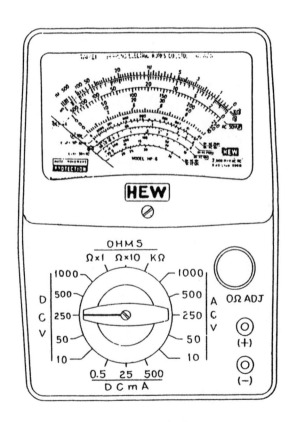

圖 5-1　三用電表面板

㈠在使用之前，看看指針是否指在左邊零刻度上，如果沒有，用小螺絲起子慢慢旋轉指針零位調整鈕，使指針正確指在零刻度上。

㈡我們把中間的選擇範圍開關放在 ACV 的 250 位置上（刻度），ACV 的意思就是交流電壓（Alternating Current Voltage），單位是伏特，一般工廠的插度交流電壓是 110V 和 220V，所以我們把選擇範圍開關放在 250 的刻度上，把二支測試棒（不必分紅、黑、正、負）插入插座內，注意指針在 ACV 的 250 刻劃內，指示多少數值，是 0 抑或是 110V，抑或是 220V。

㈢若是要測試一未知值的交流電壓時，要把開關撥在 ACV 的最高檔，撥 1000 時看面板上 10×100 倍，撥 500 時看面板 50×10 倍，撥 250、50、10 均可直接讀出數值。

㈣我們把中間的選擇範圍開關放在 DCV 的 50 位置，DCV 的意思就是（Direct Current Voltage），單位也是伏特，一般汽車電瓶的電壓是 12.6 伏特，所以我們把選擇範圍開關放在 50 的刻度上，把二支測試棒紅色的接電瓶正極，黑色的接電瓶負極，不可以接反，否則三用電表的指針會倒走（因為直流電路、電流只有一定的方向），注意指針在 DCV 的 50 刻劃內指示多少，數值是 2、1、8 抑是 12V。

㈤若是要測試一未知值的直流電壓時，也是要把開關撥在 DCV 的最高檔。撥 1000 時，看面板上 10×100 倍，撥 500 時，看面板上 50×10 倍，撥 250、50、10 檔時，亦均可直接讀出數值。

㈥我們把中間的選擇範圍開關改放在電阻檔 $\Omega \times 1$ 位置上（R，Ω 都是代表電阻），單位是歐姆，kΩ 表示 1000Ω，MΩ 表示 $10^6\Omega$（百萬歐姆），然後將兩支測試棒碰在一起，指針會迅速向右擺動，然後調整（0Ω adj）旋鈕，使指針指在 0Ω 的刻度上，然後把桌子上的外電阻的兩端接在測試棒上，測試棒不分正、負（注意，手不能碰到金屬棒，否則不準確），看看它指示多少歐姆，也試試整流粒有何特性。

㈦測電阻時，一共有三個檔，$\Omega \times 1$、$\Omega \times 10$、kΩ，測量時使指針儘量指在表頭中央靠右的位置，以便讀取較精確的數值。

㈧三用電表另一功用為測直流電流，但數值最大只到 500mA（1A＝1000mA），汽車電系上較少用到，故同學們暫時不必用。

㈨最後提醒你一些三用電表使用時，應注意事項：

　1.三用電表是精密儀器，所以不要隨便摔落地面或撞擊。

　2.量電阻時每換一擋，就必須歸零一次，方能得到準確的數值。

　3.如果不能歸 0，就表示可能內部二只 1.5V 的乾電池沒電，必須更換（注意極性）。

4.測電阻時，千萬不可有電源，否則三用電表會燒壞。

5.正確使用測量電壓、電阻的位置，開關不可撥錯，否則電表也會壞。

6.使用完畢把選擇範圍開關放在交流電壓檔，不要放在R檔，以免消耗乾電池。

㈩下面有一張練習記錄單，把前面的文字好好複習一下，配合桌上材料，把你所測得數值記錄上去：

1.普通插座的電壓量出是＿＿＿伏特。

2.砂輪機或空壓機電壓量出是＿＿＿伏特。

3.電瓶的電壓量出是＿＿＿伏特。

4.1號乾電池電壓量出是＿＿＿伏特。

5.串聯二只三號乾電池電壓量出是＿＿＿伏特。

6.甲、乙、丙三條電線哪一條斷路＿＿＿。

7.甲、乙、丙三只燈泡哪一只燒斷＿＿＿。

8.點火系統外電阻是＿＿＿歐姆。

9.點火系統發火線圈低至線圈＿＿＿歐姆。

10.甲、乙高壓線各是＿＿＿、＿＿＿歐姆。

11.甲、乙兩只整流粒各有何現象。

學後測驗

多練習幾次，如果你學得很熟練了，可以請老師來測驗，祝你成功。

編號	班級＿＿＿座號＿＿＿姓名＿＿＿					評量結果	已達標準			未達標準
							A	B	C	
科別	汽車修護	年級	一	學期	一	實習科目	汽車修護實習	評量形式	□診斷評量□過程評量 □終結評量	
評量項目	三用電表使用			評量日期	年　月　日	評量教師				

評 量 標 準	扣分	已達標準			尚未達標準
		A	B	C	
1.是否在三分鐘內完成？	100				
2.是否檢查指針歸零校正？	20				
3.選擇範圍開關是否正確？	40				
4.選擇檔位是否正確？	40				

5.測試檔是否接反（直流電壓）？	20				
6.測電阻時，是否作歸零校正？	40				
7.使用完畢選擇範圍開關是否正確？	20				
8.是否損壞三用電表？	40				
9.所量數值是否精確？	40				

資料來源：李今人，民 75，頁 98-102。

三、單元教材編撰實例三

單元編號	34	作業名稱	交流電弧立銲I形槽對接銲（薄板 3.2mm）	材料	軟鋼板 150 × 125 × t 3.2　2塊 電銲條 D4316　φ 3.2

作立銲 I 形槽對接銲。

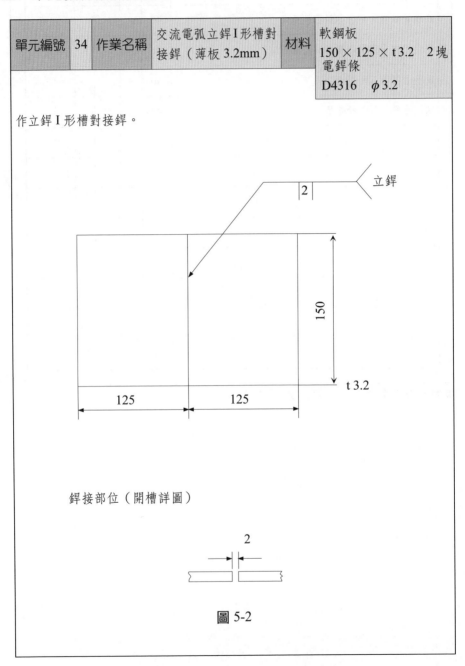

銲接部位（開槽詳圖）

圖 5-2

單元編號	34	作業名稱	交流電弧立銲 I 形槽對接銲（薄板 3.2mm）

　　板厚 3.2mm 以下的 2 塊薄板要作接合時，其接頭多半用 I 形槽。這種的銲接方法是以銲接線固定在垂直位置所使用。從表面銲接而在背面獲得滲透是本單元重要課題，因此須確實預留根部間隔及學會移送方法。

　　本單元應該學會下列事項：

1. 加工母材。
2. 固定銲（點銲）。
3. 對接銲 I 形槽。

實　　　　　習	相　關　知　識

1. 準備作業。

　(1)工具。

　　‧尖錘。

　　‧平鏨。

　　‧火鉗。

　　‧鋼絲刷。

　　‧平銼刀（中目 250mm）。

　　‧頭戴面罩及保護裝備。

　　‧間隙規。

　(2)材料。

　　‧軟鋼板。

　　　150 × 125 × 302　2 塊

　　‧電銲條 D4316 ϕ 3.2

　　　（滲透專用電銲條）

‧ D4316 的低氫型電銲條使用前要先加以充分乾燥，大約以 150℃ 乾燥一小時。

2. 清潔、穩定工作台，準備好電銲機。

3. 穿戴保護裝備。

4. 將母材的根部面銼成直角。

　（2 塊均同）

根部面

成直角

圖 5-3

・除去銲接部位的油或鏽污。

5.銲接部位的底邊朝上置於工作台
上,用間隙規留出根部間隔。
根部間隔 2mm。

・母材面檢查有無平直。

・銲接部位作於固定銲背面的原因
是,如果在銲接側有固定銲時,
容易形成銲接缺陷。

6.作固定銲時需使兩母材齊平,並使
間隔相等。

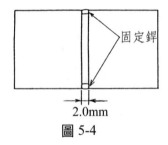

固定銲

2.0mm

圖 5-4

・兩板不平則不易獲得滲透。

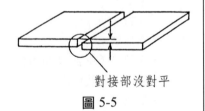

對接部沒對平

圖 5-5

7.預留變形角度 3°～4°。

8.將母材垂直夾於夾架上。
(固定銲的面朝背面)

・把夾架調整成垂直。
・調整銲接架的高度。

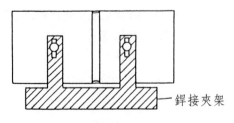

銲接夾架

圖 5-6

9. 銲接電流調整至 70～80A。

10. 按照下列步驟銲接。

(1)在槽內以小的織動移送。

・以能得到滲透與表面的補強高度來決定速度。

・滲透太厲害則易形成氣孔。

・熔融池的大小會影響滲透。

(2)在 I 形槽中形成熔融池（銲眼）則能滲透。

・須加注意熔融池太大，則滲透會太多。

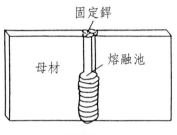

固定銲

母材　熔融池

圖 5-7

(3)到達母材的終端部位，確實作好熔池處理。

・以電弧切熄而作熔池處理。

・母材的上端不可燒穿。

11. 從夾架取下母材，清除熔渣並用鋼絲刷刷淨。

12. 檢查。

・無滲透之原因：
(1)銲接電流太低。
(2)根部間隔不適當。

圖 5-8

(3)以長電弧的狀態作銲接。
(4)移送速度太快。
(5)電銲條的角度不良。

評 量 課 題

單元編號	34	作業名稱	交流電弧立銲 I 形槽對接銲（薄板）	材料	軟鋼板 150 × 125 × t 3.2 2 電銲條 D4316 φ 3.2

作立銲 I 形槽對接銲。

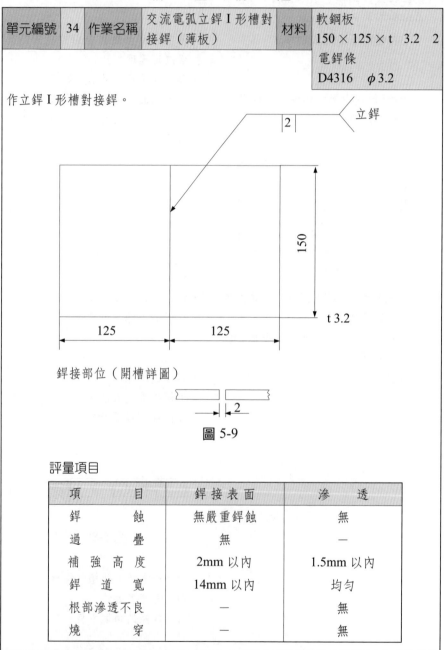

鉗接部位（開槽詳圖）

圖 5-9

評量項目

項　　　　目	銲 接 表 面	滲　　透
銲　　　　蝕	無嚴重銲蝕	無
過　　　　疊	無	—
補 強 高 度	2mm 以內	1.5mm 以內
銲　道　寬	14mm 以內	均勻
根部滲透不良	—	無
燒　　　　穿	—	無

資料來源：中華民國職業訓練研究發展中心，民 74，頁 34-1～34-5。

第 **6** 章

工業類科能力本位教材之發展

 本章內容

　　能力本位教學的精神係強調學習者可依循自己的學習步調來接受教育或訓練，以達成某一業界所能接受程度的知識和技能水準，又因學習者個人聰敏及愚鈍之分、學歷及經歷不同之別，能力本位教學為顧及學習者這種個別差異，設計自學單元教材或模組化教材，以便利個別化教學的實施。尤其，近年來行政院勞工委員會職業訓練局投入大量人力及經費，積極發展能力本位單元教材編撰工作，自 87 至 89 年度期間，更透過工商業團體八百多家、一千三百多人之專業技術人員，投入此工作。迄 90 年為止，已完成能力分析一百職類，教材編撰九十九職類計四千餘單元，目前正在各公共職訓機構使用，並預計於下一階段推廣至企業訓練中。

第一節　能力本位教材之發展系統

　　參酌康自立（民 78）教材發展系統、王平會（民 82）能力本位訓練教材的發展系統等文獻，能力本位教材的發展系統如圖 6-1 所示，並分敘如後。

一、決定能力本位教材的使用範圍與限制

　　發展能力本位教材的首要步驟是決定教材的使用範圍與限制，宜針對各項背景資料詳加思慮，以界定能力本位教材的使用範圍與限制。

二、進行能力分析

　　能力是指認知、技能和情意等行為特質，能力分析是分析成功從業者所需具備能力的分析方法，能力分析的結果是能力，教材發展者將分析結果轉換成能力敘述，再將所有能力編成能力目錄。

三、發展能力本位的學習目標

　　能力本位的學習目標是以學習的「結果」來表示，而非教學過程或教材內容，因此學習目標要能顯出學習者的行為能力，有關能力本位學習目標的編寫，將於本章第二節中詳述。

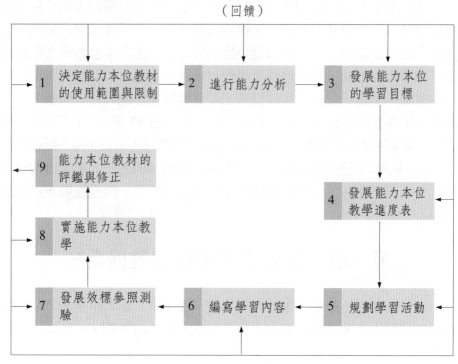

圖 6-1　能力本位教材發展系統圖示

四、發展能力本位教學進度表

　　教學是有目標、有步驟的工作，這些目標和步驟都需要在教學之前，早行安排和設計，方能按部就班，如期完成教學活動，有效達成教學目標。教學進度通常以週為範圍的一學期教學計畫，教師在教學之前，將整個學科按教材的程序，配合實際的時間，作妥善合適的分配編排，以便實施教學。編好的教學進度表，可以使教師對整個學科的教學做妥善的安排與運用。

五、規劃學習活動

　　學習活動是幫助學生達成學習目標的歷程，學習活動不止一種，學生可依照教材的提議從事學習，因此教材中要依教學策略提供不同的學

習活動，以便學生有機會去選擇合適自己的學習過程。

六、編寫學習內容

為達成學習目標的方法，且讓學生有練習及接受回饋的機會，可針對學習目標的內涵編製教材內容。

七、發展效標參照測驗

效標參照測驗是學生成就以某一特定的效標為依據來評定學生成就，而不是相互比較學生間的成就而得；學生依每一個能力本位教材的學後評量，決定是否進入下一個單元的學習。

八、實施能力本位教學

到此一階段，能力本位教材的發展、教學媒體及教學資源的準備已完成，由教材發展者決定採用精通教學或個別診斷教學，再由教師採取適宜之教學策略將能力本位教材付諸實際教學中。

九、能力本位教材的評鑑與修正

能力本位教材的評鑑可分為：教材的內涵、對學生的適合度、對教學的配合度、效用及成本等四大層面，可透過評鑑的歷程、蒐集客觀的資料，以作為能力本位教材改進及修正的依據。

第二節　能力本位學習目標之編寫

一、教學目標的性質

教學目標依其範圍及層次，可略分為三大類，如圖 6-2 所示。

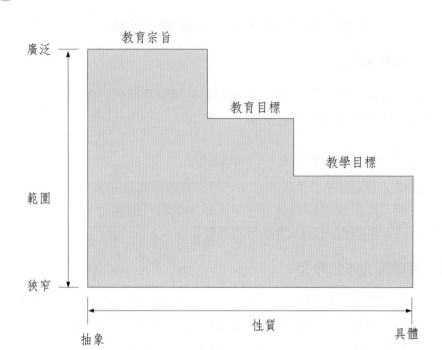

圖 6-2　教學目標的性質

㈠教育宗旨

如中華民國教育宗旨，其涵蓋範圍最廣泛，階層最高且最抽象。

㈡教育目標

1.各級學校教育目標

如職業學校教育目標。

2.各類學校教育目標

如工業職業學校教育目標。

3.各科教育目標

如機械科教育目標。

㈢教學目標

1. 學科教學目標

如機械力學教學目標。

2. 單元教學目標

為各單元教材之教學目標，其涵蓋範圍最狹窄，階層最低且最具體。若依能力本位精神來編寫時，稱之行為目標，而能力本位教材強調以學習者為中心，又常將教學目標稱為學習目標。

二、教學目標的分類

教學目標的分類大都以布魯姆（B. S. Bloom）所提出的認知、技能、情意三個領域為圭臬，歸納如表 6-1 所示，並分敘如後。

㈠認知領域

認知領域是指知識及智慧能力，包括知識、理解、應用、分析、綜合、評鑑等六大層次，這六個層次的能力是一種進階的方式，具備前階段的能力，才能獲得下一階段的能力，茲將各層次的能力培養分述如下：

1. 知識

是指對所學過的材料加以記憶而已，也包括回憶零碎的知識，其通常使用的動詞包括：回憶、指出、列舉、寫出、說出、選出、界說、配對等。

2. 理解

係指對所學過的材料能加以了解或領悟，而能用自己的觀念或知識加以表達或解釋，其常使用的動詞包括：轉譯、解釋、推論、重寫、重組、分辨、引申、估計、轉換、區別、摘要等。

表 6-1　教學目標三大領域分類表

(一)認知領域	
1.知識	教材的記憶。
2.理解	能解釋教材的意義。
3.應用	選擇適當的原理和方法來解決問題。
4.分析	能夠分析所學知識的各個構成部分。
5.綜合	對舊知識與新經驗，綜合成新的整體。
6.評鑑	具價值判斷的能力。
(二)技能領域	
1.知覺	感覺到與技術有關的事務、行為和關係。
2.準備	預備適應，包括心理上和物理上的接觸。
3.指導下反應	他人指導下模仿操作。
4.機械化動作	學習者能達到某一程度的信心和熟練程度。
5.複合反應	能做複雜的技能反應。
6.適應	改變原有的技能方式，以對新的問題情境或技術作適應。
7.創新	能超越前面的一切技能，表現出技術性的創作。
(三)情意領域	
1.接受	願意對刺激作反應。
2.反應	對學習表示興趣或積極參加學習活動。
3.批判	對所接觸的事務、現象或行為作價值判斷。
4.組織	將不同的價值判斷組織起來。
5.定型	人格的形成，具備了價值判斷、個性、人生觀和社會觀。

3.應用

　　係將已理解的原理、觀念和理論等應用到實際問題或情境中，到此階段學生才具有解決問題的能力。在此層次常用的動詞如變換、計算、預測、修改、類化、運用、解決、說明、示範、現等。

4. 分析

係將所學到的概念或原理、原則分解成其構成的要素或部分，以獲得更明確或清楚的觀念，進而探討各部分之間的相互關係。其所用的動詞通常為分辨、區別、分類、比較、分析等。

5. 綜合

指將所學片斷、個體或部分的知識組成以前未有的整體，包含產生獨特的表達、計畫及建議的運用、導出一組抽象關係等。其常用之動詞如重組、組成、建議、計畫、設計、組織、總結、歸納等。

6. 評鑑

指依據某項規範或標準來做價值判斷的能力，是認知領域中最高層次的能力。其常用的動詞為評鑑、批判、判斷、選出、認定、評估、鑑別等。

(二)技能領域

技能領域係指經由心智及四肢協調而產生的動作行為，經過知覺、模仿、反覆練習而形成，技能領域依其操作複雜度、動作表現先後順序可分為知覺、準備、指導下反應、機械化動作、複合反應、適應、創新等七個層次，但知覺及準備是一切技能的基礎，無法獨立構成技能，而適應及創新層次則需長期的經驗及知能的配合才能達到，故職業教育教學目標應以第五層次的「複合反應」為主，而以第三層次及第四層次的「指導下反應」及「機械化動作」為輔。茲將各層次簡述如下：

1. 知覺

在此一層次中，學生感覺到與技能有關的行為、事物或關係，知覺係透過感官而獲得，經由感官的刺激，學生再依據過去的經驗，對各種和將欲從事的動作加以選擇，再將知覺到的訊息和欲從事的動作加以連接。例如：學生經由引擎運轉聲音，知覺化油器調整之不適當；學生觀察銲接熔池的顏色而知覺何時應加銲條等。

2.準備

準備是指對從事某一動作或行為的預備適應,包括心智的準備、身體的準備、情緒的準備三方面。例如:學生將手放置於電腦鍵盤上以便中文操作輸入;學生具有贏得建築工技藝競賽冠軍的心理慾望。

3.指導下反應

乃指個人在教師指導之下或依照規範所表現出的明顯行為動作,包括模仿及嘗試的錯誤,其條件必須含有某種幫助之下的條件句,如在教師指導下、依照工作圖、參照修護手冊等。例如:依照電路裝配圖,學生能組合音響設備;在教師指導下,學生能夠更換輪胎。

4.機械化動作

是指學生不需要幫助有某種自信及熟練程度,將所要表現的行為動作加以完成,學生的技能因而開始表現其獨立的能力,但尚未達到行業上的技能水準,因此當履行技能時,應花費較多的時間,其間亦可能有錯誤。在教學目標編寫上,通常含有:在足夠的時間下、不用參考各種工作手冊、不需要教師幫忙等條件句。例如:在不需要修護手冊,學生能夠調整化油器;給予充分時間,學生在無人幫助下能自行更換輪胎。

5.複合反應

是指學生能用最少的時間和精力,有效而正確的完成某種動作行為,其技能水準能符合行職業的技能水準。例如:不用參考工作手冊,學生能在五分鐘內將輪胎正確換好並校正平衡度。

6.適應

係指改變原有的技能方式,以便對新的問題情境或技術加以調適,以解決實際工作上的問題。例如:學生能在英制車床上車削公制螺紋;學生能利用烙鐵的技能應用到電焊鎗使用上。

7.創新

是指利用原用的技能行為做基礎,而創出新的技能或方法。例如:

學生能應用量測技術及電腦科技，設計一套自動檢測系統於生產線上；學生能應用銲接學理，創造新的銲接技術或方法。

(三)情意領域

情意領域的教學目標大部屬愛好、態度、價值及信仰等，包括接受、反應、批判、組織、定型等五個層次，簡述如下：

1. 接受

是指學生感覺到某種現象的存在，且願意接受，甚至選擇性的加以注意。學生在此層次只有接受刺激，而無任何反應或價值判斷，通常使用的動詞包括看到、聽見、聞到、接受等。例如：在實習工場實習中，學生聞到一股臭味；學生正在視聽教室聽有關工場安全衛生講座。

2. 反應

在此一層次學生由於外在刺激而有某些明顯的反應，從順從的反應、願意的反應、到滿意的反應，此時我們可看到學生行為的改變，但學生只是積極注意到刺激反應而不含價值判斷，因此，在教學目標編寫時通常包含副詞條件以表示學生因外在因素或增強作用而做某件事。例如：為了通過技能檢定，學生努力練習檢定試題；在教師規定下，學生能夠準時繳交實習報告。

3. 批判

在此層次學生的行為已達自律的程度，而不是因為外在的刺激而產生反應，到此階層學生已開始將此價值內在化，學生因為自己的價值評定而產生某種態度或行為，因此，在教學目標編寫時常用的副詞條件包括自動地、自由選擇下、不用等。例如：不須要求下，收工時學生能把實習工場區打掃乾淨；學生自動地購買書籍回家閱讀。

4. 組織

係指將價值組織成系統能夠分辨其優先次序，達到具有決定價值、區別價值的能力，在此階層的教學目標通常至少包括兩種價值的行為，

而指出學生將選擇哪一種去反應。例如：學生寧願去上實習課而不願去跑步；學生能對打籃球或踢足球之間作一抉擇。

5.定型

到此階層已是情意發展的最高層，其內在化已達最高點，個人之行為處事具有內部一致性的態度與信仰。例如：在工場實習時，學生都會戴上安全眼鏡；學生在收工時，總是會將手工具、放回工具箱內歸位。

三、教學目標的撰寫

㈠教學目標的構成要素

要完整的敘述一個教學目標，使其達到明確、可量度及實際行為的三個條件，應包括 ABCD 四個構成要素：

1. A（Audience）對象

教學目標的第一個要素是要敘述「誰」在完成預期的行為，是高一學生或高三學生、是男是女，對於行為者需明確寫出。

2. B（Behavior）行為

敘述教學目標時應表達學生的實際行為，以可量度的、明確的行為表達。

3. C（Condition）情境

指履行實際行為的情境或相關條件，在不同情境下履行某種行為可能代表著不同的能力，因此在敘述教學目標時，應將有關情境予以表達。

4. D（Degree）程度

指學生在某種情境下履行某種實際行為所達到的程度，也是評量時的標準。

㈡**教學目標的實例**

1.認知領域方面

<u>高職機械科一年級學生</u> <u>能在半分鐘內正確地</u> <u>讀出</u> <u>教師所指定分厘</u>
　　　　A　　　　　　　　D　　　　　　　B　　　　　C
<u>卡上的尺寸。</u>

2.技能領域方面

<u>在有足夠的工具情況下</u> <u>汽車科一年級學生</u> <u>能依正確的步驟</u> <u>拆裝輪</u>
　　　　C　　　　　　　　A　　　　　　　D　　　　　B
<u>胎。</u>

3.情意領域方面

<u>學生</u> <u>在每次實習課收工時</u> <u>不需教師報告</u> <u>都能主動將手工具放回原</u>
　A　　　　D　　　　　　　C　　　　　　　B
<u>位。</u>

四、撰寫教學目標應注意事項

㈠**以學生為主體而非教師為主體**

在教學的過程中，期望的是學生獲得預期的學習結果，而不是教師教什麼內容，所以教學目標的主詞應是學生而不是教師。

㈡**強調學習的結果而非學習的過程**

宜以學習結果建立目標來指引學習經驗的選擇，透過學習的經驗而獲得學習的結果，因此教學目標應強調學習的結果而非學習的過程。

㈢**必須是可觀察及可度量的具體行為**

教學目標是評量的依據，在描述學生的具體行為表現，因此必須可觀察及可度量的具體行為來撰寫。

㈣每一項教學目標只包含一項學習結果

在每一項教學目標中，避免同時敘述數項學習結果，每項教學目標僅含一項學習結果。

㈤宜包括 ABCD 四個構成要素

教學目標的撰寫宜包括對象、行為、情境、程度等四個基本構成要素，才算完整。

㈥宜涵蓋認知、技能、情意整個學習領域

任何一種學習活動常含有兩類以上的學習領域，例如：學習駕駛，交通規則屬認知領域、駕駛技術屬技能領域、遵守交通規則屬情意領域。因此，編寫教學目標宜涵蓋整個學習的領域。

㈦宜與學習理論、原理、原則相一致

教學目標的編寫宜考慮學生的年齡、經驗、興趣、需求等特性，及知識的轉換、代替性，依據學習理論才能得到較佳的學習效能。

㈧宜考量學生的能力、時間及可用設備

編寫教學目標宜考量學生能力、可用時間、及達成的教學目標教學上可用設備等均要一併考量。

第三節 能力本位學習評量之設計

有效的學習評量應使評量的方法和內容，與學習目標所預期的學習結果相契合，因此只要依據學習目標來建構或選擇評量方法就可使學習評量的目的達成。

能力本位教學的主要特色為學生只要達成預定的學習目標，就可被視為學生具有該項的能力，因此能力本位學習評量屬於效標參照評量的型態。所謂「效標參照評量」係指教師之評量記分方式是將學生的行為

表現與預定的行為目標比較，以評定學生之成就是否達到預定的標準，因此其評定是個別化的，與同班的其他同學表現無關。

一、認知領域評量的方法

　　教師常用於認知領域評量的命題方式，如圖 6-3 所示，教師選用評量方法，可依據評量設計與評量情境，經過專業判斷加以選擇，期能有效的評量學生的學習成效，茲將各種評量方法簡述如下：

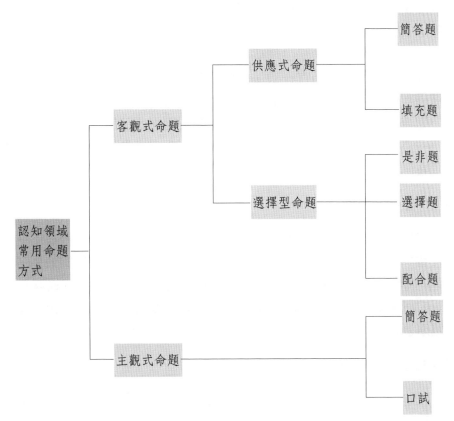

圖 6-3　認知領域評量的命題方式

㈠客觀式命題

客觀式命題可分為供應式命題及選擇型命題兩大類，供應式命題主要有簡答題與填充題，常用以評量學生對事實、原理及操作步驟等知識之了解，命題時儘可能採用完全敘述句之形式敘寫，避免題意不清或斷章取義之情形。

選擇型命題主要有是非題、選擇題、配合題。是非題常用於要求學生判斷定義、定理、名詞或事實現象的真偽，編製是非題應避免使用否定敘述或直接摘錄教材，並避免學生猜答現象。

選擇題常用以評量學生理解、辨別、應用或解決問題的能力，編製選擇題每題之選項數目宜一致、少用否定敘述、多使用圖表命題、選項依邏輯次序排列，並避免答案具有規則性排列。

配合題常用以評量學生的事件的相關及因果的了解，編製時分兩部分，一為命題、另一為配合項，應使配合項數目多於命題項、命題及配合項在同一頁上、作答說明要明確。

㈡主觀式命題

主觀式命題主要有問答題及口試兩種，常用於評量學生較高層次、較複雜的學習結果，對組織、綜合及評鑑能力的評量有較佳的效用。問答題的編製題意要明確，考量作答時間及避免使用選題作答方式等。

口試可彌補文筆不順的困擾，但命題時主題要明確、有一定範圍，以易溝通及公平性。

二、技能領域評量的方法

技能領域常用的評量方法有：作品評量、實物測驗、操作表演測驗等三種，簡述如下：

㈠作品評量

係透過學生作業的成品以評量學生所達到的技能水準，教師可依作品功能、精確度、完成所需時間、作品工作計畫等特性予以評定成績。

㈡實物測驗

係讓學生識別實際機具、材料或樣品，寫出或說出其名稱，回答有關實物之相關問題。

㈢操作表演測驗

係讓學生在實際或控制的情境下，完成一項或多項的技能操作，此評量方式最貼近臨場感。

三、情意領域評量的方法

情意領域中，學習內容的界定、教學方法的選用及學習結果的評量，均較認知及技能領域來得複雜，而情意領域常用的評量方法有：直接觀察法、面談法、問卷調查法、間接測量法等四種，簡述如下：

㈠直接觀察法

在實際的環境中實施，觀察學生對某些事物的反應，應注意觀察的對象不能太少，且提供必要的刺激，為求觀察結果的可靠性，可藉由觀察檢核表、數字評量表、圖表評量表等測量工具來實施。

㈡面談法

常用以評量學生對某些事物的情意反應或深入探討行為發生的原因，一般實施面談方式可分為結構式面談法及非結構式面談法。

㈢問卷調查法

編製問卷予學生填寫，此法易實施、省時，為最常用之評量方法。

㈣間接測量法

係在學生不知道被觀察的情況下進行，或利用間接資料對學生的情意行為加以評定。

四、設計學習評量應注意事項

㈠學習評量宜以學習目標為導向

學習評量應以既定之學習目標為導向及依歸，時時檢核評量是否偏離目標。

㈡方式宜多元化多樣化

學生因個別差異存在，可從語言評量、觀察評量、文字評量、實物評量等不同方式進行評量。

㈢引導及重視學生學習動機

學生在學習過程中，其動機影響學習成效甚巨，因此教師在教學時宜引導學生的學習動機。

㈣增進教師命題的技術

鼓勵教師建立題庫，而試題應具備相當之信度與效度、難易度與鑑別度。

㈤考量學習環境及班級氣氛

學習情境亦影響學習成效，因此教師在教學中宜充分考量學習環境及班級氣氛。

第四節　能力本位單元教材編寫之架構

一份完整的能力本位單元教材在編寫架構上主要應包括下列九項要素：

一、封面

教材封面宜包含職類名稱、單元名稱、單元編號、編著者、審稿者、

編寫日期等基本資料，茲說明如下：

㈠職類名稱

能力本位教材職類係指職業屬性，配合中華民國職業分類典之大類分類方式，每大類中分別陳列各職類與中華民國職業分類典子類及技能檢定證照職類名稱之相關性。

㈡單元名稱

配合能力目錄中之任務名稱，兩者需相同。

㈢單元編號

依序為：製造業（P）或服務業（S）、行業別（Trade）、工作（Job）、能力目錄中之職責（Function）、能力目錄中之任務（Task）編號。

例如：

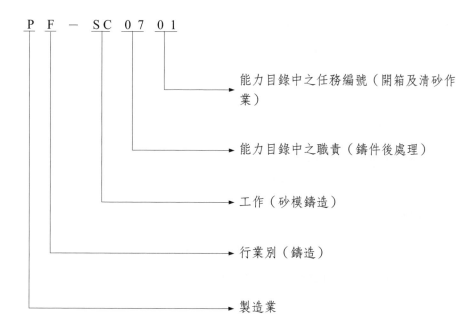

```
P   F   -   S C   0 7   0 1
```

能力目錄中之任務編號（開箱及清砂作業）

能力目錄中之職責（鑄件後處理）

工作（砂模鑄造）

行業別（鑄造）

製造業

二、單元學習指引

㈠敘述如何學習本單元。

㈡說明學習本單元必須具備之能力。

三、能力目錄

列出所有能力及工作描述，並指出該單元之位置及關聯性。

四、引言

㈠說明本單元之特色、重點及學習理由，以引起學生之學習興趣。

㈡說明本單元教材之舊經驗連接、相關簡史及指引事項。

五、定義

列出本單元之專有名稱及其解釋，以減少學生閱讀之困難。

六、學習目標

㈠表達學習的結果，而非學習的過程。

㈡需具備行為目標 A（對象）B（行為）C（情境）D（程度）四項
要素。

㈢以二至六個最適宜，可包含知識、技能、情意三大領域。

七、學習活動

㈠介紹學習活動的方式及種類。

㈡介紹參考資料，參考資料宜多元化。

八、學習內容

㈠針對學習目標，撰寫有關教材內容供學生學習。

㈡讓學生有練習及接受回饋的機會。

九、學後評量

㈠為一綜合性評量，宜儘量包含知識、技能、情意三大領域。

㈡用以決定是否達到所預定的學習目標，以進行下一單元的學習。

第五節　能力本位單元教材編製之範例

　　行政院勞工委員會職業訓練局自民國 83 年起即委託中華民國職業訓練研究發展中心進行能力本位訓練方式可行性之研究，自 87 年至 89 年度期間，更透過工商團體八百多家之一千三百多人之專業技術人員投入此項工作，迄 90 年為止，已完成能力分析一百職類，教材編撰九十九類，計四千餘單元教材，目前正在各公共職訓機構使用中。

　　茲列舉與工業類有關之砌磚工認識工程用語範例，以供能力本位教材編製時之參考。

職業訓練・技能檢定・就業服務・外勞業務

砌磚能力本位訓練教材
認識工程用語
編號：PCB-BSE 0104

編 著 者：林龍溪、張志豪
審 稿 者：林　勇
主辦單位：行政院勞工委員會職業訓練局
研製單位：中華民國職業訓練研究發展中心
印製日期：九十年十二月

行　政　院
勞工委員會 職業訓練局

單元 PCB-BSE 0104 學習指引

　　學習本單元前，你不需要有任何工程經驗，也不需要有任何工程知識，但是你必需認識英文 26 個字母，因為在工程圖說上很多用英文字母來表示特殊意義。

　　如果你是經由 PCB-BSE 0101、PCB-BSE 0102、PCB-BSE 0103 一路研讀過來，並且有深刻的心得，你將更能體會本單元的內容。

　　本單元將引導你對工程用語有基本的認識，這將對你將來砌磚工作有很大幫助。

　　也許你在實際工作時仍會有許多無法了解的工程用語。沒有關係，邊做邊學習，沒有人一開始就什麼都懂的。多看、多問、多了解是學習認識工程用語的不二法門。

　　祝你學習愉快！

砌磚工職類能力目錄

分 7 項職責，共計 30 項任務。

工作描述：砌磚工作係依據圖說，從事砌磚之選料、放樣及砌疊的工作。

職責 （function）	任務 （task）			
（一） 認識圖說	1-1 認識設計圖 PCB-BSE0101	1-2 認識施工說明書 PCB-BSE0102	1-3 認識施工圖 PCB-BSE0103	1-4 認識工程用語 PCB-BSE0104
（二） 認識材料	2-1 選料 PCB-BSE0201	2-2 材料品質 PCB-BSE0202	2-3 材料規格 PCB-BSE0203	
（三） 認識工具	3-1 工具選用 PCB-BSE0301 3-5 器具保養 PCB-BSE0305	3-2 手工具的使用 PCB-BSE0302	3-3 量具使用 PCB-BSE0303	3-4 機具操作 PCB-BSE0304
（四） 量測放樣	4-1 量測機具 PCB-BSE0401 4-5 垂直控制 PCB-BSE0405	4-2 尺寸量測 PCB-BSE0402 4-6 角度控制 PCB-BSE0406	4-3 組立皮數桿 PCB-BSE0403	4-4 水平控制 PCB-BSE0404
（五） 施工順序	5-1 了解現場 PCB-BSE0501 5-5 場地清理 PCB-BSE0505	5-2 施工準備 PCB-BSE0502 5-6 自主檢查 PCB-BSE0506	5-3 砌磚施工 PCB-BSE0503	5-4 修飾作業 PCB-BSE0504
（六） 成品評量	6-1 施工位置 PCB-BSE0601	6-2 整體觀瞻 PCB-BSE0602	6-3 尺寸檢測 PCB-BSE0603	
（七） 安衛與環保	7-1 砌磚作業安全 PCB-BSE0701	7-2 施工安全衛生規則 PCB-BSE0702	7-3 環保法規 PCB-BSE0703	

引言

　　每一件建築工程，不論是多大或多小，都包含許多職種的工作，砌磚是其中重要的一項。

　　工程進行中必須依照設計圖的指示訂定尺寸位置、安排工作順序、檢討相關職種的配合，遵循施工說明書的規範維護工作及材料品質。為了正確地達到設計要求並讓實際工作者了解工作細節，各職種必須依據設計圖來繪製施工圖，並經過設計者審查確定無誤後，作為施工的依據。

　　建築工程是一種專業，與建築工程相關的每一職種也都是一個專業。建築工程有專業的行話，也就是工程用語。每一職種專業也有各自的工程用語。使用工程用語可以在工作上明確扼要地溝通，省時省力並避免誤會。

　　設計圖、施工說明書、施工圖、以及一般工程用語是你進入砌磚工程專業時必須先認識了解的課題。

　　本單元將引導你認識工程用語。

定義（從略）

學習目標

　　一、不使用參考資料，你能夠正確地說明什麼是工程用語。

學習活動

　　本單元之學習活動主要在於閱讀並了解教材所列之工程用語。工程用語的學習係隨著專業技能的精進與工作經驗的累積而增加，在你往後專業領域的學習與工作中，應該隨時用心地了解與記憶。由於本職種後續單元如「認識材料」、「認識工具」、「量測放樣」、「施工順序」、……等，均會隨課程的進行講解相關的工程用語，本單元僅就較普遍通用的用語講授，作為你學習工程用語的開端。

本單元的學習目標是

> 不使用參考資料，你能夠正確地說明本單元教材所講授的工程用語。

一、在設計圖及施工說明書常用之工程用語

1B 磚牆

牆之厚度為磚之長邊（21 公分）者稱為 1B 磚牆，最常用之方式，多用於外牆。

1/2B 磚牆

牆之厚度為磚平放時之短邊（10 公分）者稱為 1/2B 磚牆，適於非承重隔間牆。

補強樑

砌磚牆在達到一定之高度時，為了要增加其強度及穩定度，以鋼筋混凝土樑澆置其上並與磚牆固結在一起。鋼筋混凝土樑之尺寸依設計圖或施工說明書之規定。

補強柱

砌磚牆在達到一定之寬度時，為了要增加其強度及穩定度，以鋼筋混凝土柱澆置其旁並與磚牆固結在一起。鋼筋混凝土柱之尺寸依設計圖或施工說明書之規定。

同等品

品質及功能不低於指定的品牌之產品。一般在施工說明書之總則篇會詳加規定。

承重牆

承受載重、風力、及地震等外力的牆。

非承重牆

只承受自身重量及自身所引起之地震力之分隔牆。

加強磚牆

磚牆上下均有鋼筋水泥加強之樑或基礎，左右均有鋼筋水泥加強之柱，全部與牆均固結成一體。

二、在砌磚施工常用到之工程用語

一皮

砌磚時，每砌一層稱為一皮。

丁砌

砌磚完成時，露出面為磚塊平放時之短面（10 公分 × 6 公分）者，稱為丁砌。如圖 1 所示。

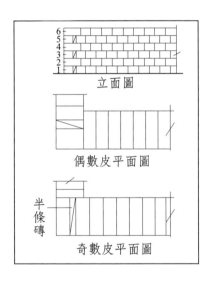

圖 1
丁砌法砌磚

順砌

砌磚完成時，露出面為磚塊平放時之長面（21 公分 × 6 公分）者，稱為順砌。如圖 2 所示。

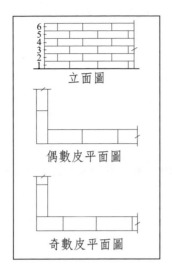

圖 2
順砌法砌磚

豎砌

砌磚時，將磚塊以長邊面著地而豎起之砌法。一皮高為 10 公分。

立砌

砌磚時，將磚塊以短邊面著地而立起之砌法。一皮高為 21 公分。

交丁

砌磚時為了增加強度，上下兩皮間之豎縫不能成一直線，至少應錯開 1/4 磚長，俗稱交丁。

學習評量

> 請不要翻閱教材、參考資料、或書籍，寫出下列工程用語的意義。

㈠ 1B 磚牆

㈡補強樑

㈢同等品

㈣加強磚牆

㈤丁面

㈥豎砌

㈦交丁

學習評量答案

你的答案應該包括下列要點：

㈠牆之厚度為磚之長邊（21 公分）者稱為 1B 磚牆，最常用之方式，多用於外牆。

㈡砌磚牆在達到一定之高度時，為了要增加其強度及穩定度，以鋼筋混凝土樑澆置其上並與磚牆固結在一起。鋼筋混凝土樑之尺寸依設計圖或施工說明書之規定。

㈢品質及功能不低於指定的品牌之產品。一般在施工說明書之總則篇會詳加規定。

㈣磚牆上下均有鋼筋水泥加強之樑或基礎，左右均有鋼筋水泥加強之柱，全部與牆固結成一體。

㈤砌磚完成時，露出面為磚塊平放時之短面（10 公分 × 6 公分）者，稱為丁面。

㈥砌磚時，將磚塊以長邊面著地而豎起之砌法。一皮高為 10 公分。

㈦砌磚時為了增加強度，上下兩皮間之豎縫不能成一直線，至少應錯開 1/4 磚長，俗稱交丁。

假如你的答案與前頁之意義相似，恭喜你，你學得很好。假如你的答案不與前頁之意義相似，不必沮喪，只要你是從第一頁仔細讀來，你也是有收穫。本單元之學習重點在於了解什麼是工程用語。後續單元之課程以及日後你工作時，你會陸續學到各式各樣工程用語，努力地了解它、記住它、應用它。

學後評量

你知道什麼是工程用語嗎？工程用語有什麼用處？

一、自我作業之評分

知識共 100%

部分	滿分	名　　稱	評分標準
一	100%	你知道什麼是工程用語及工程用語有什麼用處。	由了解程度適度給分。

二、我的作業評分＝知識＝＿＿＿分，屬於＿＿＿等

  A＝95 分以上 B＝85 分以上 C＝75 分以上

  D＝65 分以上 E＝64 分以下。

三、我的工作計畫得分＿分，屬於＿等。

四、安全習慣得分＿分，屬於＿等。

五、職業精神與學習態度得分＿分，屬於＿等。

六、教師評分

  ㈠作業得分＿＿＿＿＿＿ ㈢安全習慣＿＿＿＿＿＿＿

  ㈡工作計畫＿＿＿＿＿＿ ㈣職業精神與學習態度得分＿＿＿＿＿

總得分   屬於＿＿＿＿＿等。

七、時間

第 **7** 章

職業類科教學方法之基本概念

本章內容

第一節　教學之意義

　　教學活動是一種複雜的歷程，除了與課程密切相關外，更與學生的特質及教師的特質有關。教學的目標、內容、方法都必須適合學生的學習需要與學習型態，而教學的成效更受教師的行為、人格及教學訓練影響，教學仍有是科學（science）或是藝術（art）之爭，但無論如何，教學應有系統和技巧，而這些技巧卻因人而異，所謂「匠心獨具」或「存乎一心」即是教學為藝術的寫照。

　　教學的英文名稱是 teaching 或 instruction，在教育上使用相當普遍，但是對其定義，在學術界常有不同的看法，茲從國內外學者等不同角度探討之。

　　方炳林（民 63）認為教學乃教師依據學習的原理原則，運用適當的方法技術，刺激、指導和鼓勵學生自動學習，以達成教育目的的活動，從上列教學的意義，可以得知下列四項教學的涵義：一、教學有其理論依據。二、教學需要方法技術。三、教學包括師生活動。四、教學在達成教育目的。

　　如果單就方法的觀點而論，教學具有下列四項特性：

一、交互影響。

二、多向溝通。

三、共同參與。

四、獨立自動。

　　孫邦正（民 64）認為教學乃是教師依據學習原理，運用適當的方法，來引起學生學習興趣，指示學生學習的方法，解除學生學習上的疑難，使學生從學習活動中，養成健康的身心、培育高尚的道德、充實生活的知能。在教學活動中，教師的任務，在於佈置適宜的環境，以引起學生學習的興趣和學習需要；等到學習動機引起之後，教師再提供給他們學習的材料，指導他們學習的方法，鼓舞他們學習的熱誠，使他們能夠達成預定的教育目標。分析起來，「教學」二字，含有下列三個意義：一、教學要以學生的能力和興趣做起點。二、教學是指導學生學習，而

不是替代學生學習。三、教學是協助學生充實其生活經驗，發展其健全人格。

總之，從教學的起點來說，教學要以學生的能力和興趣做出發點；從教學的過程來說，要指導學生自己學習；從學習的終點來說，要注重充實學生的生活經驗，發展學生健全的人格。

歐陽教（民85）認為教學是一種師生共同參與的學習活動，亦是指教導者透過特殊程序的安排以促使被教導者學習教材。然而，由於社會生活中有許多非學校的教導和不符合正當教育價值的教導，否則在監獄中一個老經驗的扒手指導一個生澀的扒手亦是教學，是故教學應有其定義上的規準，作為判斷何者真正代表教學現象。教學的重要規準有四：

一、目的性（purposiveness）

任何一種教學活動，都是有意向、有計畫和有目的的活動，而且其目的不悖離真善美的價值，教學沒有目的則效果不佳，也可能是反教育的。

二、釋明性（indicativeness）

教材的傳遞必須透過某種特殊的程序或方法之設計，以達到傳道、授業、解惑的功能。教導者對每單元的教學目標，藉明確的實驗、解釋、分析、批判、示範、證明……等方法，來引導學生作最有效率的學習，是故教導方法的採用不是隨機的、偶發的。

三、覺知性（perceptiveness）

教學既是師生間接受的互動過程，故學生是否能從教學過程中接受教材、理解教材、統合其認知等是教學所期望的，故教材教法對學生而言，具有可覺知性非常重要。教導者應在從事教學設計時考慮學生的心理狀況和學習能力，才不會枉費心力，無法獲得教學效益。

四、效率性（effectiveness）

教學需要講求效率。學校教育的課程有其份量和進度，教導者在一

次的教學時間內有其特殊的教學目標需要達成，故教導者設計一套最有效率的教學程序以適時達成目標和內容的學習是教學的本質。

黃政傑（民 86）認為教學是指擁有特定知識、技能、態度等內容的人，有意把這些內容傳授給缺乏這些內容的人，為了達成這個目的而建立的互動關係。教學的意義可以進一步闡述如下：

一、教學是「教」的活動加上「學」的活動。

二、教學是師生之間的互動。

三、教學是學生與教師、教學資源之間的互動。

四、教學是為達成有價值的學習目標之活動。

五、教學是指師生之間為達成有價值學習目標的多樣態互動。

六、教學是需要妥善計畫相關要素和策略的活動。

由此可見，教學是一個相當複雜的活動，先經由學生分析、社會分析和知識分析，擬定有價值的學習目標，並以此目標引導其後的教學計畫，包含內容、活動、資源、方法、過程、評鑑和回饋的設計和發展，使學習者、教師和各種教學資源於特定時空之中依計畫產生多樣態的互動，進而達成學習目標並不斷反省改進。

Bruner, J. S.（1968）認為教學是為協助或促成智能成長的一種努力。布氏認為個體智能的成長，係內外在兩種因素交互影響而來，教學則是有效的外在力量，因此在設計教學活動時，對於個體成長的歷程以及促進成長的時機，都必須有深切的認識。布氏在教學目的方面強調「學習如何學習」而不是「學到什麼」。在教學的過程中強調學習者本身內在動機，教師應充分利用學習者天賦的內在學習意願。

Smith, B. O.（1987）認為在最早的時期，learn 和 teach 是指同一件事情。在 16 世紀這一時期，teaching 可界定為傳授知識和技能。隨著教育學的研究日益嚴謹，對於「教學」這種描述性的界定，已感不足，因而最近發展三種教學的概念：

一、教學即成功（teaching as success）

意指學習包含在教學裡面，教學可以界定為一項活動，在這項活動中，學習者學習了教師所教導的東西。因此，教學不僅指產生某種交互

影響，同時也指學習者獲得所教的東西。

二、教學即有意活動（teaching as intentional activity）

教學是一種有意的行為，其目的在引導學習。

三、教學即規範行為（teaching as normative behavior）

教學的規範概念要求教學的活動要符合某些倫理條件。

綜上而論，教學是一種師生共同參與的學習活動，依據學習理論，運用教學方法，透過師生互動，而達成教學目標，其具有目標性、方法性、互動性及效率性。

第二節　教學之因素

從教學的涵義觀之，可知教學是一項非常複雜的活動，牽涉到人、事、時、地、物等諸多因素，且各因素之間相互關聯。就人員而言包括學生、教師、行政人員等；對教育內涵而言，包括課程、教材、教法等；就個人而言，必須與學習、工作、生活相結合，圖示如 7-1 所示。

大致而言，教學活動包括八項因素：一、學生。二、教師。三、行政。四、課程。五、教材。六、教法。七、目標。八、情境等。而教學的主體是學生，一切教學活動均是開展以學生為中心的教學，所以將學生置於中心，教師透過課程、教材、教法、行政所做的一切相關配合支援措施，及在一個良好的學習情境下進行教學，以達成預定的教學目標。

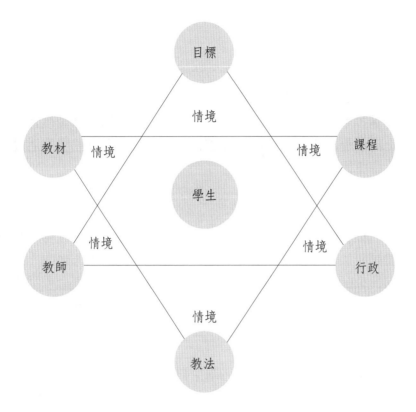

圖 7-1　教學因素關聯圖

第三節　教學之原則

　　適切掌握教學原則是教學成功的關鍵，國內一般教學法的書籍，大都以教學八大原則為主，這些原則普遍為教育界所應用，茲歸納摘述之（黃政傑、李隆盛，民 85；歐陽教，民 85；王秀玲，民 85；陳昭雄，民 78；孫邦正，民 64；方炳林，民 63）：

一、準備原則

在教學前如教師和學生均有充分的準備，則教學工作將會進行的較為順利。教師的準備如了解教學目標、分析教學目標、剖析學生、研究新教材、選擇教材、佈置環境、教具等，學生的準備如課後複習、課前預習、上課前靜心等。教師亦應注重在教學前設計引起動機的活動使學生心理上準備學習。

二、類化原則

人類的經驗隨著年齡增加日漸累積，舊經驗常成為新經驗的基礎，新舊經驗是相類似者常會結合在一起，這種情形就是類化也叫「統覺作用」。因此教師教學時發現新教材中有以前學過的相似概念或需要連貫及結合的地方，應隨時指導學生回憶舊經驗以結合新經驗。

三、自動原則

所謂「自動」就是「自發」，學生自內心產生強烈的學習慾望，不需要別人的督促或強制而能主動的參與、自發的學習、和自願的探索，學習的效果自然會比較好。教學上宜多設計學生活動、鼓勵學生自行解決問題及從做中學。對於任何學習活動，基於自發的意願而能主動的去參與這就是「自動」。以「自動」的理論作為指導一切學習的指針，就稱為「自動原則」。

四、興趣原則

教師教學時，時常注意增進學生的學習效果，在教學的過程中，不斷的利用各種技術，或變化教學方法，以提高學生的學習興趣，增進學習的效率，把握此原則以施教，就叫興趣原則。影響興趣的因素很多，包括有：性別、成熟、經驗、教材、教法、環境等。前三者屬於學生本身的，後者則是外在的，可由教師控制的。教師在教學中應用興趣的原則時，必須先調查研究學生的成熟和經驗，以作為教學活動的依據，至於在教材的選擇上要深淺適中符合學生的程度；在教法運用上更要生動

變化，促使學生積極地活動，以提高學習興趣；在學習環境方面，要能安排適當以培養學生廣泛的興趣；至於教師本身亦須多加自我充實，以能滿足學生的求知慾望，進而鼓舞啟發學生涉獵更高更深領域的企圖和興趣。

五、個別適應原則

教育的對象是人，個人主義的教育家視人為一個別的存在，故每個人都有每個人的個性，有各別的差異。教育的任務就是發展人的個性，人人若能在教育上各適其性，順利發展故能有所創造與發明。無可否認的，不同個體在身體發展、智力、人格、性向、興趣等方面均有很大的差異存在，教師宜針對不同的個性和能力，分別輔導，因材施教，採用多種教學方法，使每個學習者均能在學習上獲得最大的成就，以彌補大班教學不能適應個別差異的缺失。

六、社會化原則

人並不是一個個別的存在，而是社會中的一員、群體的一份子。人不能離群獨居，必須營群體生活。教育的目的不是培養私我，而是群我。教學應該鼓勵教師與學生之間、學生與學生之間的互動學習，俾能使學校的活動本身就是學習社會化的過程，達到個體自我實現、貢獻群體的目的。教師應多利用小組討論、合作學習、課外活動、參觀等方式進行教學。

七、熟練原則

教師的教學，務必使學生的學習達到純熟的程度，這樣才算是完成教學的目的。學生對所學的新教材的吸收不是一蹴可幾的，通常需經反覆練習才能學會教材，教師對於重複學習份量的適當供給決定並非易事，份量太少則學習者對新教材的學習無法達到精熟的程度，份量太多則學習者會厭倦疲乏，故教師應多練習不同的方式重複教學技巧，並能安排適量的練習活動和測驗。

八、同時學習原則

學習活動的內容應不限於特殊教材內容的學習，因為教師的任務不僅在傳授知能，重要的是能教導「做人」，因此舉凡相關的其他知識、觀念、態度、理想等均可適時適量與學生溝通，以提高學生對經驗的類化能力。西方學者克伯屈（W. H. Kilpatrick）即主張教學應包含主學習、副學習、附學習的同時學習原則。

第四節　教學方法之種類

教學要有目標，要想達成教學的目標，需要利用各種不同的教學方法，所以說，教學方法是完成教學目標的手段。教師教學的成功或失敗，和教學方法選擇的適當與否有密切關係。教學方法的選擇，取決於兩個先決的條件：第一，視教材的性質而定；第二，要以教學目標為依據。

教學方法可因教學目標或教材性質之不同，而有各種不同的教法，諸如：社會化教學法、發現教學法、講述教學法、問題教學法、討論教學法、創造思考教學法、角色扮演教學法、啟發教學法、編序教學法、示範教學法、練習教學法、設計教學法、發表教學法、協同教學法、個別化教學法、自學輔導教學法、電腦輔助教學法、視聽教學法、遠距教學法、精熟學習法、道德教學法、價值教學法、參觀教學法等，種類繁多，根據教學方法中的某些特性，將教學方法分類俾便於敘述，本書將主要的教學方法，分為基本常用取向、思考啟發取向、技能實作取向、情意陶冶取向、合作取向、個別化取向、電腦科技取向、真實情境取向等八類的教學法。

各取向之教學法之間並非互不相干，各方法之間也不是孤立存在，因為在實際教學中，教學方法本身即具有多樣性、綜合性、發展性，因此，不同的教學方法之間應是相互聯繫、相互使用、相互促進，才能順利地完成教學之活動。常用之各種教學法分述於第八至十五章中。

第五節　教學方法之選用

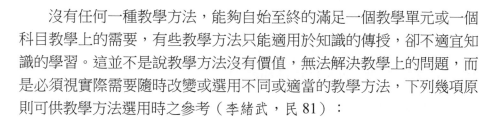

　　沒有任何一種教學方法，能夠自始至終的滿足一個教學單元或一個科目教學上的需要，有些教學方法只能適用於知識的傳授，卻不適宜知識的學習。這並不是說教學方法沒有價值，無法解決教學上的問題，而是必須視實際需要隨時改變或選用不同或適當的教學方法，下列幾項原則可供教學方法選用時之參考（李緒武，民 81）：

一、能夠協助學生達到學習目的

　　教師應當根據教學目標的要求，來選擇適當的教學方法。許多教師在教學過程方面，往往有一種固定觀念，反對講演法，認為講演法不是理想的教學方法，但是，教師若能保證協助學生達到學習目的，符合教學目標，講演法何嘗不是最好的方法？

二、能啟發學生思考者

　　教學之為人所詬病的主要原因是至今為止仍然停留在記憶和背誦階段。教師照本宣科，學生學習記誦如儀，教師以課本為範圍，作為考查標準，學生背誦課本以回答。這種教學方法，不但使學生索然無味，且所學容易遺忘。

三、能滿足並維持學生學習興趣

　　任何只能達到短程的教學目的的方法，都不是優良的教學方法。若干教師之所以慣用講演法，主要的理由在為學生作升學準備。大學生必須具備一邊聽講，一邊記筆記的條件，和忍耐枯燥無味的教學情境，學生必須在中學階段養成這種耐力和技巧。我們不是說講演法不可用、無效用或是乏味，而是說，如果講演法傷害了學習興趣，便不是適當的教學方法。

四、配合實際環境及合乎經濟原則

優良的教學方法能夠利用社區資源，以節省教師的精力、時間和學校財力。理論上言之，最好的方法莫過於一位教師，教導一個學生，可是不太實際、不經濟。

五、必須配合教師的人格特性和能力

同樣使用分組討論的教學過程，甲教師顯得非常緊張，手足無措；乙教師顯得輕鬆愉快，教學順利。乙教師之所以能夠教學順利，蓋因其所採用之分組討論的教學過程，適合自己的特性和能力。因此分組討論法對乙教師而言，是優良的教學方法，對甲教師來說，卻不一定是最優良的教學方法。

六、能夠配合教材特性者

能夠配合教材特性實施教學者，都是較好的教學方法。教材的性質不同，所要完成的教學目標也不相同。為了完成單元教材的教學目標，教師所投入的情感和使用教學方法，當然不能相同。

獻身於教學工作者，除本身興趣、熱誠和愛心之外也須具備專業的知能和教學理念，雖然不必有所羅門王的智慧（Solomon's Wisdom），但卻要有南丁格爾（Nightingale's Dedication）的奉獻精神，未來技職一貫課程的規劃，有許多的科目必須要按照自己學校的特色自編教材，有好的教材更要有好的教法，才能讓學生能得到他們想要的知識或技能。

第 **8** 章

基本常用取向之教學法

本章內容

第一節　講述教學法
第二節　問答教學法
第三節　討論教學法

　　教師透過教學活動將教材內容傳達給學生，並使學生獲得預期之學習成果，教師的教與學生的學乃是密切活動之關係，一般而言，教應先於學，但教師的教學活動未必能使學生產生相對應之活動，學習也非教學之反射活動，即有教未必有學，教師若未能考量學生的各項學習條件而只顧教，或急於求成，反而會阻礙學習，使教與學無法統合，如此便不能構成有效之教學，故「如何教」，採用何種教學法便相當重要，而教學活動包含許多教學法，在傳統教室中最常為教師使用的三種基本教學法為：講述教學法、問答教學法、討論教學法等，茲分敘如後。

第一節　講述教學法

　　講述教學法或稱講演法，在中外教育史的記載中，可以發現到這是最早被教師所採用的教學方法之一，而至今乃是最普遍為各級教師使用的一種教學法，本節將從講述教學法之意義、功用、缺失、教學程序、教師之表達技巧、配合措施及省思等方面說明之（陳金盛，民 90；李春芳，民 86；何福田，民 85；周愚文，民 85）。

一、講述教學法之意義

　　講述教學是以某一特定主題為中心，做有系統、有組織的口頭教學。而一個良好的講述教學，除了必須配合學生的需要，同時也要因應課程、教學目標做適度的調整，以激發學生的學習動機；並指導學生的學習，而能深入淺出地做口頭生動的說明或介紹，期望學生經由閱讀、思考、交談、互動獲得知能或概念的了解。

　　一般人對於講述教學，常冠以傳統、被動、保守、呆板、單向的教學技巧。其實任何教學活動中或多或少必須運用講述技巧來說明、引申與發問，如上課開始，教師可說一個故事、笑話、已發生的事例引起學生興趣。在教學進行中，偶遇到難懂的概念，可以板書標示要點促進了解，學習快結束時，亦可以講述方式引導學生歸納重點。

二、講述教學法之功用

㈠用以引起學習的動機

在開始教學時，教師可先用口頭講述與單元主題相關之故事、事實或新聞，以引起學生學習的動機，使學生集中注意來學習。

㈡用以說明解釋教材

很多的學習，都需要教師加以解釋說明或者引申陳述。如技能教學時，教師的示範需加以說明。欣賞教學時，對於欣賞的教材，亦需要說明講解，使學生了解，然後才能欣賞。尤其是艱深的教材，更需要講解說明，才能使學生了解，易於學習，並能加深印象。

㈢提示和歸納重點

當學生經過一段時間的學習後，學了太多教材，可能一時無法完全吸收，這時可以經由老師的口頭引導，讓學生懂得去歸納重點。

㈣方便

講述法的使用，不受時空的限制，教師在任何時間、任何場地均能使用此法，因此十分方便。

㈤經濟

使用本法除了不受時空的限制外，不需要太多或甚至任何輔助器材，因此從經費觀點言，是十分經濟的。特別是對於那些教育資源缺乏的地區或國家，無疑地，講述法是一種最實用也最可行的方法。

㈥省時

對於有教學進度壓力的教師而言，無疑地，講述法是較能切合實際需要的方法，因為如果採用討論法、問答法或其他方法，勢必會趕不上進度。這正是當前多數中小學教師仍採用此法的主要原因之一。

(七)可訓練學生聽力感官

是人類認知的主要來源之一，而聽覺又是其中非常重要的途徑，因此我們仍應可透過講述法，訓練學生從聲音中掌握資訊、捕捉意義，進而將之轉化為有系統的知識。

(八)適用於知識結構嚴密及概念系統完備又繁多者

教師易於進階式地講述每一概念、合乎邏輯地將知識介紹給學生，而學生在接受教師講述時，亦很容易整理出知識體系。因此，學生在紙筆測驗的表現，不低於其他教學法的效果。

三、講述教學法之缺失

使用講述教學法的人雖然最多，但所受批評亦最多，批評是使用者本身的缺點所造成，並非方法之缺失，其主要兩項缺失為：

(一)單向式教學，以致不易引起興趣主動學習

由於本法主要是教師經由講述（聲音），將教育內容（訊息）傳送給學生，而學生又是將教師所教的內容記錄下來，在這種教學過程當中，師生間的溝通完全是單向式，教師居於主宰地位而學生居於被動地位，自然不易激發學習動機與興趣，因此常見到的現象是教師講，學生抄；教師給，學生受。如此一來，整個教學過程自然缺少變化而易流於呆板枯燥，這正是為人詬病之處。這種單向式的教學，顯然與現代教學要求師生間雙向溝通的期望相遠。

(二)刺激源少變化，以致學生不易集中注意

一般而言，成人在講演中能集中注意力的時間長度，大概是一個小時左右，至於中學生則是二十至三十分鐘。但是目前中學一節課為五十分鐘，而教師為了趕進度，往往幾乎是整節課都用講述法，如此一來，實際上已超出中學生的生理承受範圍了。再者，如果在教學過程教師未能穿插其他方法，如問答、討論、練習法等，或未能使用教具增加刺激

源，或教師本身語言表達技巧不佳，在單調的聲音刺激之下，學生自然容易彈性疲乏，而無法長時間集中注意力。如此一來，教學效果不得不大打折扣，所謂言者諄諄，聽者藐藐，即是最佳寫照。

㈢養成學生背記知識的習慣

學生所學的知識，全是被動地從教師講述而來，而非自己建構的，為了應付考試，而採用記憶的學習，這對於科學素養的培養助益微小，學習效果差，成員只能用考試得知。

㈣忽視個別差異

齊頭式教法易忽略學生的個別差異，忽略學生認知發展，因為講述法是以教師為中心的教學法，教師只以教科書內容為依歸，忽略學生的認知發展階層。因此，教學時，常無法改變學生的概念，學生自己對於自然現象有某些錯誤概念時，經講述教學法之後，仍無法改變．因此，教學效果大打折扣。

四、講述教學法之教學程序

講述教學有一定的程序或步驟可以依循。不同的學者專家分別提出一些看法，他們使用的階段或名稱，雖然未必一致，但是基本精神倒是類似相近。大體上，可以將之標示為：「歸納（合）—演繹（分）—歸納（合）」三階段模式，如圖 8-1 所示。

㈠第一階段：揭示綱要

這是在講述任何一個單元時，無論是一章一節或一課時，應先利用很短的時間（約十至十五分鐘），將本單元的主要架構或是基本概念或是要點，以綱要方式呈現給學生，並略加說明，而呈現方式則可使用板書、影片大綱、投影片或海報等。這樣做的目的，是讓學生將要學習的教材內容，做一次鳥瞰，以期產生通盤認識，進而能提綱挈領地抓住學習重心，而不至於在學習過程中有見樹不見林之弊。

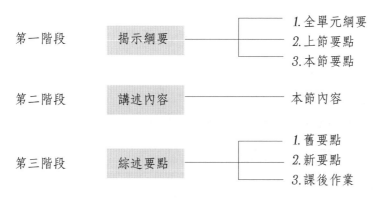

圖 8-1 講述教學程序流程

㈡第二階段：詳述內容

　　經過簡要說明單元綱要後，教師講述的下一步驟就是依照綱要所列的順序，逐一詳述其中的內容，務期學生能充分了解綱要中各個子題的具體內涵。不過，這裡所謂的詳述內容，並不等於照本宣科、逐字逐句誦讀課本之意。在此階段，教師深入淺出，解說教材內容的涵義，幫助學生理解其中意義，即是重點所在。

㈢第三階段：綜述要點

　　單元或課堂即將結束之前，教師也應安排一小部分的時間，再次將本單元（章節、課堂）的要點或結論，向學生做簡要說明，此舉可以加深學生印象、具體整理思緒，進而促進學習保留與遷移效果。除了舊要點之外，預告下次新要點的工作，也可以先行提示，以促發日後學習的動機與興趣。

五、教師之表達技巧

　　從教學的角度來看，教師若善於表達，則有利於師生之間的溝通互動，從而達成良好有效的教學。教師的表達技巧可分為語言及非語言的表達。此二者通常是同時使用、相輔相成。

㈠教師之語言表達技巧

1. 發音正確，口齒清晰。
2. 聲音動聽感人，抑揚頓挫有致。
3. 用詞恰當，簡潔達意。
4. 多說金玉良言，忌用惡毒語詞。

㈡教師之非語言表達技巧

1. 眼神親切溫暖。
2. 表情生動自然。
3. 姿態端莊合宜。
4. 動作恰當適度。

六、講述教學法之配合措施

為改善講述教學法之單一、單向、單調的缺失，宜朝多元、多向、多樣的配合措施邁進，在講述教學之過程中可配合下列措施加以改善。

㈠善用板書

教師能善於利用板書，可以有助於講述的清晰和有條理。當講到一個生字、新詞或不易了解的內容，可以把它寫在黑板上，以幫助學生多了解；此外，板書亦是新教師建立學生第一印象的最佳工具，如果能寫得一手好字，第一印象必然良好，教學自然亦能順利進行。

㈡善用發問

講述時穿插一些問題，能引起及維持學生的注意，而且可以了解學生學習情形。所以教師講述時，宜設計若干問題，適時向學生發問。

㈢善用討論

教師講述中，做一些簡短的討論，使學生對教學有更多的參與，而維持其更高、更久的專注力及學習興趣，也可以了解學生學習情形。

㈣善用練習或活動

講述中，可以適時的穿插一些活動、或做簡短的練習，可以維持學生的學習興趣與專注力。

㈤善用教學媒體與教具

教師講述時適時適量地使用海報、圖片、實物、模型、掛圖、投影片、幻燈片、錄音帶等，不但可以吸引學生注意，而且可以增進內容的了解。

七、講述教學法之省思

教師可於教學後，對自己的教學作一檢核及省思，找出待加強之處，如表 8-1 所示，為一講述教學評量表可供參考。

第二節　問答教學法

問答教學法在教學上是僅次於講述教學法的一種常用教學法。因為人類的好奇心是與生俱來的，一直探究與發現世界的各種事物，對於任何不太清楚的問題，都要打破沙鍋問到底。東西方古代對於問與答的活動亦有所提倡，如《禮記·學記篇》曾提及：「善問者，如攻堅木，先其易者，後其節目，及其久也，相悅以解；不善問者，反此。善待問者如撞鐘，叩之小則小鳴，叩之大則大鳴，待其從容，然後盡其聲，不善問者反此。」又如《中庸》：「博學之，審問之，慎思之，明辨之，篤行之。」已運用問答於教學中，孔子《論語》一書，呈現的是與門徒對答的教學型態。又如古希臘哲人蘇格拉底的詰問法，一直使用抽絲剝繭的探究方式，亦是使用問答教學的先驅。

表 8-1 講述教學法評量表

受評者：	評量者：	年　月　日　　分數		
1. 動機的激發	□很恰當	□尚可		□不太恰當
2. 教學目標的分析達成	□已達成	□部分達成		□沒達成
3. 教材的呈現	□有系統，層次分明　　□尚可 □不夠具體、明確			
4. 問題的編製	□有創造、思考性　　□聚斂性問題較多 □沒有編製			
5. 發問的技巧	□非常恰當	□當稱恰當		□不太恰當
6. 語言、態度	□音量適中、表達生動　　□尚可 □表達不生動、不具體、不清晰			
7. 教學媒體使用	□非常恰當	□尚稱恰當		□沒有使用
8. 不同方法的配合	□使用他法靈活配合　　□少部分他法配合 □只由講師講述			
9. 學生的活動	□有練習、活動　　□很少活動 □沒有活動			
10. 學生的反應	□反應熱烈，專心參與　　□尚可 □沒有反應			
合計				

資料來源：李春芳，民 86，頁 199。

　　可知問答的運用，由來已久。不過，由於教學型態的改變，班級人數的眾多，教師分科教學的實施，使問答逐漸變成了教師問和學生答的活動。其實，問答包括師生雙方的問和答，學生的問和學生的答具有同樣重要的價值。所以，教師運用問答，不但要善於發問，而且要能鼓勵學生發問，並能適當處理學生的問題與回答。本節將從問答教學法之意義、功用、發問問題之類型、良好問題之特徵、發問之技巧、候答之技巧及回答之技巧等方面說明之（陳金盛，民 90；張添洲，民 89；李春

芳，民 86；李咏吟、單文經，民 84；孫邦正，民 64；方炳林，民 63）。

一、問答教學法之意義

　　問答教學法是教師應用發問以獲知學生的想法，因為合宜的發問行為不僅被認為是教師應具備之基本能力，亦能提高學生的學習效果，引出師生高層次心智活動的媒介。而人與人之間的深度溝通，有賴於發問與傾聽的技巧。發問是一種人與人之間的互動歷程，老師如何使用發問的方式，提出與教學重點相關的問題或與成長有關的主題，激發學生做不停的思考，引發重要的概念，同時可培養人際溝通、表達的能力，也因為不停的好奇與發問、尋求解答，更增長知能，培養正確的人生觀。而且妥善的使用發問技巧，使得原本只能聽講、抄寫的沈悶教室，因為師生及同儕間問答的互動，因而變得有參與、有活動、生動、活潑、有趣、有刺激的一個學習場所。

二、問答教學法的功用

㈠引起好奇心、學習動機與興趣

　　在一節課開始的時候，教師若用一個有趣的問題，來引起學生的好奇心，使他們亟於想求得解答，然後再進行教學活動，就可以收事半功倍之效。

㈡可集中學習的專注程度

　　在教學時，教師若發現學生的注意力分散，就可以提出一個適當的問題，使學生的注意力集中於所從事的教學活動。問答教學法可集中學生的專注程度，有利於對課程的學習。

㈢增進組織、表達與溝通之能力

　　語言與思想的表達，可以經由問答中獲得練習，教師藉由問答教學法可增進學生組織、表達與他人溝通的能力。

㈣可維持教室的秩序

教師可以經由發問來維持教室的秩序,使成為一個合適的學習環境。

㈤具有診斷與補救教學之功能

教師可以在每節課當中,用很短的時間向學生發問,以考核他們對於所指定的功課是否已經準備,對於上一節課的教材是否真正了解,對於應當記憶的教材是否熟悉。考核的結果,如果發現學生沒有充分準備,或是並未真正了解,或是並未十分純熟,就應當趁早實施補救教學。

㈥能啟發思考與創造的潛能

教師在教學中常向學生發問,使他們運用思想去分析、批判、比較、綜合教材中的重要問題,良好的發問,可引發學生做更多的聯想,有助於思考、創造力的提升。

㈦提供質疑解惑的機會

學生學習的速度有快慢,領悟理解亦有高低,教師可開放問答時間,提供質疑解惑的機會,讓學生從問答中獲得徹底的了解。

㈧促進師生相互的激勵

問答不僅是教師用以刺激學生學習的手段,同樣是學生用以激勵老師之道。教師問學生,可使學生不敢偷懶,必須努力學習;教師亦會因學生的經常發問,而不能隨便馬虎。所以,問答是師生相互激勵和提高教學效率的重要技術。

三、發問問題之類型

㈠以問題之聚斂性或擴散性而分類

所謂聚斂性問題,就是教師所提出的問題,只能得到簡單或有限的答案,也就是學生由所記憶的資料中去分析、整理,因為係依一定思考

方式為之，常導致較為具結論性可預期的結果。例如：「媽媽帶了 500 元上街買菜，用去了 380 元，還剩多少？」中國人寒暄時最喜歡問的問題：「你吃過飯了沒有？」。

而擴散性問題，就是教師提出的問題，學生可以由許多不同的角度，以及各種不同的答案加以說明或詮釋，而且答案也比較具創造性及批判性。例如：「你早餐是怎麼解決的？」、「假若你是台北市警察局局長，有一天遭遇到像 520 農民之請願遊行事件發生，你如何處理？」。

只能用「是」與「不是」之答案雖然不是一無可取，但是當你想讓學生的學習活動更具思考與創造性時，就得儘量減少或避免。許多教師急著從學生口中得到所發問問題的正確答案，以致於妨礙了學生動腦筋思考的機會。

一般教師使用發問技巧，所提的問題，約有 70～80%左右屬聚斂性題目，而擴散性的題目比率較低。後者比率應逐步增高，才能刺激學生培養出批判思考、創造性等多種才能。

㈡以布魯姆（Bloom）之認知來分類的問題

布魯姆（Bloom）的認知目標原是用在教育目標時使用，但是應用在作為問題的編製上，也有良好的效果，教師可以利用發問來判別學生究竟是屬於認知的哪一層次，以衡量他的進步情況，Bloom 把認知分為知識、理解、應用、分析、綜合、評鑑六個層次。

1. 知識性的問題

如普通名詞、方法、步驟、基本概念、原則等由教材中所學的一些知識。例如「林家花園在台北縣的什麼地方？」、「台灣的哪一個縣市曾舉辦世界大學划船邀請賽？」、「維他命包含哪些東西？」。

2. 理解性的問題

對於一些事物原理、原則的了解，可用數據、文字、語言、符號來表達。如「A＞B 代表什麼？」、「騾與驢有何異同？」、「請說出磁鐵的操作型定義。」。

3.應用性的問題

能將所學的知識、技能應用在其他不同的情境中，即是學習的類化與遷移，如示範正確步驟、過程，或設計表格、圖表。如「為防止瓦斯中毒，熱水器及瓦斯宜設置在何處？」、「萬一戒子套在手指上無法取下時，如何處裡，才能拿下？」。

4.分析性的問題

可以將各種概念、事件加以分析，而找出各個子事件、元素，相互間的關係就是演繹。如：「試解釋為何台北市在一陣傾盆大雨後，經常就一雨成災？」、「請分析為何很多人不敢搭乘飛機？」。

5.綜合性的問題

綜合恰好與分析相反、把許多不同的元素、因素或條件，用歸納法重新組合成一個定理、原理原則。綜合性的問題層次較高，要用到思考力、創造力，允許學生對於問題的答案內容做自由的聯想，不一定有標準答案。如「江澤民時期的中國大陸，在政治、外交、經濟、軍事上有怎樣的變化？」、「請說明加拿大、日本、瑞士三個國家的生活品質為何能居世界前幾名？」、「台灣屬於地震帶、颱風區，平時怎樣做好防震、防颱措施？」。

6.評鑑性問題

評鑑性的問題是屬於學習較高的層次，它統合了前面五個層次之集大成，具判斷性、價值性。如「實施共產主義的國家相繼解體而改實施民主政治，請說明其理由。」、「在有中國人的地區，國家普遍顯現髒亂的現象，為何新加坡能跳脫出此一不佳現象？」。

根據國外許多研究報告指出：教師發問所提出的問題，以記憶性及認知性的問題居多，約占 60～80% 左右，而批判性、解析性及創造性之問題所占比率較低。張玉成（民 72）在台北市十九所小學選取二十四位三年級教師對同一課文的教學分析中求得：認知記憶性問題占 88.57%，推論性問題占 4.83%，創造性問題占 4.37%，批判性問題占 2.23%。與國

外研究結果相較，可以看出我國教師在發問問題的層次上，仍有待向上改善的必要，即多往綜合、評鑑之具創造、批判性問題為佳。

(三)以克拉斯和爾（Krathwohl）之情意來分類的問題

1. 接受性的問題

學生若能對事例、現象或刺激有所感覺，並願意接受，則價值的引導才有其可能性。如學生在課本上看到「孫中山」、「蔣中正」、「李登輝」、「江澤民」、「宋楚瑜」、「陳水扁」會做何聯想？又如閱讀到「美國南北戰爭」會聯想到什麼事？如「林肯」、「華盛頓」等。

又如帶領學生參觀中正紀念堂的元宵花燈活動後，對於花燈的各種造型覺得「很有趣」、「有趣」、「不太有趣」、「無趣」做勾選之「興趣量表」。

2. 反應性的問題

學生在學習的過程中，不只在「講光抄」的被動地接受老師的知識單向傳輸，也應能有所反應，而願意積極參與學習，並從反應參與中獲得成效與滿足。

例如可使用「語句完成測驗」的方式，如「己所不欲勿施於人，讓我想到……」、「我看完《西遊記》，讓我聯想到唐三藏、孫悟空……」、「看完《戰爭與和平》這本小說，油然而生戰爭的代價……」、「在電視上看到立法院的議事秩序與效率不佳時，會讓我想到實施民主政治是……」。

3. 價值判斷性的問題

學生對於價值的標準常受到個人內、外在條件之影響，而接受、偏愛一項願意投入並奉行不渝的價值標準，此層次中在於能夠知道是、非、善、惡，亦即對與不對的標準。如「一個人因車禍而變成植物人，或癌症末期病人異常痛苦難熬，若施以安樂死，是否有罪？」、「土葬與火葬哪一個方式比較好？」、「有時為了幫助病人或親人免受內心的煎熬，所做善意的謊言，算是道德嗎？」。

4.價值組織性的問題

所謂價值的組織,就是能把事務依價值的標準、輕重做有次序的排列,並能指出矛盾所在,同時逐漸依所認知的標準,摻入感情的因素,然後使行為合乎道德、社會、價值或法律,日久因而養成守法、守紀、不違背善良風俗的好習慣與行為。

在情意教學時,要讓學生做充分的討論,並了解從不同的角度去分析、思考價值、問題有多種的可能,有時沒有對與錯的分別。如「橫越馬路時,看到老人行動遲緩,能主動協助過馬路」、「知道學生的角色就是學習成長,不該自欺欺人,養成考試不會也不作弊的好習慣」、「看到殘障人士不良於行或弱小動物,會表現愛護、體諒的行為」。

5.價值體系形成的問題

當學生能明辨是非善惡,了解價值標準,並能逐步養成良好的行為與習慣,久而久之,外爍到內化,自然能形成一種獨特的風格、信念,而能隨遇而安,更由內而外展現出雍容的氣度。這個層級在情意上屬於高層次的聖賢功夫,在一般老師對學生的情意教學上,一時無法達成,往往需經過一段不算短的時間歷練,或者是歷經一場刻骨銘心的折磨與煎熬,才能大徹大悟。

(四)以批判性方式分類

學生在回答問題時,可用先預定的標準或價值觀念作為評斷而知所依據、選擇。當然學生有個別差異,對於智慧高、觀察力敏銳、判斷力較為正確的學生,也能依據個人對於價值判斷的成熟度,而彈性因應。如「為何大家均不太贊成在學學生蓄留太長頭髮或穿奇裝異服?」、「水、空氣、心靈的污染,對人類會造成多大的傷害?」、「中國大陸若不做人口計畫,對於大陸人民生活會造成什麼程度的影響?」、「如果台灣的政治一直受到金錢、黑道的滲透,未來將會變成一個怎樣的社會、國家?」。

(五)以採用之時機與目的來分類

1. 教導性之問答

主要係以發問問題來誘導學生之思想，以達到教育預定目標之方法。

2. 複習性之問答

係經由發問來分解學生舊有之思想，使之重複產生意識，以達成其類化之作用。

3. 考驗性之問答

目的在於測驗學生已學習知識之程度，作為未來教學之方向，根據學生之理解程度與學習成效，教師可調整教學方法。

四、良好問題之特徵

(一)問題的範圍要確定

教師所發的問題，要範圍確定，然後學生才能知道怎麼回答。問題的範圍若太廣，學生就不知道從何處著手。一個問題最好只問一件事，倘若一個問題中所問的有幾件事，往往使得學生顧此失彼。

(二)問題的內容要能激發學生的思想

教師發問時，應當多採用思考的問題，即使發問的目的，在於供給學生複習的機會，也應當採用比較、分析、綜合、批評、說明原因等類問題，較有價值。倘若採用事實問題，也要在事實問題的後面，加上幾個思考問題，以免學生偏重機械的盲目的背誦。至於用「是」或「不是」就可以解答的問題，尤其少用。

(三)問題的內容要有價值

問題的內容應當是教材中重要的部分。凡瑣碎而不重要的問題，不必向學生提出。因此，教師在準備功課時，應當把所要提出的問題計畫

一下。上課時臨時想出的問題，就容易犯瑣碎而無系統的弊病。

㈣問題的內容要適合學生程度

問題的內容，要切合學生的經驗和學力，尤其是思考的問題更要注意這一點。問題的語句，要避免用生僻的字句和專門的名詞，以免學生不能了解。

㈤問題的語句要簡單明瞭

問題中的形容詞若太多，往往使學生抓不住要點；而且問題太長，往往把答案的線索，在問題當中洩漏出來。

㈥問題的語句不要直接用教科書上的文字

教師若常常用教科書上的字句發問，學生就會盲目的記誦教科書上的教材，來應付老師的發問了。

㈦問題要有組織有系統

教師若能把所要發問的問題，預先計畫一下，使之有組織有系統，前一問題與後一問題相聯繫，而且一步緊接一步，然後對於學生思想的啟發，有莫大的幫助。

五、發問之技巧

㈠先向全班提出問題，然後再指名回答。

㈡指名要普遍，讓大家都有回答參與的機會。

㈢發問不宜依照一定的次序，使學生能集中注意。

㈣所提問題類型，要能兼顧各類問題。

㈤發問時，問題只說一遍，不要重複問題。

㈥所提問題，必須要具體、明確、有系統性。

六、候答之技巧

㈠候答之時間不宜太短，視問題之難易而定。

㈡注意傾聽，顯示關心及重視的態度。

㈢鼓勵及激勵，引發學生回答的企圖心。

㈣延後批判及容多納異之行為。

㈤制止代答，不要讓其他同學代為回答。

㈥學生回答之後，讓全體同學批評補充。

㈦學生回答不出，需另行指定學生回答。

七、回答之技巧

㈠實問實答

如果學生提出的問題非常簡單，不值得大家討論，或者時間和情況不許可，則教師可以即時予以回答。

㈡實問虛答

如果學生提出的問題不是三言兩語，短時間所能解釋清楚或只是少數學生個別問題，或是較敏感性的問題，可以留著課後處理時，教師可以實問虛答，以避免爭辯或不必要情形發生。

㈢反問作答

對於學生的回答，可重新設計一個問題轉問他人，反問提問者、回答者，使學生熱烈參與教學活動。

㈣不予回答

學生所提問題，或是學生不易了解而又不重要的，可以說明理由不予解答。

㈤不會回答

有時教師亦會遇到不會回答的問題，可因問題的性質而有所不同的處理技巧：

1. 反問學生

屬一時記不起來時,可反問學生以爭取思考的時間。

2. 留待以後

與以後教材內容有關的問題,教師缺乏充分準備,不能作完善的解答,可以說明留待以後再行回答。

3. 留供研究

如果問題很有價值,但在往後教材中沒有,可作為研究的一個問題。

4. 坦白相告

教師亦可坦誠說明,需要進一步的研究才能予以回答。

第三節　討論教學法

　　討論教學法常被稱為小組討論法或團體討論法,在各種教學法當中,最能表現出師生雙向的互動。而討論教學則是學生在教師的刺激及引導下,進行對相關概念、事物、觀念之討論,最後並在教師的輔導下,歸納出重點;教學活動,同時因為學生經由刺激而產生思考,並在參與中學習,人人受到尊重,故比較能開展學生積極、主動的學習態度。正因為師生共同參與討論、探究活動,教師更可以由互動過程中去了解學生的認知與觀念,有助於教師持續引導及激發學生的潛能,當然教師在討論過程中的耐心、理性與關懷,也是促使討論教學流暢實施的重要關鍵,本節將從討論教學法之意義、功用、缺失、討論教學之方式、實施步驟等方面說明之(陳金盛,民 90;李春芳,民 86;林朝鳳,民 85;林寶山,民 85;陳昭雄,民 78)。

一、討論教學法之意義

　　討論教學的定義是一群學生在教師的指導下,以各種討論形式,就學習上的問題參與創造性、建設性的思考,在彼此互切互磋,集思廣益

之下，不但求點的深入，更求面的廣泛。

　　討論的成功與否，在於參與討論者是否能夠收集討論主題的背景資料，預先加以研究思考。討論時，把握主題，以最積極客觀的態度，作適切的發揮。教師應注意討論的和諧性，並注意討論的層次應符合學生的能力和需要。

　　討論教學是以學生為中心，使其透過群體自由、民主的互動方式，以討論方式練習解決問題的能力，以適應明日社會的需要。

　　簡言之，討論教學法是一群人聚集在一起，利用討論的方式，經由說、聽、觀察的過程，彼此溝通交換意見，以達成預定教學目標的方法。

二、討論教學法之功用

㈠培養良好的學習態度與方法

　　透過討論法，不但可以培養學生積極的學習態度，亦可培養思考、判斷、解決問題和自學的能力。討論時，參與者必須小心謹慎地從事思考，尋找合理的證據來支持自己的論點，避免因個人喜好影響其推理，更由於討論的情境隨時在變化，參與者必須護衛、應用、改變、解釋和重組自己的觀念，因此不但使思考變得更敏捷，經過多次討論，亦有助於思考與判斷的正確性、邏輯性。同時對培養運用事實和知識的能力而言，也是一種好方法，因為討論時不但可以累積各種觀點，還必須仔細分析和評價各種論點，並尋找出各種論點廣泛和實際的應用，亦可發展學生的解決問題能力。此外，透過討論法，還可培養學生自學的能力，因為討論之前，學生必須充分準備，不僅要蒐集資料，多方閱讀，必要時還要多方訪問、調查，乃至從事其他自學的活動。

㈡學習民主的生活方式

　　討論時，每一參與者都有機會輪流發言，清楚地表達自己的看法，聽取別人不同的意見，針對問題提出質疑，這些說、聽和發問的技巧，都是參與民主社會所不可或缺的。從參與討論的活動中，不但可培養學生集思廣益、分享所知的精神和習慣，還可培養議事能力，例如發言或

辯論時，必須心平氣和、思慮周密、本著對事不對人的態度，並能服從多數，尊重少數。此外，討論法也可培養團體合作的精神，由於討論法是一種共同解決問題的方法，因此必須團結合作才能達成此一目標。討論時，難免會發生衝突或不愉快，然而從各種不同的比較中，能夠促使個人察覺到自己的偏見，進而彼此接納、尊重與容忍，更可增進對團隊的向心力，發揮團隊合作的精神。

㈢激發起更活潑的學習氣氛

討論使學生能表達自己的經驗、見解和心得，並同樣分享別人的意見，因而激起活潑的學習氣氛，使學生產生研討及學習的興趣。

㈣增進討論溝通的技巧

成功的討論往往需要參與的成員具有適當的溝通技巧，但是溝通技巧可經由實施參與過程中加以磨練與培養。在討論中，參與者可學習：(1)清楚表達意見，並舉出合理的證據來支持自己的論點。(2)傾聽他人的看法，並分析、批判他人論證的缺點。(3)避免因個人好惡影響推論。(4)遵守發言程序和規定。(5)避免情緒字眼煽動，客觀分析論證。至於帶領討論者，可從經驗中學習鼓勵沈默的組員發言，接納意見表達，培養歸納的能力，避免討論離題，懂得如何要求發言者作澄清或進一步引申，以及熟練其他發問的技巧。

㈤能表現出師生間的交互作用

討論教學成為師生雙向互流的活動，而不是由教師獨占的歷程，同時，教師可從討論過程中，評量學生對主題及教材了解之程度，這種方式要比紙筆測驗更為省力省時。

㈥增‧了學生上課的意願

以往的課程由於採取老師一人擔綱的形式，教學形式單調呆板，教學內容枯燥乏味，課堂氣氛沈悶壓抑。通過討論教學法的施行，學生體會到原來課程所欲教導的知識，且教師可分析問題、解決問題的價值。

㈦有利於發揮學生的主體作用

現代教學十分重視學生在教學活動中的主體作用。討論教學法把課堂學習的主動權還給學生，在時間和空間上學生創造了主動學習的環境，在課堂的教學形式中，克服了一問一答的主持人式的教學模式，教與學再也不是教師的片面行為，學生真切地體驗到自己是課堂學習的主人，他們可以自由地在課堂上表達自己的見解，培養自覺的能力，鍛鍊思維品質，增加知識的交流，使學生的主動性獲得充分的激發，學習的潛能得到充分的挖掘。

㈧有利培養學生的非智力因素

討論教學法對於培養學生學習的自信心，學習熱情等非智力因素具有十分重要的意義。討論教學法為學生提供了聽、說、讀、做等各方面素質鍛鍊的機會，所以，使不少學生在討論教學活動中找到了自信心。此外，由於討論教學不斷地激勵學生主動參與，也大大地增強了學生學習興趣和積極性。

三、討論教學法之缺失

雖然討論教學法有上述之功用，但一般學校教師不太常用討論活動，其原因主要有下列幾點：

㈠沒有充裕時間或適當的場地可供討論

教師常抱怨「教都來不及了，哪有時間來進行討論」，教學時間不經濟，往往是一個問題，教師花費二十分鐘就可以解釋說明，若採用團體討論法，就需花費一、二小時的時間；且各種分組所需之場地不是很好配合。此外，人數太多時，學生將無充分時間發表己見或進行討論。

㈡不易獲得系統的知識

因為每次討論一個或數個問題，前後問題未必有一貫的系統，且有時因主題或目標不明確、教室氣氛不夠開放或自由，均造成學習上的困

難。此外，老師具權威，氣氛不夠開放自由，使學生無法暢所欲言。

(三)和學生雙方皆不具備討論的技巧

初次嘗試討論的結果，往往流於教師和少數學生之間的對話，大多數學生深怕說錯話、無法完整表達想法，或懾於較常表示意見的同學，因而金口不開，沈默不語。有鑑於挫敗經驗，致使大部分教師退縮，甚至認為討論法不適用於教室中。

(四)擔心無法控制教學過程和教室秩序

傳統以來，都是由教師決定教學內容和控制整個過程，一旦交由學生負責，便無法預期和掌握其結果，讓教師難以放心。再者，在進行討論時，班級不免會顯得嘈雜和紊亂，這對一向要求教室秩序安靜的教師而言是一項威脅，甚至懷疑自己能力差，無法管好班上秩序。事實上，學校行政人員也常有這種想法。

四、討論教學法之方式

在班級教學中，可以實施的討論教學方式類型甚多，若從發言權利及人員分合兩方面觀之，大致可分為下列三種方式：

(一)全班討論

第一大類的討論型態是整合所有成員於一體的全班共同討論。理論上，除了主席或主持人外，每位同學都有相等的發言權，全班討論的主席或主持人，可由教師、班長、事前安排或臨時推舉的同學擔任，班級教學需要進行某些主題的討論，而且希望「全民全員」參與時，通常會採取此種討論型態。例如：班規的制定、班服的選定、班級自治幹部的選舉、檢討會等。在這種討論型態下，主席或主持人的權責重大，因此，人選適當與否，攸關會議過程與結果的品質及成效。

(二)座談會或辯論會

第二大類的討論型態是座談會或辯論會。此種討論型態大致上將全

體參與討論的成員，區分為兩大陣營。先以座談會與同類型態的發表會、研討會、聽證會、公聽會等來說，有一些參與人員明顯的成為一個主要發言或表演族群，這些人士通常是坐在特定受邀貴賓席、前排主要發表席或表演區等。另外一批人員則坐在台下或外圍，主要扮演著聽眾、觀眾的角色，發言的機會顯然較少，甚至沒有發言的可能。而辯論會則是以正反雙方為主要區隔，至於參與者如何分配擔任辯論的主辯、助辯和結辯或純粹的聽眾與啦啦隊等角色，則因辯論方式而有所不同。

　　基本上，座談或辯論的參與人員，並非人人具有相等的發言權利。針對討論主題或相關事件的課題，台上的特定人士通常享有較高的發言權；而台下的參與人員，其發言權通常受到極大的限制。要而言之，不管是座談會或辯論會，其中一項特色就是參與討論者常有預設立場，討論的過程與目標，只是盡力說服不同意見的對方。

㈢分組討論

　　第三大類的討論型態是分組討論。主要是把全班分成若干小組，每組人數從較少的二至三人，到較多的十數人不等。人數與組別數量的多寡，最好依據討論主題、範圍大小、班級人數、教學目標而定，班級教學採取分組討論時，原則上每一小組分別推舉或由教師指定一人當主席，主持討論會，有時還需推派一人擔任紀錄，記下討論重點與結論，以供小組代表向全班提出報告之依據，而進行小組討論時，各小組可以討論相同主題，也可以分別針對不同主題進行研討。一般在各小組討論之後，通常會安排全班共同的報告研討，此時他組成員可以提出補充或批判質疑，最後由教師做總結與講評。

　　其中，在分組討論時常被使用的模式，如腦力激盪討論法及菲立普六六討論法，茲說明如下：

1. 腦力激盪討論法

　　腦力激盪法（brainstorming）是美國歐斯朋博士（A. F. Osborn）所研創，此法迥異於傳統討論法，主要係運用團體動力，讓參與成員相互激盪，提供各種意見與創意，然後評估與抉擇，據以解決問題。由於腦力

激盪必須要藉眾人之力，彙集大家的智慧。因此，進行討論教學時，各組的人數以十幾人為宜，不可少至於五人以下，若能安排充分的討論時間更佳。當然，在討論時間較短的情形下，想要讓學生有較多的發表及參與，此時可適度將人數降至六到十人。就腦力激盪法而言，必須要進行兩階段的討論。其實施步驟如圖 8-2 所示。

2. 菲立普六六討論法

這是由美國密西根州立大學菲立普（J. D. Phillips）所提倡的分組討論方法。由於每組成員均為六人，每人發言一分鐘，共計有六分鐘時間的討論，故稱「六六法」（six-by-six method）。此法能迅速組成討論小組，簡單易行，不需要給予學生討論前的準備，學生也不必具備特定的討論技巧，也適用於彼此陌生的情境。現就將六六法的進行程序說明如下：

(1)分組：教師指定或學生自願的方式，每六人分為一組。同時，選出一位主持人與紀錄。

(2)解說題目：教師依據學生程度經驗，或詳或簡、適度地解說題意與要求。

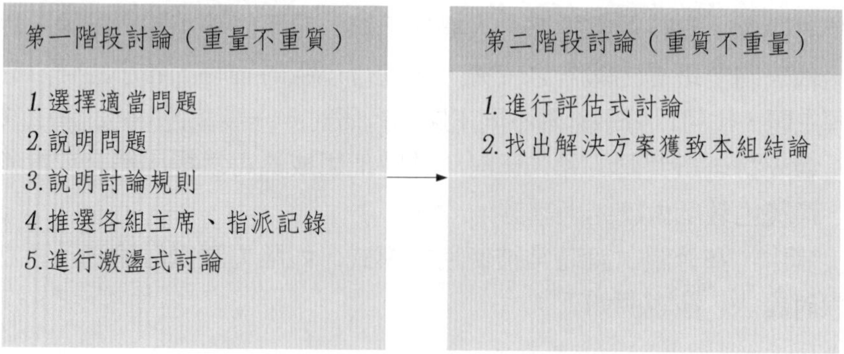

第一階段討論（重量不重質）	第二階段討論（重質不重量）
1. 選擇適當問題 2. 說明問題 3. 說明討論規則 4. 推選各組主席、指派記錄 5. 進行激盪式討論	1. 進行評估式討論 2. 找出解決方案獲致本組結論

圖 8-2　腦力激盪法實施步驟流程圖

(3)進行討論：各小組以六分鐘的時間進行討論。教師巡視各組，
　　督導或協助討論。

(4)綜合報告：各組推派代表，提出本組的觀點或結論。

(5)總結：教師或師生共同評估優缺利弊，綜合歸納各組的論點。

五、討論教學法之實施步驟

㈠討論教學前的準備

1.事先指定學生蒐集相關資料。

2.預先發下討論的題綱或相關資料。

3.決定討論大綱。

4.決定各組人數並進行分組。

5.規定討論規則與時間。

6.安排討論小組座位方式。

㈡討論教學進行時

1.宣告開會，提出討論主題。

2.說明討論規則、討論時間、指定紀錄同學。

3.板書討論題綱、要項。

4.主持會議，鼓勵發言，並延遲批判。

5.提醒發言者能針對討論主題或題綱提出建設性意見。

6.讓每個人都有發言機會。

7.適時提醒未討論到的問題。

8.接受不同意見的提出，暫時不做判斷。

㈢討論教學結束時

1.教師將每位學生發表的意見做歸納，並作結論。

2.引導學生思考問題，並記下要點。

3.未充分討論的要點，主席可做扼要說明。

㈣**綜合評鑑**

　　各小組所實施的討論活動，一定各有千秋，教師應針對各小組討論情形、表達或溝通技巧、工作準備及議事能力提出評斷，作為下次再進行小組討論時改進。

第 **9** 章

思考啟發取向之教學法

本章內容

第一節　探究教學法
第二節　問題解決教學法
第三節　創造思考教學法

　　處於社會快速變遷的今日，改革過去為人所詬病的教學僵化及填鴨式的教學方式，加強思考啟發取向的教學法，無疑成為教育的焦點。未來的世界愈來愈複雜，倚賴單純的記憶是很難掌握世界的變化的，必須透徹了解複雜現象背後運作的原理，才能得心應手地面對。惟有培養個人有效的思考能力，才能彈性迅速因應。

　　思考啟發取向的教學法均強調教學過程是以學生活動為主，師生間互動頻繁，教師以民主和開放的態度，容忍學生的錯誤和失敗，尊重接納並欣賞學生提出的觀念和意見，給予適度的讚賞和鼓勵，並營造良好思考的環境和氣氛，容許多元價值和多元優異的存在，更充滿新奇、冒險、想像和挑戰，讓學生思考能力能不斷發展。本章茲以探究教學法、問題解決教學法、創造思考教學法說明之。

第一節　探究教學法

　　探究是對新知識與問題的挑戰，追根究底，了解其真象，並思索解決的途徑。

　　探究教學法（inquiry teaching method）是一種古老的教學法，早期希臘哲學家蘇格拉底所採用的詰問法，與今日所稱的「探究法」意義相近。在「柏拉圖對話錄」一書中可以了解蘇格拉底詰問法之意義。蘇格拉底與學生的問答和對話，主要是在誘發學生自行去「探究」問題。他所重視的是學生思考的過程，讓學生自行孕育出各種觀念，他並不告訴學生答案，而是讓學生自己去「發現」答案。蘇氏的詰問法實可算是最早期的探究式教學法。而在教學法領域中，探究教學法與發現教學法（discovery teaching method）常相互並用。

　　我國自然科學的教學，漸漸由過去教師講解為中心的方式，轉移以學生有興趣的探究活動為中心，並強調科學過程、科學概念、科學態度及解題能力的平衡發展。讓學生具備自行求知及科學觀察的能力，以適應急劇變化的人類環境。本節茲以探究教學法之意義、特點、探究過程技能、教學模式、注意事項、限制及困難等分敘之（楊榮祥，民 79；施惠，民 87；林寶山，民 79）。

一、探究教學法之意義

探究教學法有人稱之為問思教學法，本教學法強調教師要思考、提問、學生也必須思考、探索，提出回答，相當具有思考啟發與演練技巧的教學功能，美國加州大學物理系教授卡普拉斯（Robert Kuplus）所領導的 SCIS（Science Curriculum Improvement Study）認為，科學概念之學習可藉由三個步驟來完成：

㈠探索

教師佈置適當的學習環境，使教室成為便以發現有價值結構的情境，讓學生自由探討，教師幫助使學生獲得親身體驗。

㈡發明

經過探索活動後，學生需要某些概念，以了解所觀察的現象，教師提供這些概念，幫助學生領悟新的概念。

㈢發現

學生能將所得概念運用到新的情境，這就是概念一般化階段，對學生而言，他們發現了新的科學概念。

SCIS 的學習環，如圖 9-1 所示，其就是發現教學法的一例。

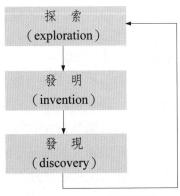

圖 9-1　SCIS 的學習環

資料來源：楊榮祥，民 79，頁 591。

　　所謂探究教學是建立在「發現」之上，學生要用科學方法去探究問題。在發現概念或原理時，都要用到基本的過程技能，探究式教學就是要讓學生一方面練習其科學技能，同時要讓學生運用這些科學技能來探究問題，以發現新的概念。如圖 9-2 所示，為探究過程的基本模式。

二、探究教學法之特點

㈠綜合應用多種思考技巧，符合整體性教學要求

　　由蒐集資料，列舉事實、分類、形成概念、比較、分析、歸納通則、形成假設、驗證假設、應用、預測，直至判斷和選擇等，包羅了思考技巧的主要內容。

㈡歸納思考和演繹思考並用

　　所謂歸納是從一些特定的事實或事例推論出一般的原則。
　　所謂演繹是從一般的原則推演到一些特定的事例。
　　問思教學過程首先從蒐集、列舉事實開始，繼而形成概念，再導出通則，此即由下而上的歸納方法：通則建立後再加以考驗其真確性，驗證可以成立之後，便要探討如何應用到其它情境，此即由上而下的演繹方法。

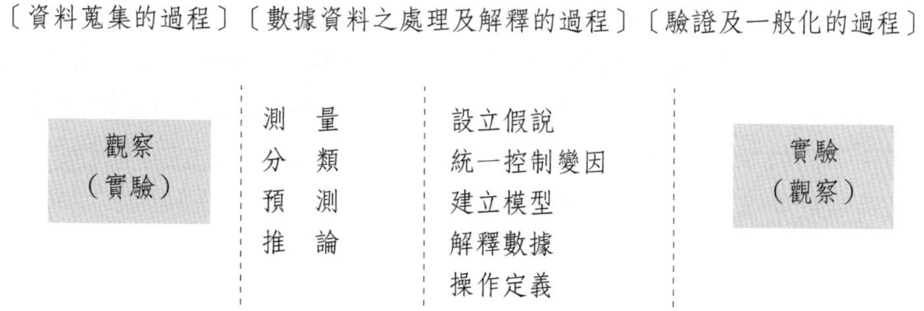

〔資料蒐集的過程〕〔數據資料之處理及解釋的過程〕〔驗證及一般化的過程〕

觀察（實驗）	測　量 分　類 預　測 推　論	設立假說 統一控制變因 建立模型 解釋數據 操作定義	實驗（觀察）

圖 9-2　探索過程的基本模式

資料來源：楊榮祥，民 79，頁 592。

㈢利於培養學生客觀批判的處事態度

教學過程中強調依據事實做結論，通則須加驗證，同學要相互交換意見，說明理由，引證資料……等，均有益於客觀態度，科學方法之培養。

㈣突破課本為限及教師本位的傳統教學觀念

問思教學法要求學生蒐集資料並應用所得通則和思考技巧等均超越教科書教材範圍。教學活動則師生共同參與，教師偏重以輔導立場，激發興趣和導引探究：而探究、思考、整理、發表等工作由學生負責執行。

㈤內容目標和過程目標兼重

內容目標重視知識的獲得和價值觀念的建立，過程目標強調探究技能的熟練和態度的培養。問思教學法避免由教師把知識或答案灌輸給學生，而是要由學生在教師指導下去發現答案，生育知識。

頗具啟發思考，演練思考技巧的教學功能，目前漸成為國內社會科教學採用，自然科教學也可斟酌採用。

三、探究之過程技能

探究式教學法要求學生要像科學家一樣地探究科學問題，如圖9-3所示，發掘到問題之後，先要蒐集有關觀察資料、處理這些數據資料、發現可能答案後，還設計實驗以驗證，如答案或解釋有誤則可成立經驗法則，這就是所謂的「歸納」過程。當成立此項法則之後，可能還會發現新問題，對於這些新問題，常要設立假說或模型來說明，這時需要進一步蒐集資料、經過資料解釋的過程之後，才能得到結論，這就是「演繹」的過程。

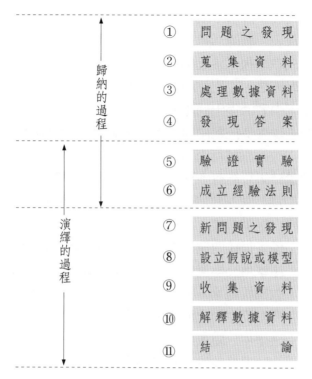

①	問 題 之 發 現
②	蒐 　集　 資 料
③	處 理 數 據 資 料
④	發 　現　 答 　案
⑤	驗 　證　 實 　驗
⑥	成 立 經 驗 法 則
⑦	新 問 題 之 發 現
⑧	設 立 假 說 或 模 型
⑨	收 　集　 資 　料
⑩	解 釋 數 據 資 料
⑪	結 　　　　 論

歸納的過程（①～⑥）

演繹的過程（⑤～⑪）

圖 9-3　探究的過程

資料來源：楊榮祥，民 79，頁 594。

四、探究教學法之教學模式

　　楊榮祥教授（民 79）認為，探究的教學模式，主要可歸納為下列五種：

㈠解決問題式教學模式

　　在探究的教學活動中，雖然學生是主體，但教師仍需隨時從旁輔導，隨時評量學生的活動，以啟發其思想，茲以流程圖說明探究之各種教學模式，但流程圖中應能區別學生與教師活動，其主要符號意義為：

　　「三角形」代表「起點」。

　　「橢圓」代表「學生活動」。

「菱形」代表「評量」或「判斷」。

「矩形」代表「教師活動」。

解決問題式教學模式流程圖，如圖 9-4 所示，由教師提出問題，要求學生運用科學方法，找出解決問題的方案，其步驟如下：

1. 步驟(1)：由教師提出問題。

2. 步驟(2)：學生為把握問題所進行之活動，例如蒐集資料。

3. 步驟(3)：教師根據行為目標評量學生是否能把握問題的核心或真義。評量結果可能有多種不同的「成績」，例如 a、b 與 c 等三群。a 與 b 群可把握問題，c 群則不能，必須再由教師或其他學生幫助，經「提示」後，再試。

4. 步驟(4)：學生根據問題建立假說（可能有不同的假說）。

5. 步驟(5)：讓學生交換資料或意見，儘可能「統一」假說。

6. 步驟(6)：教師根據另一行為目標發問：根據假說推論「如何解決問題？」要求學生提出解決問題具體的方案。

7. 步驟(7)：讓學生分組或個別討論。

8. 步驟(8)：教師根據預設行為目標評量。

9. 步驟(9)：讓學生發表或交換資料。

10. 步驟(10)：讓學生討論、歸納出新概念，這就是「發現」的過程。

㈡解釋數據過程教學模式

科學知識都是有根據的知識，換言之，均由數據資料之解釋而來，學生應訓練其解釋數據的能力，如圖 9-5 所示，為解釋數據過程教學模式，其步驟如下：

步驟

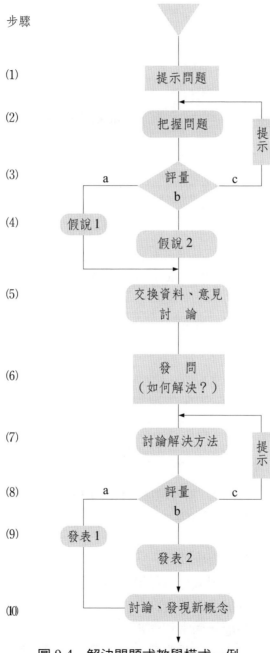

(1)　　　　　　　　　　　提示問題

(2)　　　　　　　　　　　把握問題　　　提示

(3)　　　　a　　　評量　　c
　　　　　　　　　　b

(4)　　　假說 1　　假說 2

(5)　　　　　　　　交換資料、意見
　　　　　　　　　　　討　論

(6)　　　　　　　　　　發　問
　　　　　　　　（如何解決？）

(7)　　　　　　　　討論解決方法　　　提示

(8)　　　　a　　　評量　　c
　　　　　　　　　　b

(9)　　　發表 1　　發表 2

(10)　　　　　　　討論、發現新概念

圖 9-4　解決問題式教學模式一例

資料來源：楊榮祥，民 79，頁 600。

步驟

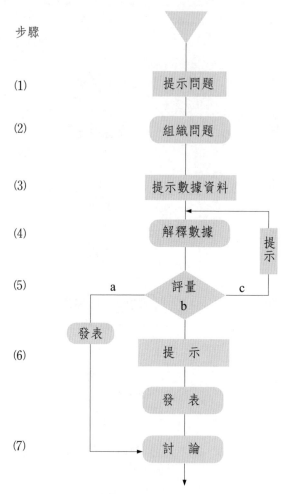

(1)

(2)

(3)

(4)

(5)

(6)

(7)

圖 9-5　解釋數據過程教學模式一例

資料來源：楊榮祥，民 79，頁 602。

1. 步驟(1)：由教師提出問題。

2. 步驟(2)：學生要根據行為目標組織問題。

3. 步驟(3)：教師提示數據資料。

4. 步驟(4)：學生應能適當解釋數據。

5. 步驟(5)：教師指導的重點應在此步驟，評量的結果學生可能有多
種不同的成績，例如 a 群的學生能提出「可接受」的解釋、b 群學

生提出「尚可接受」的解釋，教師稍加提示就可讓他們參加討論、c群學生則是「不會解釋」或「解釋離譜」，應再提示讓學生看懂數據並提供參考資料，啟發思考，以重新解釋。

*6.*步驟(6)：讓學生發表。

*7.*步驟(7)：讓學生參與討論。

㈢預測過程教學模式

預測過程教學模式之流程圖，如圖 9-6 所示，其步驟如下：

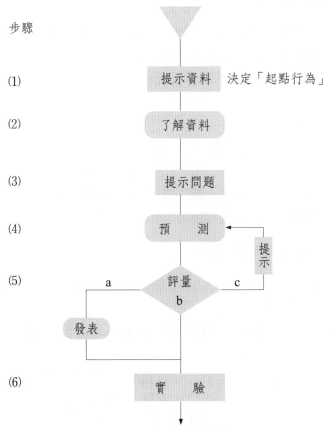

圖 9-6　預測過程教學模式一例

資料來源：楊榮祥，民 79，頁 605。

1. 步驟(1)：由教師（或根據課本）提示供學生預測的問題資料，並決定起點行為。
2. 步驟(2)：學生為了解資料，並決定起點行為。
3. 步驟(3)：教師（或根據課本）提示供學生預測之問題。
4. 步驟(4)：學生預測活動，可用書面個別作業或分組討論。
5. 步驟(5)：根據行為目標評量，a 為可接受之預測，b 與 c 均需不同程度的輔導或提示以啟發思考方向。
6. 步驟(6)：實驗活動其目的為驗證學生所做之預測。

㈣觀察過程基本模式

探討科學的活動，均由觀察開始，任何探討活動均少不了觀察的活動。圖 9-7 為觀察過程的基本模式，其步驟如下：

1. 步驟(1)：教師發問要有啟發性屬於歧異性發問，同時決定起點行為。
2. 步驟(2)：根據教師發問（或所提供之問題）觀察。
3. 步驟(3)：根據行為目標評量，分別處理。
4. 步驟(4)：討論觀察結果，以行為目標為評量依據。

這不過是基本模式，事實上觀察過程是一系列連續的過程，除了「觀察」以外，還應有其他各項過程技能，如預測、設立假說，數據解釋等。

㈤儀器操作過程教學模式

學生學習科學，應同時學到正確而安全的儀器操作能力，圖 9-8 為儀器操作過程教學模式之流程圖，其步驟如下：

1. 步驟(1)：操作說明，宜強調基本理論與安全操作規範，力求簡單扼要，不占太多時間。
2. 步驟(2)：操作，學生應有充分的儀器、材料數量與足夠時間。
3. 步驟(3)：評量，根據行為目標評量，分別輔導。
4. 步驟(4)與步驟(5)為啟發學生運用其所操作以把握問題（有待解決之問題）而提示。

步驟

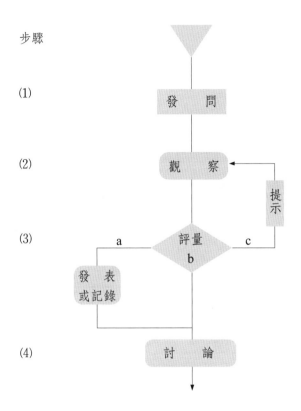

(1)　發　問

(2)　觀　察

提示

(3)　a　評量　b　c

發表或記錄

(4)　討　論

圖 9-7　觀察過程基本模式

資料來源：楊榮祥，民 79，頁 605。

　　此外，施惠教授（民 87）認為，探究式的教學模式，可有下列七種：

㈠科學探究模式（Scientific Inquiry Model）

　　又稱引導式探究模式，由舒華布（J. Schwab）領導，此模式的特色是每一探究階段均留有空白，邀請學生來填充。此模式是由老師帶學生一步一步地探究問題，學生應能依據事實找出問題，蒐集資料、驗證之後，以數據合理的解釋，解決問題，得出新的知識。

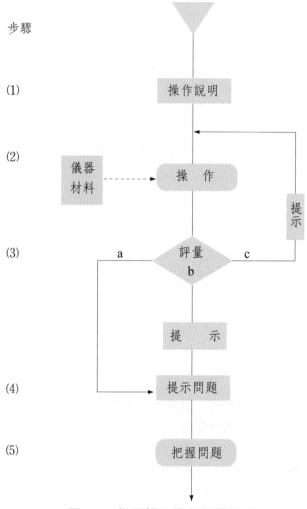

圖 9-8　儀器操作過程教學模式

資料來源：楊榮祥，民 79，頁 606。

在美國國家科學基金會（National Science Foundation）全力支持下，BSCS 發展出一套叫做「Invitations to Inquiry」（探究的邀請）教材，具體表現此種教學模式的特色。

此模式，每一單元所設計的探究實例可分為四個階段來進行：

第一階段：教師提出研究範圍，並提示討論方法。

第二階段：學生組織問題。

第三階段：學生分辨問題，指出探討過程中需要解決的困難。

第四階段：學生設法排除困難，以解決問題。

㈡探究訓練模式（Inquiry Training Model）

又稱主動式探究模式，由美國科學教育家蘇克曼（Richard Suchman）所發展倡導，其教學模式就是科學家用以探究自然現象建立原理法則過程的縮影。蘇克曼對此教學模式的基本理論是：在迷惑情境中人們自然會去探索或探究；在探究過程中學會分析他們的思考策略；此等思考策略，將形成新的概念；合作性的探究使思考力更豐富，並助其解釋出暫時性的結論。

此模式可分為五個階段來進行：

第一階段：提示問題，教師提示「足使學生發生困擾的現象」。

第二階段：收集資料，確認問題。

第三階段：收集資料，實驗。

第四階段：建立假設。

第五階段：探究過程分析。

㈢概念達成的教學模式（Concept Attainment Model）

根據布魯納（Bruner, J.）等的理論，已發展出數種不同的教學模式，因為在環境中事物太多，若先加以分門別類會便於我們研究與了解，根據屬性的組合，來區別不同的概念。並以此法幫助學生改善思考過程，確認各種概念。依思考的歷程，此教學模式又可分為兩種。依教材內容或學生能力來選用。

1.接受中心的概念達成模式

教師將例證分為正負例證，由學生探討後指出正負例證的分類標準再為此概念定名，並以此概念的主要屬性說明本概念之定義。

2.選擇中心的概念達成模式

學生對未標示正負的例證，分析它們的各項屬性，制定正負例證的

分類標準，再為此概念定名，並以此概念的主要屬性說明本概念的定義。

㈣組織因子模式（Advance Organizer Model）

由奧斯貝（David Ausubel）提出推廣，其認為概念有一定的發展體系，教師須將教材的概念發展體系整理出來，帶領學生逐步學習，學生的新知必須和舊有經驗互相結合。組織因子教學模式的結構為：

第一階段提示組織因子：喚起有關舊經驗以及有關背景知識當作「組織因子」。

第二階段學習活動（提供學習材料）：運用組織因子將新的學習內容組織成新知識。

第三階段加強認知組織：統整新知識使與舊知識融合。

組織因子教學模式，在基本上是教師中心的教學活動。但教師必須先組織好教材，建立概念結構的順序系統，引導學生根據現有的認知情形、運用適當的組織因子，在原有的經驗及知識上，重組新知納入自己的認知系統之中。

組織因子教學模式要求學生做有意義的學習，要思考新舊知識之間的相關性，但解決問題的訓練很少，不過在教材中，有的內容無法安排學生實際操作或親身經歷，可以用組織因子的教學方式，使學生得到有意義的學習。用此模式時切忌讓教師講得太多，應引導學生主動地用組織因子來解釋新知，故它仍有探究的份量。

㈤集體探究模式（Group Investigation Model）

由錫倫（Herbert Thelen）提出。教師必須引導學生都能積極參與教室內發展社會秩序的活動。教室裡的活動，事實上就是一連串探究的過程。為有效進行這些步驟，學生們必須閱讀有關資料，進行個別調查，甚至還要找專家尋找更具體而深入研究的意見。整個群體所關心的是團體的有效性，以及根據調查目標所進行的過程。

㈥角色扮演的教學模式（Role Playing Model）

由沙弗特爾（Fannie & George Shafte）倡導。課程中探究有人類價值

觀念衝突問題時，可用角色扮演的方式來教學。學生由扮演的角色，了解他人的感受，學習處理複雜問題的能力。沙弗特爾的模式重視情意內容，也同時重視認知內容，所扮演內容的討論與分析和演出方式一樣重要。所以，不可只教導「扮演」技術，而未呈現原來要探究的科學主題。

(七)創造探究教學模式（Creative Inquiry Model）

由美國托倫斯（E. P. Torrance）、卡林（A. A. Carin）及山德（R.B. Sund）等人倡導創造性教學的理論。

許多人及許多課程以探究、發現，及解決問題等方法為發展個人創造能力的主要教學模式，而創造探究學習環（The Creative Inquiry Learning Cycle）是以五個思考階段構成一個學習環，如圖 9-9 所示，在每個思考階段都儘量使學生能發展其思考的獨創性、流暢性、變通性和精密性。

五、探究教學之注意事項

上述所列之各種教學模式可為探究教學之參考，教師可靈活運用，發揮個人想像力和創造力，以設計其獨特的、適合自己課程需要的探究教學模式，但有下列幾項重點宜加以注意：

(一)教師要隨時發問富於啟發性的問題，以刺激並鼓勵學生積極探究，營造師生間熱烈交互作用而頻繁。

(二)學生是教學活動主體，其參與機會要多。

(三)教師要隨時在旁輔導，並尊重學生的自由探究，宜多鼓勵、多提示、多啟發、少做規定、少限制、少干涉。

圖 9-9　創造探究學習環

資料來源：施惠，民 87，頁 227。

㈣探究過程必須符合科學邏輯。

㈤隨時評量，預測不同的可能性反應。

㈥預設不同的處理與輔導方法。

㈦事先確認起點行為，事後根據學習行為目標評量其終點行為。

六、探究教學法之限制或困難

探究教學法在教學上極有價值，但在實施上卻有一些限制及困難點：

㈠學生可能要耗費很多時間才能學到一個概念。此外，如教師的發問、學生的提問、學生操作儀器等都需要比傳統教學法用更多的時間。

㈡學校若缺乏必要的儀器設備，使得教師無法採行探究教學法。

㈢在探究發現的教學中讓學生自己去發現概念或問題，常造成學生在思考上的錯誤，特別是在較複雜的學習情境中。

㈣教師有時無法回答學生在探究過程中所提問題，須面臨學生的挑戰。

㈤學生須先具備相當知識和技能，否則很難主動從事發現及探究教學。

探索教學法如能適當地輔以其他教學法，運用在人文科學科目中，可以引導學生以既有的資訊與知識，積極而敏銳地在師生互動中探詢問題，發現問題的內涵與本質進而探求解答。這種以學生為中心教師為輔來進行啟發性思考的探索教學，在生動活潑的互動環境與情境下，可提升學生分析、綜合與判斷的能力（林寶山，1988；Moore,1992）。因此採用這種教學法的教師必須具有廣泛的知識，重視學生自我表現，善於控制課堂互動氣氛與時間管理。

第二節 問題解決教學法

問題解決是有目標的指向活動或思維的一種形式，其過程需將原有的知識、經驗和當前問題情境的組成成分進行重組、編碼或轉換，並透過一連串的決定、推理、創造思考和批判等複雜的認知活動或心智程序，

以尋找排除障礙方法及手段達到既定的目標。因此,問題解決是人類重要的心智活動,也是人類知識、經驗累積的重要來源。本節茲就問題解決教學法之意義、步驟、教學流程、原則與教學法和注意原則等分敘之(王秀玲,民 86;陳繁興等,民 88;許佩玲、王繼正,民 88;方炳林,民 63)。

一、問題解決教學法之意義

又稱問思教學法,由杜威倡導,是一種啟發學生思想的一種教學法,藉著發問,刺激學生的興趣。鼓勵學生追求事物的真正本質、澄清問題及觀念,培養獨立思考及推論或歸納的能力,更能評鑑所知多少。發問技巧與思考教學具有密切的關係,因為教師提出問題,學生便須動用心思尋求答案,心靈不停地運用各種歷程去組織或重組資訊。這就形成一種學習。

問題解決教學法應包括兩種層次的「問」。一為問答的問題(question),是教師和學生一問一答的對話,性質較為簡單,學生在稍加思考之後,可立刻回答,學生回答不足時,別的學生可以續答。另一種的「問」是包含較複雜的問題解決過程,英文稱之為 problem。教師應指導學生蒐集較多的資料、憑著資料做問題的解決,是含有「過程」的,是較為困難的問題。例如我們生活中遇到的問題如「家庭污水應該怎樣減少?」就是一種待處理的問題(problem),而非只是質疑的提問(question)。問題解決教學法係指教師運用系統的步驟,指導學生發現問題、思考問題並循序漸進地解決問題,以增進學生知識,充實生活經驗並培養思考及解決問題能力的教學方法。

問題解決教學法按學生的年級和能力,有的注意已知原則和知識的應用,屬於較低層次的學習和遷移;有的可以加強新知的發現和原理原則的獲得和應用,便是較高層次創造的學習。

二、問題解決教學法之流程

㈠界定問題

首先須清晰地確認和界定有待解決的問題是什麼,問題的產生可由教師就日常生活或書本中所提之問題供學生討論。一般而言,一個適切的問題應包涵:(1)可被學生了解但其解決方法並不顯明;(2)可引發學生動機且易於描述;(3)多於一個解決途徑;(4)所需能力和概念適於學生年級;(5)在合理時段內可被解決;(6)解決後能延伸出適當的新問題;(7)能整合數種學科領域;(8)定義良好而能明確知道是否已獲得解決。

㈡設定目標

確定問題內容之後,教師即須指導學生分析問題,以設定目標,明瞭預期達成的結果為何。

㈢發展備選方案

亦即發展出解決問題的構想,愈非結構化的問題會有愈多可能解決的方法或途徑(即備選方案)。發展備選方案的可能途徑有:(1)借重經驗(如請教他人、尋找相關資料);(2)洞察(從各種角度積極思考問題尋求方案);(3)腦力激盪(小組成員遵守延緩相互批評、鼓勵標新立異、量中取質及綜合修正等原則的意見提出程序與討論);(4)偶遇(無意中發現)。

㈣選擇最佳方案

發展出備選方案後,即須衡量各方案之利弊得失,以擇定最佳解決方案。

㈤執行選定的方案

亦即將選定的最佳解決方案付諸實施。

㈥評鑑結果

執行之後，須比較實際和預期的結果，並作必要的調整，若是未能達成預期結果，則須重新思考另行發展可行方案。此外，評鑑亦須融入整個解決問題的過程中，以便隨時修正。

三、配對式問題解決教學法

本教學策略由美國麻州大學教授洛奇（Lochhead, 1985）倡導，旨在增進學生思考技巧和解決問題的能力。

㈠理論基礎

1979 年溫必（A. Whimbey）和洛奇（J. Lochhead）在合著《問題解決和理解》（*problem solving and comprehension*）書中指出，當今教育忽略一件重要任務，即思考訓練。他們認為思考是許多技巧的複合體，並做了下列六項分析：

1. 分析複雜資料和解決問題所需的心智技巧。

2. 新技巧的教學有兩項重點工作

一是學生需要觀摩示範以助學習，二是學生需加強練習並得到回饋。

3. 思考技巧之教學比較困難

因為思考的歷程比較隱藏，不若打球、開車容易觀察得到操作技巧。

4. 思考的學習需要時間

如當打太極拳，花二十五小時大概也只學會基本動作，要獲得高拳技則有賴自己勤快練習。

5. 配對教學策略安排學生輪流扮演二種角色

解題者和聽者，有助於培養他們具備自我修正的認知功能，此亦合乎杜威所說的反省思考。一般人對習慣行為多半不求甚解，例如小孩爬行動作為何，很少人能描述清楚。但是如果要你口述清楚，則須推敲一

番，認真探討。

6.同化與調適

依據皮亞傑同化與調適之理論，教科書和教師講述所呈現的材料內容，其概念須與兒童內心既存概念相契合者才易被吸收。同化只是量的增加而無質的變化。

㈡教學過程

溫必和洛奇（Whimbey 和 Lochhead）所著《問題解決和理解》一書，事實上是一套訓練分析性推理能力的課程與教材。其教學歷程有三個重點：

1.研讀專家解題範例

能協助學生了解：⑴專家解題的特色；⑵應用口述思考以助解題的過程；⑶熟悉教材呈現的方式。

2.應用口述思考方法進行解題練習

兩人一組，一人解題，另一人當聽者，但須輪流交換扮演，務使每人都熟練解題和聽者之角色。聽者的功能有二：⑴查核解題者每一步驟正確與否，必要時要求解題者放慢步調，以便查對，力求正確而不講速度；⑵讓解題者說出每一步驟，如發現錯誤須及時發問提醒作修正。

3.依照研習教材之題目自行設計題目

藉以增進學生了解題目各變項間關係，和解題技巧的內涵，具有類比思考之功能。聽者可以思考自己的解題方法，但不用來告訴解題者：如果兩人解題方法不同，彼此應相互討論求取一致的共識，解題才算完成。

四、教材範例

例：類比思考（張玉成，民 82）
題目：馬與動物的關係，相當於（　）與（　）的關係

（　）牛與奶的關係　　　　　（　）農場與豬的關係

（　）橡樹與樹林的關係　　　（　）馬鞍與馬的關係

解題者的反應：

邊想邊說下列話語：

㈠馬與動物的關係，相當於（　）與（　）的關係。

㈡馬是一種動物，也是動物的一種。

㈢牛與牛奶的關係，牛不是牛奶的一種，而是牛是生牛奶。

㈣農場與豬的關係，農場不是豬的一種，不合用。

㈤橡樹與樹林的關係，橡樹是樹林的一種，所以構成類比條件。

㈥馬鞍與馬的關係，馬鞍不是馬的一種，不合用。

㈦答案是㈢。

即馬與動物的關係，相當於橡樹與樹林的關係。

五、問題解決教學法之注意原則

㈠問題教學法的目的，在增進知識、啟發思想、應用所習，以解決
問題，所以不宜重視課文的記誦。

㈡所需解決的問題，不是抄錄課文便可解答，最好能與生活發生關
聯，且能激勵興趣的問題。

㈢問題教學法需要充實的資料，變易的場地和充裕的時間以進行。
在方式方面，團體或分組的解決和個別學生的解決可以配合使用。

㈣演繹法和歸納法的各項步驟，不但無須拘泥嚴守，即使這兩種方
法，亦可以相輔為用。

㈤宜由較低層次的學習遷移和應用，引申至較高的發現創造的問題
解決之學習。

人的一生可以說是一個繼續不斷力求解決問題的歷程。個人、團體，
無論在日常生活中或工作、學業上，擺在眼前的盡是有何加以克服、突
破，形成人們重要的挑戰。因此問題解決策略或思考技巧的研究與教學，
日益受到廣泛的重視。

第三節 創造思考教學法

　　創造思考是人類所獨具的稟賦，也是促進社會進步的原動力。事實上，科學的發展、企業的進步，都是創造力的表現。在這個詭譎多變的時代，惟有「創意人」才能掌握變數，開創新機。

　　近年來，創造思考能力的培養已成為世界各國教育改革中的重要議題及具體可行的教育目標，而我國各級學校教育目標中，均有培養創造思考之能力。因此，欲達成此一目標，實有賴教師運用有效的教學方法來配合，而如何提供教師支持性的環境、有效創造的系列活動，以利學校推展創造思考教學之進行。本節茲就創造思考教學法之意義、特點、目標、原則、策略、基本架構、腦力激盪法教學流程、實例等分敘之（陳龍安，民 85；簡紅珠，民 85；王秀玲，民 86）。

一、創造思考教學法之意義

　　創造思考（creative thinking）是人類心智中較高層次的一種能力，人類文明的不斷進步與人類的創造思考能力有密切的關係。

　　創造一詞具有「賦予存在」之意，本是一種「從無到有」之歷程。我國教育學者賈馥茗（民 65）認為創造是人類利用思考的能力，經過探索的歷程，藉著敏感、流暢與變通的特質，做出新穎獨特的表現。它是人類脫離習慣性思考方式而改用另一全新運作型態之行為表現，是用新方法結合新知識、經驗超越常規，打破慣例，進行探索的高度藝術行為表現。

　　至於「思考」一詞，在日常生活中更廣被使用。要言之，思考是心智運作的活動，包括感官的介入、知覺和回憶，進而從事構思、推理或判斷的歷程。我國的學者張玉成對思考的界定是指個體運用智力以現有知識經驗為經，以眼前資訊為緯，從事問題解決或新知探索的過程。就此而言，智力與思考關係密切，但二者並不相等，智力可視為思考的動力，思考則是智力潛能表現的工具，也是一種運作技巧，兩者相輔相成。

　　創造思考教學的意義是指教師根據創造力發展的原理，在教學過程

中採取各種教學方法或策略，以啟發或增進學生創造力、想像力為目標的一種歷程。因此，就實際的運作而言，創造性教學不宜視為某種「特定的」教學方法，而是泛指各種融合創造思考原理原則所設計的教學活動歷程。

二、創造思考教學的特點

創造性教學在本質上是屬於思考性的，和傳統上的各種教學法並不衝突，而是互為輔助的，創造思考教學主要有以下六項特點：

㈠在教學過程中是以學生的活動為中心

教師若能鼓勵學生去發現問題，輔導他們去蒐集資料，讓大家有共同思考的機會，教師屬協助指導的角色。

㈡啟發學生的想像力

倘若學生對任何問題的探討皆是懶洋洋無動於衷，就很難對所提示的問題有濃厚的興趣和敏銳的想像力。因此教師宜以開朗態度，容許學生運用自由思考，嘗試多種答案，對所觀察的事物能見以為知幾，表達自己感受才是思考教學可貴的成效。

㈢教學環境特別注重生動活潑及自由無拘束的師生互動關係

一個無壓力的情境，較易刺激及引發學生想像發揮空間，如果教師板著臭臉充滿詭異氣氛，會使學生心生緊張，無法很舒暢的表達自己的意見。

㈣宜包括教學方法的創新與學生創造力的培養

創造思考教學乃是利用創造思考的策略，配合課程需求，讓學生有應用想像力的機會，以培養學生創造力，因之，創造思考教學宜包括教學方法的創新與學生創造力的培養。

㈤並不限定在某一科目中實施

創造思考教學並不侷限於特定科目中教學，可在各種科目中搭配使用之。

㈥並不要求教師在整節課中實施

教師不必整堂課實施創造思考教學，可以兼採用其他教學方法融合應用。

三、創造思考教學法之目標

創造思考教學的主要目標在於激發及助長學生的創造力。許多探討創造力的訓練效果，都從Guilford（1997）所發現的「創造力五力」作為課程設計中不可或缺部分。這五力是：流暢力（fluency）─產出大量構想的能力；變通力（flexibility）─對熟悉之意念變通思考的能力；精進力（elaboration）─延展意念的能力；敏覺力（sensitivity）─敏感問題或情境的能力；獨創力（originality）─創造獨特反應的能力。這是目前評量創造力的重要指標，茲說明如下：

㈠對問題的敏覺性

指一個人面對問題，能夠很清楚地發覺其問題的缺漏及關鍵，把握問題的核心。例如提供給學生一段簡短的、說明性的資料，讓他在一定的時間內，就資料內容所隱含的意思儘可能提供問題。

㈡流暢力

是指一個人在面對問題時，能夠想出許多的觀念或解決方案的能力；在一定的時間內，想出大量的意見。Guilford（1962）提出流暢性的因素有三：

    1.觀念的流暢力。

    2.聯想的流暢力。

    3.表達的流暢力。

㈢變通力

是指一種改變思考方式，擴大思考類別，突破思考限制的能力。看看學生是傾向於停留在習慣性的想法，或是自動地擴展到新思考的方向。變通力的因素有：

1. 自發性的變通力。

2. 適應的變通力。

㈣獨創力

是一種產生聰明的、不平凡的，以及獨特新穎的反應能力。其反應是稀有的、新奇的、但可接受的。

㈤精進力

這是一種計畫周詳，精益求精，美上加美的能力。給一個計畫的輪廓，要求學生對這計畫做更詳盡的規劃，越詳細就越表示其精進力越好。這種能力的特徵是對事物能夠引申推廣，也能夠預測。

四、創造思考教學法之原則

歷年來國內外許多專家學者提出許多有關創造思考教學法之特徵、原則及建議，陳龍安（民 85a）綜合歸納認為創造思考教學法之原則有下列十點：

㈠提供自由、安全、和諧、相互尊重的氣氛。

㈡讓學生在輕鬆中學習，但保持「動而有節」的原則，既不太放任，也不過於嚴肅。

㈢重視學生所提意見，並增強各種與眾不同的構想。

㈣鼓勵全體學生都參與活動，並能適應學生的個別差異與興趣。

㈤讓學生從錯誤中學習，從失敗中獲得經驗。

㈥鼓勵學生有嘗試新經驗的勇氣，多從事課外的學習活動，養成獨立研究的習慣。

㈦讓學生充分利用語言、文字、圖畫等方式，充分表達自己的想法，

展示自己的作品，教師並能分享全班同學創造的成果。

(八)教師的教材、教法要多變化，不獨占整個活動，儘量激發學生的想像力。

(九)對於學生的意見或作品，不立刻下判斷。當意見都提出後，師生再共同評估。

(十)與家長密切配合，充分運用社會資源。

五、創造思考教學之策略

(一)腦力激盪法（Brainstorming）

是 Osborn 於 1957 年所提出。乃是利用集體思考的方式，使想法互相激盪，發生連鎖反應，以引導出更多意見或想法的策略。

在教室使用腦力激盪的步驟如下：

1. 選擇及說明問題：問題應是開放而具體的。

2. 說明必須遵守的規則—腦力激盪有名的四項規律：

(1)不要批評別人的意見。

(2)觀念意見越多越好。

(3)自由思考，應用想像力。

(4)能夠將別人的許多觀念，加以組合成改進的意見。

3. 組織並激發團隊的氣氛。

4. 主持討論會議，鼓勵大家發表意見。

5. 記錄大家所提出來的意見或觀念。

6. 共同訂定標準進行評估以選取最好的意見。

(二)分合法（Synectics Method）

為 Gordon 於 1961 年所創。是一種透過已知的事物作媒介，將毫無關聯的、新奇的知識或事物結合起來，以產生新知的方法，也就是擷取現有事物的特質創造出新事物。其內涵即所謂「同中觀異、異中觀同」，就是「使熟悉的事物變得新奇（由合而分），使新奇的控制變得熟悉（由分而合）。」

㈢**聯想技術**（Association Techniques）

聯想就是由一事物想到另一事物的心理現象。聯想可以針對特定的事物進行，也可以作自由聯想。自由聯想技術用在字詞方面就是字詞聯想，用在圖片上面就是圖畫的聯想，當然也可應用在其他方面的事物。

㈣**夢想法**（Big Dream Approach）

讓小朋友說出自己最大的夢想，並指導他閱讀或蒐集有關資料。

㈤**屬性列舉**（Attribute Listing）

Crawford 於 1954 年提出。針對某一事物讓學生列舉所有該事物的各種特性或屬性，然後逐一提出改進辦法，以促使新觀念的產生。

㈥**缺點列舉法**

要解決問題，必須發現缺點：能找出缺點，自然容易想出辦法。

㈦**希望列舉法**

此法較缺點列舉法積極，將所期望的想法甚至幻想一一列出，不管它可不可行，然後想像此事已經實現，並在腦中逐步縮小想像與現實的差距，不久會想出實現此希望之可行方法。

㈧**型態分析**（Morphological Analysis）

以結構的分析為基礎，再使用組合的技術來產生更多的新觀念。例如：「如何設計一棟良好的房屋。」以房屋的外觀為第一獨立要素，如：平房、樓房；以房屋的材料為第二獨立要素，如木造、磚造……。再將兩種元素結合，如：木造平房、木造樓房、磚造平房、磚造樓房。

㈨**目錄檢查法**（Catalog Technique）

這是一種查閱和問題有關的目錄或索引，以提供解決問題的線索或靈感的方法。例如：每本書的索引、目錄或是論文索引，各種書目介紹、

產品目錄、教材名稱、綱要……等，都歸於目錄，我們需要時都可作為參考，指引我們找到所需要的材料。

㈩檢核表技術（Checklist Technique）

所謂「檢核表技術」就是從一個與問題或題旨有關的列表上來旁敲側擊，尋找線索以求得答案或改進事物的方法。

(十一)六 W 檢討法

這一種對現有的辦法或產品，從六個問題來重新檢討的思考策略。這六個問題是：為什麼（Why）、做什麼（What）、何人（Who）、何時（When）、何地（Where）、如何（How）。

(十二)分類法

提供一些事物，讓學生依特性或關係分類。例：給十件物品，讓他在三分鐘內加以分類，並可以重複分類。

(十三)範圍法

這是一種藉由提供範例，讓學生摹仿並創作的方法。大部分的創造皆由模仿開始，有時候在百思不解時，提供一些創造的線索，可激發學生的思路。

(十四)資料修正法

給一些資料，鼓勵用放大、縮小、簡化、補充、變形等方法加以修改。這也是一種針對某些事物加以改變的策略。讓學生知道，有時候只要改變或修正某一部分使變成更好用說是一種發明。

六、創造思考教學法之基本架構

創造思考教學係以發展學生創造能力為目的，而以培養學生創造思考技巧為重點。研究創造力，基本上乃是研究「創造者」、「創造行為」和「創造品」三者間的關係。依據各要素之間的關係，可建立圖 9-10 的

參考架構。

　　根據創造思考教學的架構，實施創造思考教學，包括下列各項：

㈠提供有利於創造的環境。

㈡發揮創造潛能。

㈢激發創造的慾望。

㈣培養創造的人格。

㈤發展創造思考技能。

㈥鼓勵創造行為。

㈦珍視創造成果。

七、腦力激盪法之教學流程

　　茲以腦力激盪法為例，說明創造思考教學法之流程。

㈠選擇適當的問題

　　進行腦力激盪之前，教師須選擇一個可以激發學生創造思考以尋求答案的問題，且最好事先告訴學生，讓學生及早準備。

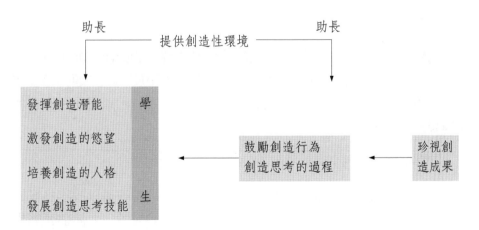

圖 9-10　創造思考教學參考架構

資料來源：陳龍安，民 85a，頁 16。

㈡組成腦力激盪小組

小組人數至少要有五至六人，而以十至十二人為最理想。成員以男女混合為佳，因男女生對問題看法不同，可有不同的貢獻。小組組成後，選出一位具有經驗者擔任小組主持人。

㈢說明應遵守的規則

教師應向學生說明，若想獲得成功的腦力激盪，則小組人員應遵守下列規則：

1. 不批評他人的構想，使小組成員勇於發表自己的見解。
2. 小組成員須拋開所有創造力的障礙，讓思想自由奔放，不要羞於表達與眾不同的構想。
3. 提出的構想愈多愈好，由於要求不要批評他人的想法，討論人員儘可能挖空心思，提出大量的想法，想法愈多，得到好主意的可能性也愈高。
4. 尋求綜合與改進，許多構想出來之後，小組成員再根據提出的構想，做進一步的發揮，研擬出更好的解決方案。

㈣進行腦力激盪

開始腦力激盪時，主持人須重新敘述所要解決的問題，亦可將問題寫在黑板上，使小組成員隨時注意中心問題，不至於偏離主題。每當有人提出構想時，主持人應盡快記錄下來，並予以編號，以得知到底有多少構想被提出來。

㈤評估構想

由於經腦力激盪所產生的構想很多，因此須經由評估以找出良好的構想。先前腦力激盪所使用的是創造性與擴散性的思考，而評估時的思考是分析性與收斂性的，兩者截然不同。評估的方式可由全體與會人員進行評估，評估之，前教師或主持人將列出的構想清單發給每位與會者，主持人要求每個人獨自檢視清單，不要與他人討論，選出有價值的構想，

遞回給主持人，主持人依票選結果，選出較佳的一些構想供大家參考採行。

　　總之，創造思考既是重要的教學目標，也是重要的教學方法之一。世界各國莫不重視它。可是實際推動時，仍難免有一些限制，例如目前已經發展出許多不同的創造思考的相關測驗，以了解並判斷創造能力的強弱，只是有關於創造思考的理論主張並未盡一致，對於創造力的概念的主張自然不同，因此，測驗的效度難以令人信服，而且也比較不容易有單一及絕對的測驗來衡量創造能力。

第 **10** 章

技能實作取向之教學法

 本章內容

　　技能實作是技職類科教學的主要重點所在，在技能實作教學過程中，教師可用講述教學法引發學習動機、說明所要學習的技能、講解與學習技能相關的知識，在說明階段之後；接下來教師則可進行技能教學的重要階段：示範，而教師在示範過程中，應特別提醒學生關鍵性的步驟或安全的注意事項；教師示範後即應讓學生有實際操作練習的機會，由模仿到嘗試錯誤，而後到機械化的動作；接著讓學生經由設計的製作達到學習的目標；最後讓學生將學習成就作發表，此一連串的教學活動，實為技能實作教學的運用，本章茲就示範教學法、練習教學法、設計教學法、發表教學法說明之。

第一節　示範教學法

　　Dr. Donald Maley（1978）曾對美國工藝教學中使用教學方法的情形做了探討，其中顯示美國工藝教學所採用教學法及使用頻率最高者為示範教學法，使用示範教學法，教師可以在教學過程中，具體地解釋一個操作或實驗的各項步驟，學生亦可運用兩種以上的感官，從事學習活動。本節茲將示範教學法之意義、優缺點、要領、程序等分敘之（陳昭雄，民 77；陳金盛，民 90；李大偉，民 79）。

一、示範教學法之意義

　　示範教學法是一種視覺重於聽覺的教學方法。教師以執行一套程序或一連串的動作，使學生了解教學上的現象或原理。示範通常包含有行動、程序、技巧和知識，並且以各種設備和教具作適當的配合。特殊的程序，包括技能操作及科學原理，由逐步的示範提出，要比其他教學方法適當。

　　示範教學法可分為全班示範、小組示範及個別示範三種。當示範的目的僅是在給學生一個整體性的觀念時，可採取全班示範。此種示範的方式，並不能讓每位學生都看得很清楚，若後續有學生練習時，應再採用小組示範或個別示範，以達到示範的效果。

二、示範教學法之優缺點

㈠示範教學法主要的優點

1. 提供學生第一手的觀察學習。
2. 能引發學生學習興趣及注意力，提高學生學習的動機。
3. 增加學生觀察判斷之能力，使思想更有層次，進而繼續深入研究。
4. 學生有高度之參與感，對教學的過程能增加印象。
5. 示範之後的學習活動，學生親手操作，可不斷重複練習，能確實了解整體步驟程序，增強記憶及概念的形成，對於所學內容更易理解與記憶。
6. 具有多項溝通功能，能適於能力差異較大的學生群。
7. 學生可參與教學活動，教學過程印象深刻。

㈡示範教學法的缺點及限制

1. 比其他教學法需要更多的機具設備。
2. 教師必須具備多樣的技術和示範動作。
3. 使用的方法可能會超越學生的能力或課程內容的範圍。
4. 可能花費太多的時間和精力，因此影響學生練習的時間。
5. 對部分學習動機不高的學生而言，可能不是適當的學習方法。
6. 教師特殊技能示範，可能難以引起學生的動機。
7. 容易使學生眼花撩亂，捉不到重點。
8. 如果示範動作不正確，易誤導教學及產生危險。
9. 完全依照老師示範，而不能允許學生作相當程度的發揮，可能剝奪他們創造和得到個人成就感的機會。
10. 學生未將示範結果與理論再結合，失去使用示範教學法之意義。

三、示範教學法之要領

教師在應用示範教學法時，宜掌握下列六大要領：

㈠示範內容要正確

無論是教師示範或同儕示範，在技能純熟者的示範指導下，學生的動作技能學習效果較佳，因之正確示範的重要性就不言可喻了，此外，教師示範時宜速度正確、脈絡清楚，且提供學生能從不同角度觀察的機會。

㈡儘量請學生示範

由學生擔任動作技能示範，甚至會比教師親自示範要好，當學生示範的同時，教師可以提醒在旁觀察的其他學生應注意的地方，而示範學生多了練習的機會，再者，由於示範者是同儕，學生容易產生有為者亦若是的效法心態。

㈢組織形式要合宜

教師期望學生學習或練習的目標行為，有時具有特定的組織形式，如必須二至三人一組團隊合作，教師在示範時就應包括進去，以同樣的組織形式來進行示範。

㈣要強調重點資訊

為了避免學生有看沒有懂、頭緒不清、輕重不分，教師在示範一項動作技能時，於重點關鍵之處應特別強調，讓學生對於動作技能的重點關鍵，留下深刻的視聽印象。

㈤敘說要端詳簡明

教師在示範教學中，對於如何完成動作技能的各項細節與要項之敘說，千萬不可長篇大論，務必簡短明確，要言不煩。

㈥應檢核學生理解

教師示範所欲教授的動作技能之後，在要求學生進行練習之前，應該先行檢核學生理解的情形。如用提問或者要求學生嘗試演示這些動作

技能，以檢核其了解情形。

四、示範教學法之進行

㈠掌握示範的時機

示範要在學生最感需要時實施，效果才能最大。但是一般而言，全班學生不可能在同一個時間達到同一需要。因此，示範的實施時機要考慮下列二點：

1. 在部分程度較好的學生需要時，給予全班示範，然後按其他程度較差者的需要，隨時給予小組或個別示範。
2. 將學生能力分組，隨著各小組學生的需要而輪流示範。在實驗或實習課程中，常常會有沒有足夠的同類設備讓許多學生同時使用，教師亦可以按照實習內容的不同而輪流示範之。

㈡了解學生的學習經驗

如果示範學生已經學會的操作，則不僅浪費時間，而且學生亦會因情緒低落而影響教學。因此教師在選擇示範教材時，應細心地選取有內容或新技術者為教材。

設計示範教學前，應分析學生工作的操作和知識項目，這樣才能了解哪些操作是新的教學內容而必須加以示範教導的。

㈢編寫示範教學大綱

對於新進的教師而言，事先編寫示範教學大綱可以確保教學重點的不漏失。對於教學經驗豐富的資深教師，編寫或修改示範教學大綱亦可以幫助教學的績效。

㈣準備工具與設備

教師應該在示範之前演練示範動作，並按示範的秩序妥善安置工具、設備和材料。否則經常會因臨時找工具、材料等而打擾示範的進行。有秩序的安排工具和設備，可使學生不致從學習中分心。一般的工具和設

備學生常看或用過，易於認識，但特殊的設備或儀器應儘可能地給學生
觀看。

㈤安排學生的位置

示範教學必須使所有的學生都看得見，學生座位或站位的排列隨著
示範的種類而不同。半圓形的排列可適合於大多數的示範場合，階梯式
的座位是較理想的。

示範機器操作時，要防止前排學生太靠近而影響後排學生的視線。
看不見示範的學生會失去興趣。所以，教師需隨時注意讓所有的學生都
看得到，同時亦應考慮示範的長短、學生人數、設備的大小及機器造成
的噪音等。此外，教師可以設置示範區，排列活動板凳，使學生都能看
得到。

㈥逐次的操作示範

示範時最好每次僅示範一個操作，如果連續示範兩個以上的操作，
學生就會在感受上混淆不清。

具有豐富行業知識的教師容易在一個操作中舉出若干種工作方法。
如此同時教數種方法，易造成學生的混淆。應該先教一種正確的方法，
讓學生充分了解之後，再教別的方法。

㈦解說有關知識和理論

在操作示範時，其與步驟相關的知識和理論應該同時解說。不過在
示範中，給予的相關知識和理論應儘可能保持最少。

㈧觀察學生的反應

在示範時，教師除了注意設備或寫黑板之外，應該隨時觀察學生的
反應，提出問題，或確定學生是否了解。

㈨使用正常的工作速度

教師在示範時，固然不應表現教師本身的工作速度，但是在示範之

後，教師可以再次以正常速度示範，使學生了解他們應該努力達成的工作速度和精密度的標準。

㈩使用教助及代用材料

很多成功的示範同時使用實際的設備和教助。教助可以用來顯示設備的隱密部分，或將設備分解成數部分以利學生觀察。

使用真實的材料於示範，有時會太貴並顯得浪費。因此經常可使用代用的材料。

(十一)請示範助手協助

示範時，可請技佐或程度好的學生幫忙。有時教師因為生理上或其他方面的理由，不能親自示範，那麼使用助手亦可以有效地完成示範。

(十二)詢問學生

很多學生在示範的主要步驟完成後，不會提問題。在這情形下，教師可給予提示，使學生發問。同時教師也要詢問學生來確定他們了解多少。

(十三)進行示範後之教學活動

1. 將教學過程所用之設備和工具等歸還原位。
2. 在示範完成後，學生應該運用示範的程序來自行學習。示範後的第一個活動，通常是指定學生作業，讓他們開始學習，再糾正任何的錯誤，或提供個別的教導。亦即，使學生準備進行與示範內容有關的學習活動。
3. 蒐集並提供額外的資料，以補充示範的不足。
4. 教師記下整個示範過程中的優點和缺點。
5. 分析學生學習可能遭遇的問題點，並協助他們解決。很多學生在示範的主要步驟完成後，不會提問題。在這種情形下，教師可給予提示，使學生發問。同時教師也要詢問學生來確定他們了解多少。

五、示範教學的修正改進

(一)評估示範教學實施的有效性

 1.由學生的表現，看出教學實施的有效性。

 2.分析學生的問題，以決定他們了解的程度。

 3.使用測驗來決定學生學習的成就。

(二)仔細研究學生經過示範後的學習表現。

(三)仔細研究學生對示範的回饋或反應。

(四)依據前三點和觀察，修正示範活動。

　　示範教學法係由具體的經驗逐漸到概念的認識階段所必需之方法，其提供知識技能學習之活動的經驗，能使學習更確實。並擴大強化學習事項，從廣範圍的取材做直觀的傳達，不但知識之學習，且能透過器具以提高技術學習之效率而引起學習興趣。

　　根據對學生的教育經驗而實施之示範教學，其主題和學生的學習內容相符，在有技巧、精確的示範過程中，示範者可以有效的回饋檢驗，同時亦可使用教學輔助來增進教學效果。整個示範活動中，示範者應隨時提醒安全事項及安全動作，而學生參與多種的動作，如觀察、反應、詢問、挑戰、操作、比較、認識與分析，能把操作和知識部分有效地融合成學習經驗，進一步評估教學目標達到之程度。示範後的學習活動，也使學生能從示範中所得，而有練習的機會。最後，分析示範教學的整個活動過程，以作為將來改進的參考。

　　示範教學在運用上尚應注意的是，事前對教科書之內容、語言文字，要確實了解及掌握，做好基礎練習。事後對問題要切實討論，對教科書之靜態內容與示範教學之動態內容，做確實學習，始能真正獲得學習效果。

第二節　練習教學法

　　技職教育一向重視技術能力的培養，因而訓練學生的技術操作能力，實為技職教育教學活動重要目的之一，練習教學法是技能教學上最常運

用的技能教學方法之一，可幫助學生養成動作純熟和正確的反應，但在實際運用時卻可能會有很大的差異，因為學生的素質、教材的難易、課程的性質、學習的情境、教師的因素等都可能影響練習教學的成敗。因之，教師在運用練習教學法必須有深刻的認識及了解、融會貫通，才能有助於學生的學習及進步，本節茲以練習教學法之意義、功能、方式、實施程序、原則等分敘之（陳金盛，民 90；黃文才，民 90；李隆盛，民 85；李堅萍，民 85；孫邦正，民 64；方炳林，民 63）。

一、練習教學法之意義

方炳林（民 63）認為練習教學法是以反覆操作和練習，使某些動作、技能、經驗和教材，達到純熟和正確反應的教學方法。按動作技能的性質而言，動作學習是多種活動的連鎖化，而技能又是多種動作的連鎖化，要達到這些連鎖的準確和熟練，必須經過多次的練習始能完成。

高廣孚（民 77）認為練習教學法就是把某種動作、技能或需要記憶的材料，在教師指導之下，反覆練習，以期養成機械的和正確的反應。由此可知，反覆的練習和重複的操練，以及回顧、檢討和複習是練習教學法的精神所在。以技能的學習為例，無論是各項實驗儀器操作、中英文輸入、繪畫雕塑、各種工具的使用等，均須反覆練習、重複操練。

因之，練習教學法是一種安排適宜的學習情境，在教師解說、技能之示範及督導下，學生充分練習的教學方法。

二、練習教學法之功能

㈠養成習慣

生活中有許多的活動和行為，經由感官肌肉經常的反應，可以形成機械的作用，而這些活動和行為便是習慣，習慣屬於簡單刺激和反應的連結以及動作連鎖的學習，其中均需要練習的學習條件，所以練習教學法可以養成習慣以致用。

㈡熟練技能

許多不同的技能，如運動動作、操作技能、學術技能、社群技能，以至日常生活中應用的各種技能，均有賴練習教學法的練習階段，才能指導學生達到熟練的地步。

㈢強固意念

有些重要的事件或經驗，經過認知，成為知識，而構成高層次的學習，如概念、原理、原則等思考的素材，這些心理意念的知識，亦須反覆練習，始能強固熟練而應用自如。

三、練習教學法之方式

練習有許多方式，茲就練習的主導、練習的長度及間隔、練習的情境、練習的次序、練習的人數等不同分類，加以說明。

㈠依練習的主導分類

1. 導引練習（guided practice）

又稱教師中心式練習，練習活動若是以教師號令為主導，教師控制整個過程和監督整個團體和個人的練習稱之。此種練習方式較能有系統循序漸進的練習，而獲得完整的學習。

2. 獨立練習（independent practice）

又稱學生中心式練習，如果練習活動以學生為本位稱之，此種練習方式學生較能主動積極參與，但較缺乏系統組織。

㈡依練習的長度及間隔分類

1. 集中練習（massed practice）

將學習的工作任務集中在一段時間練習，易獲得臨時抱佛腳之效果，但也容易迅速遺忘。

2. 分散練習（distributed practice）

學生分段練習，段與段之間休息，人類由於注意力與疲倦等因素的限制，一般而言，比較適合採取分散練習，而分散練習長度和間隔視技能性質及學生特性而定。

㈢依練習的情境分類

1. 模擬練習（simulated practice）

亦即在模擬的情境下練習，一般而言，模擬練習較經濟、較無安全之虞，所以在經濟及安全考量下，某些技能的練習會先作模擬練習再作實地練習。

2. 實地練習（field practice）

實地練習可經歷最具體、直接的經驗，且最有效，惟其經濟性及安全性宜兼顧之。

㈣依練習的次序分類

1. 系列練習（serial practice）

將數個動作技能，按一定的順序重複練習。

2. 區塊練習（blocked practice）

一群動作技能練習之後，再進行另一群動作練習。

3. 隨機練習（random practice）

練習次序未定，大致上動作技能若較屬於開放、外控的性質，適合採用隨機的練習方式。

㈤依練習的人數分類

1. 全體練習

有些教師在為避免造成差別待遇或時間因素等的考量下，常採用全體同時練習的方式進行教學。此舉雖然有統一進度、效率較高的好處。但是，未能顧及學生個別差異，能力高者覺得缺乏挑戰、能力差者又常有苦苦追趕的感受。

2. 分組練習

也有不少的教師為了增加學生練習的機會，將全班學生分成數組進行練習活動與教學。這是相當不錯的處理方式。教師在安排學生分組練習時，可以採用各種方式。不管是「相同教材分組」、「不同教材分組」、「同質分組」或「異質分組」等，都是可以考量的分組方式。

3. 個別練習

緣於硬體設備限制，或是教師刻意針對特定學生的需求與個別差異，提供個別的練習活動。

四、練習教學法之實施程序

㈠引起動機

在開始指導學生練習之前，先要使學生明瞭這個練習的目的和價值，以引起他們練習的興趣。引起練習動機的方法有二：一為使學生感覺某種教材有練習的必要，使他自動想去練習純熟，以備將來應用；一為練習後，即刻可以獲得一個結果，以引起其興趣，例如用比賽的方法，練習之後，即可決定勝負。因此，教師應慎選教材來配合學生的能力，並與學生的背景經驗相互結合。

㈡解說重點

解說本單元的目標與程序，以及待學技能及其相關知識、態度的全

貌，使學生心中建構起一幅學習的標的與路線圖。

　　實際上，引起動機和解說重點兩步驟是緊密結合的。教師要作好兩步驟的工作，一定要事先分析學生待學的技能特性和學生的有關能力及身心發展程度。

㈢進行示範

　　以技能教學為例，教師示範的步驟十分重要。示範的方式有二：一為動作的示範；另一種示範的方式就是放映教育影片。

　　李隆盛（民 83）建議教師作示範時，最好示範三次：第一次以熟練者正常的操作速度全盤示範一次，使學生獲知待學的技能目標；第二次示範宜將技能分解成幾個部分，逐一放慢速度示範；最後再以正常速度全盤示範一次。

㈣導督練習

　　督導學生在合宜的情境下進行練習，是教師的責任。而在整個練習過程中，應密切督導、評鑑、以提供消弱錯誤或增強佳績的回饋，以及必要的追蹤輔導或補救教學。

㈤提供回饋

　　回饋的方式可用口頭、書面、評量、或是靠學生本身的線索等方式。回饋有助於兩個目的的達成。一是提醒教師，評鑑的結果可以指示教學過程的其他構成要素是否需要修正；另一乃是提供學生有關其學習進步的回饋。

　　近年來，視聽器材的普及，許多教學單位紛紛採用。視聽設備記錄學生練習的過程，然後回饋給師生共同觀看及討論，使學生了解自己的優、缺點，促進學生學習興趣與成就，這樣也可以提升教師教學效率。

㈥鼓勵發展

　　焦點在鼓勵學生持續努力，促成教學技能更加精熟和靈活的應用。也就是要學生在課後或其他單元中如何精進、活用在本單元所學技能的

途徑。

五、練習教學法之原則

教師在實施練習教學法時，宜注意下列幾點原則：

㈠練習的材料要加以選擇

練習的目的在養成生活上所必需的種種習慣技能和心理意念。凡是值得練習的材料始予以練習，所以練習的材料應依據生活上的實際需要加以選擇，並依據材料的難易加以排列。

㈡練習先求正確才求速度

在練習過程中，應當注意反應正確，而後才力求速度，因為在開始學習時，若造成錯誤的反應，將來要費許多時間才能改正。

㈢練習時間宜精簡適度

練習工作往往是單調乏味的，練習的時間若太長，學生的興趣就不易維持，練習的效果因而減低。但練習的時間長短，宜看練習材料的性質、學生的年齡、學生的興趣等而定。

㈣分布適當的練習時間

分散的練習往往比集中的練習來得經濟而有效，因此練習的時間宜平均分布之，且每隔一段時間，還要複習一次。

㈤練習方法宜多變化

一種練習方法使用的次數太多，學生會產生厭倦，因此練習方法的使用宜稍加變化，使練習的工作不致成為單調乏味的苦工。

㈥練習宜包含心理上的練習

儘靠動作練習不一定能夠達到精通之境，適時的心智練習將幫助學生學習，使動作完成的反應時間縮短。

㈦適應學生個別差異

各個學生的能力既然互有差異，因此儘量使練習個別化，並接受不同的進度及程度，練習進步快者給予較難較多的練習材料；練習進步慢者，教師予以協助。

㈧佈置適當的練習情境

設計適當的情境，來供給學生練習，使情境真實，將有助於學生學習的遷移和應用，以避免因適應新情境而感到生疏。

㈨教師指導方法的重要

練習時，教師若善於指導，學生的進步就快，教師要指出學生的缺點，指示正確的動作方式，以提高學習效果。

㈩練習的手續要經濟

練習時應當避免無謂的手續，針對目的即時練習，以免浪費時間、精力、興趣等。

綜合前述資料，成功的練習教學應該把握下列原則：

㈠確定練習的意義和目的

練習是為了強化、澄清和確保正確的學習。無意義的重複動作只是浪費寶貴的學習時間，形式訓練亦不能達到正確有效的學習。語言練習的目的是為了與人溝通，練習的時候當然是獨白不如對話，因為獨白的情境令人感到沈悶疲倦，對話的情境才可以激發主動的興趣和真實的感情。再者，整體的練習較部分的練習更能掌握意義感，高難度的工作更能夠激發個人挑戰或完成的動機等等，均顯示意義與目的的掌握是練習成功的前提。

㈡激發練習的意願與動機

「天下無難事，只怕有心人」，「吾心信其可行，則移山海之難，

終有成功之日，吾心信其不可行，則反掌折枝之易，亦無收效之期。」意願可以使人堅持自應，抗艱苦橫逆，動機則可以激發興趣和持志不懈的努力。因此種種遊戲和競爭性的活動，均可以靈活運用在練習的情境之中。

㈢運用間歇或分散學習的原則

由於動機因素的影響，有效的學習常常要從長遠的、整體的觀點來衡量。一曝十寒的效果有限，一時強烈的興趣動機和努力，不如日積月累長久練習的成效彰著。同時，高度的動機和努力易致焦慮和疲憊，此運用間歇增強的設計可以避免倦怠感，減少不良習慣養成的機會，同時提供較多深思反省的機會，可減少錯誤，從較多的回饋中得到校正，最終可以增進正確的學後保留和學習成果。

㈣消除不必要的重複和形式訓練

練習的過程中難免要有重複，太多的重複則令人感到枯躁煩悶，辛苦和嫌厭。因此不要的重複宜盡力的刪除。一切的練習都要是基於學習之必要，同時練習是手段，艱辛的練習是為了重要的學習而安排或選擇的手段。許多記憶和形式訓練的活動都是教師操縱和控制學生的手段，只會扼殺學習的興趣。因此，練習教學宜針對重要的教學目的而設計，方不致成為機械式的重複反應。

㈤把握個別化的練習

真正有價值的練習是適應學生個別差異的活動設計。在班級教學情境中，團體式的練習常常不能滿足個別的需要，忽略特殊的學習困難。因此，提供學生自我導引的學習機會是非常必要的。對個別學習的困難加以診斷，協助學生自我診斷，發現缺點，自行矯正或改進等，這樣的練習讓學生親自體會到自己的進步和成功，才是真正有效的練習。

六、練習教學的檢討及評析

練習教學法的運用，和其他各種教學方法的運用一樣，要顧及學生

的個別差異，要能夠彈性變換，要提供正確的指導，矯正和補救，才能真正有助於學生的學習與進步。練習教學是否真有助於學生技能的學習與發展？值得教師自我檢核的參考：

　　㈠是否學生相信種種的練習是必要和確實有用的？

　　㈡是否學生真正了解練習的目的、過程、行為表現和結果？

　　㈢學生是否有機會運用練習的種種技巧和不同的方式？

　　㈣學生是否獲得立即的，適應個別差異的回饋或獎勵？

　　㈤學生繼續練習的動機程度如何？

　　㈥學生是否經由練習而有成功的表現其技能的機會？

　　㈦學生是否能經常自動運用種種的練習，成為主動自然的習慣？

　　㈧班級團體的氣氛或規範上是否支持種種練習和技能的運用？

第三節　設計教學法

　　示範及練習教學法著重於模仿與訓練，而設計教學法強調設計與創意，著重靈活彈性與自由，教師惟有具備設計教學之能力，才能享有真正的專業自主，而學生經由自行設計而親自去完成其作業，彼此才能有所成就感，本節茲以設計教學法之意義、優缺點、種類、實施程序、實例等說明之（高強華，民85；孫邦正，民64；方炳林，民63；王秀玲，民86）。

一、設計教學法之意義

　　設計教學法是指針對待解決的問題，由學生根據教學目標，學生自己擬訂學習工作的計畫，運用具體的材料，並且從實際學習活動中去完成其作品的教學方式。可知設計教學法包含具體的活動和思考的活動二個層面，學生一面用腦、一面動手，既要思考，也要實行；倘若學生依照教師的計畫去做，就並不算是設計教學。

二、設計教學法之優缺點

　　設計教學法在克伯屈（W. H. Kilpatrick）的倡議之下，世界各地競相

採用，盛極一時，此教學法主要有下列優點：

㈠應用廣泛

設計教學法並不限於增進知識和啟發思想，更適宜練習、建構、欣賞等，是一種多功能綜合的教學方法。

㈡知行合一

設計教學法是在實際的情境中進行學習，比完全認知性的學習更活潑趣味，更具體切實。

㈢學思兼顧

設計教學法學生一方面要參與學習活動，一方面要進行思考活動，既要思考，也要學習，其可避免機械的形式方式。

㈣手腦並用

學生在有計畫之下，進行手腦並用的學習活動，既要用腦思考，亦要動手去完成其作品。

㈤自動有趣

確實能引起學生自動自發與協同合作的精神，對學習較易發生興趣，得到愉快的學習經驗。

㈥經驗完整

從作品的設計、工作的進行及完成，學生從頭到尾親自經歷，可獲得完整的經驗和學習。

設計教學法亦有其缺點及使用上的限制：

㈠不易使學生獲得系統的知識

在實際運用上，由於設計教學以學生活動為主，甚至目標亦可由學生來決定，因而不易使學生獲得系統的知識。

㈡學校行政在設備及教材、教具、材料上不易充分供應

由於設計教學法需多方配合及提供資源才能順利進行，但限於資源有限性，學校行政上在設備、教材、教具、材料上要充分供應，實有其困難。

㈢設計教學經驗的師資難求

設計教學雖以學生活動為主，但教師亦須從旁指導，教師應具備設計教學的理念及經驗，否則效果不彰，此等師資尋找不易。

㈣設計教學的理想崇高，不易落實

設計教學強調知行合一、手腦並用、學思兼顧，其理想崇高，但不易完全落實。

三、設計教學法之種類

設計教學法的種類，依分類依據之不同，主要有下列幾種：

㈠依學生人數來分類

1. 個別設計。
2. 團體設計（包含小組設計、班級設計、全校性設計等）。

㈡依學科範圍來分類

1. 單科設計（單元設計）。
2. 合科設計（大單元設計）。

㈢依學習性質來分類

1. 建構設計。
2. 思考設計。
3. 欣賞設計。
4. 練習設計。

㈣依學習空間來分類

　　*1.*課內設計（校內設計）。
　　*2.*課外設計（校外設計）。

㈤依人的天性來分類

　　*1.*手工藝設計。
　　*2.*理智設計。
　　*3.*感情或藝術設計。

四、設計教學法之實施程序

㈠決定教學目標

　　進行設計教學時，首先需要確定學習的目的，有了目的，才能根據目的擬訂計畫，目的的形成可由學生自行決定，以激發學生主動學習的興趣，倘若學生能力不足，則亦可由教師指導或師生共同討論，以形成符合學習目標、具有教育價值、適合學生能力的目的。

㈡擬訂學習計畫

　　學習目的決定之後，教師應依實際需要指導學生擬訂詳細而周密的計畫，舉凡教學進行的流程、材料的蒐集、學生工作的分配、時間的運用、方法的選擇等皆須考量。整體計畫以學生為主，教師則適時提供必要的指導或相關的建議。

㈢實際執行活動

　　此乃整個設計教學活動的高潮階段，也是教學過程中最精彩的部分，學生所設計出來的活動可能是思考辯論的進行、美術工藝作品的製作、生動有趣的角色扮演等，教師在實施過程中應留意是否每個學生皆積極參與，並在必要時給予適當的協助。

㈣評鑑學習結果

這是設計教學的最後階段，教師應視設計的種類和性質，指導學生作自我評鑑，同儕相互評鑑或師生共同評鑑。評鑑的要點包括：

1.實行是否依照計畫？
2.預定的設計目的是否實現？
3.從設計活動中學得些什麼？
4.計畫和實行方面有何缺點？

五、設計教學的實例

設計教學的運用之妙，存乎一心。完全要看教師的慧心與巧思而定。譬如北縣瑞芳鎮欽賢國中分部，是個坐落在偏僻海邊的小學校，每年畢業典禮都有別出心裁的活動設計，聯合報和中國時報地方版均曾專題報導學校別開生面的「野炊謝師宴」活動，由學生設計邀請卡，摘採山菜味和捕捉九孔龍蝦等，舉辦謝師盛宴，並邀請家長及地方人士觀賞或品評，便是設計教學生動成功的例子。

又台北市政府曾經籌劃辦理「民俗藝術月」活動，一共設計了二十七場的展示及演出，節目包括花燈車展覽及遊行大會、燈謎晚會、學生花燈作品展覽、傳統民俗藝術講座、剪紙藝術、揮毫大會、風箏製作競賽等。剪紙藝術部分展出四百幅山水風景、花鳥蟲、人物刻畫的作品，由台北市各級學校學生提供作品，無論是構圖、剪刻、染色、裝裱，都需要美術老師正確的指導設計。再如民俗技藝的展示，無論是踢毽子、滾鐵環、打陀螺、跳繩、打彈珠、捏麵人、燈籠製作、竹編藤藝、彩繪陶藝等等，都是生動活潑而令人感到興味無窮的活動，但也都是需要努力學習精雕細琢才能卓然有所成效的活動。學校可以配合市政府的計畫而調整教學的重整和內容，當然教師亦可基於學生的興趣需要和教學的專業自主而從事更為切合教育之真諦的設計教學。

再譬如暑期各種才藝教學班，輔導親子育樂營，農村山海夏令營等等，收費十分可觀，但是家長和學生們卻趨之若鶩，樂此不疲！主要就是因為教學活動的設計規劃，能夠激發學習的興趣與動機，能夠提供參

與者滿足感和由做中學嘗試成功的喜悅。總之，教師如果真能善用設計教學法，可以使學生樂在學習，使校園成為趣味盎然的學習樂園，使教師自己也樂在教學，成為有效的促進學生自我實現的人。

綜上可知設計教學固然有其優點，亦有其應加改進或不易克服的缺點。總之，教學是一項繁複艱難的藝術，是動態的，饒富激勵與挑戰性的工作。教學沒有一成不變的教學方法，沒有一勞永逸的終南捷徑。各種教學方法的深刻了解和靈活運用，是教學成功有效的前提。

第四節 發表教學法

多數同學對於參與辯論或演講比賽的學習效果記憶深刻，而發表能力在現今社會生活中占著重要的地位，教師宜多運用發表教學法以培養學生表達之能力，而發表的內容宜求其創新充實、發表的技巧宜求其精緻有效，茲將發表教學法之意義、種類、實施過程、實施原則等分敘之（高強華，民 85；王秀玲，民 86；方炳林，民 63）。

一、發表教學法之意義

在教學活動中，教師鼓勵學生用語言、文字、動作、圖形、美術、工藝、戲劇或音樂等方式，表達自己的思想、情感、意志、知識、技能，這種指導學生自我表達的教學方法，即為發表教學法。

而發表教學法的真諦在於學生的自我實現或學習成就而發表，不是為了達成教師期望抱負而發表，學生才能生動自然的表達自我，避免流於形式造作或虛應故事。

二、發表教學法之種類

發表教學法是指導學生經由語言、文字、動作技能或藝能表演等不同途徑，以表達其學習成果的教學，所以發表教學的種類，可有下列之類別：

㈠語言文字的發表教學

例如：演講、辯論、作文、日記、週記、壁報製作等。

㈡美術工藝的發表教學

例如：繪畫、書法、工藝、勞作、家事、攝影等。

㈢戲劇音樂的發表教學

例如舞蹈、演奏、話劇、歌唱、體操等藝能的發表。

除上述類別外，高強華（民 85）根據不同類別的學習成果，將發表教學分為下列五種：

㈠心智技能方面的發表教學

包括讀寫等基本的技能，到高深複雜的科學創造和抽象思考能力等都是，諸如：朗誦、演講、辯論、小說戲劇創作、書法、繪畫、電腦程式設計、歷史哲學上抽象概念的探討等，都是發表教學的內涵。

㈡認知策略方面的發表教學

包括歸納、推理、思維等能力，均屬認知策略方面。

㈢語文資訊方面的發表教學

每個人均擁有貯存許多的資訊，這些資訊學習的必要條件，藉由發表教學，才能使資訊靈活運用。

㈣動作技能方面的發表教學

跳高、跳遠、跑步、划船、游泳、駕駛、音樂、戲劇、舞蹈、工藝創作等動作技能表現，均是重要的發表教學。

㈤情意態度方面的發表教學

發表教學法是一種態度的培養或建立的過程，每個人對於不同人、

事、情境等均有其不同態度，透過發表可培養個人具有社會認同的態度和價值引導的過程。

三、發表教學法之實施過程

㈠引起發表的動機

教師指導學生發表，必須先使學生有發表的需要，學生才會有興趣高興的參與。

㈡指導學生蒐集資料

為充實發表的內涵，教師應指導學生多方蒐集發表的材料，在發表之前做充分的準備。

㈢指導學生發表的方法

有了發表材料後，還要指導學生發表的方法和技巧，發表的方法，可利用講演、寫作、出版壁報、繪畫、剪貼、工藝成品、戲劇表演、音樂演奏、舞蹈競賽等，以增進技能、表達思想和情感。

㈣讓學生親自正式發表

學生把自己認為最好的作品或技能發表出來，對自己是一件很高興很興奮的事，學生必須主動積極地學習自我表達之能力和經驗。

㈤評價鑑賞

發表之後，教師可以指導學生，應用不同的方法和工具，並且提供評鑑的標準，做發表成果的評價和鑑賞。在評鑑方式上，可以採用學生自我評鑑、教師評鑑，以及師生共同評鑑等，教師也可提供共同討論的機會，鼓勵學生熱烈發言，提供改進要點。一方面考查學生的學習成果，另一方面又可作為診斷改進的依據，而且可以讓學生從成功與進步中啟發興趣，樂於繼續發表與創新。

上述步驟顯示發表教學法的過程與一般教學模式的階段並無二致，

均是要設定教學之目標、評估學習者之能力條件、設計適當的過程或步驟，終而有所評鑑，其間的準備、興趣、類化、自動、個別適應、練習或熟練原則之運用，亦與一般教學法大同小異，總之是事豫則立，勤能補拙，主動積極優於被動消極，創造新穎勝過模仿抄襲。

四、發表教學法之實施原則

發表教學法最能讓教師體會到教學相長，與學生共同學習、共同成長的教學方式，其實施的過程應把握下列幾項原則：

㈠增進知能的原則

增進學生的知識和能力有助於發表的成功，例如語言文字的發表，需要增進學生字彙、文法、修辭、寫作等表達之能力。

㈡真實生動的原則

發表要有真實的情境，所以最好的發表教學是在實際生活中針對需要而作的發表，教師可提供教學情境的真實感，促使發表教學的真實生動。

㈢自由創造的原則

發表貴在表達自己的知能情意，宜多鼓勵學生自由發揮、注重創造，避免模仿抄襲，以求進步，所以發表教學宜創作重於模擬。

㈣激發興趣的原則

學生限於能力和經驗，不易有很好的發表成果，所以任何發表宜先培養其發表的興趣，俟興趣養成，才能樂於發表，因之發表教學宜掌握興趣重於成果的原則。

㈤師生互信的原則

發表教學是學生在教師指導之下，充分自主地表達自己的思想、心智、情意、態度的學習活動，惟有師生真誠了解互信，才能使學生充分

表達真實的自我。

㈥自我實現的原則

教學的本質是成長和實現，非壓抑或操縱，而發表教學法是師生自我實現的最佳教學活動。

根據上述原則實施的發表教學，使學生自我了解，使個人覺察到真實的自我。這樣的教育使學生真正表達純粹的自我，學生能夠自我審查、設計、把握生命中最重要的事物，學生的興趣得到發展，潛能得到實現，感受到無窮的可能、希望、自由和愛，這才是真正正確的教育。

第 **11** 章

情意陶冶取向之教學法

 本章內容

第一節　道德討論教學法
第二節　價值澄清教學法
第三節　角色扮演教學法
第四節　欣賞教學法

　　就學校教育而言，任何一種學習都包含有情感的成分，而個人的情緒和感覺也會影響學習的結果。因此，學校教育除了認知、技能學習之外，還必須注重情意的陶冶，情意教育與認知、技能教育同等重要。但是，學校的實際運作，或因升學導向的影響或因教師專業知能的限制，對於情意教育不是加以忽視，就是深感無能為力。

　　依據 Krathwohl 等人的分析，認為情意教育的內涵包括興趣、態度、價值、欣賞及適應等五項；而情意教育的目標可分為五個層次：接受或注意、反應、價值的評定、價值的組織、品格的形成，情意目標層次的提升乃是一種內化的過程。所謂內化即指個人接受態度、法則、原則或約束等，將之變成自己的一部分，以構成價值判斷或決定自己的行為。

　　Popham 認為情意教育的教學策略有三種：示範、相近、增強。

一、示範的策略

　　人們藉著觀察他人，而學習其行為的方式。示範策略在改變學習者行為方面，相當有效，教師實際上想要為學生提供一個榜樣，使之學習。

二、相近的策略

　　係指準備適當的條件，每逢學生將情境與所求的情意行為結合的時候，這些準備的條件即配合出現，以協助學生朝向可欲的目標邁進。

三、增強的策略

　　係指學生從事合意的行為後，引進積極的刺激或移去嫌惡的刺激。

　　本章茲介紹在情意教育常用之教學方法，道德討論教學法、價值澄清法、角色扮演教學法、欣賞教學法等分敘之（黃光雄，民 77；王秀玲，民 86）。

第一節　道德討論教學法

　　德智體群美五育均衡發展是教育上的重要目標，尤其以德育列為首要，道德教學的內涵包括：道德認知的教學、道德實踐的教學、道德規

範的教學，其在教人知其所以然，使人獲得道德的理念，並肯定道德的價值，能自發自律、身體力行，以形成高尚品格。道德教育常採用討論式教學法，以社會上常見的法律或生活中不易解決的兩難問題為題材，以激發同學討論，從而改變其道德認知結構，導正其道德力量，並變化其道德氣質。本章茲以道德討論教學法之意義、特性、題材、教學過程、負面影響的克服方法等分敘之（黃光雄，民 77；王秀玲，民 86；方炳林，民 63）。

一、道德討論教學法之意義

道德討論教學法就是以討論式的教學法來進行道德題材的教學，讓學生站在故事主角的立場為自己可能採取的想法或行動提出最恰當的說明，而教師的任務就在於適時的激發學生參與討論的動機，引導討論的方向並掌握討論的氣氛。

二、道德討論教學法之特性

道德討論教學法旨在促使學生道德判斷階段的提升，學生更能澄清許多概念的認識，其主要特性有下列幾點：

(一)學生在自由、民主、互尊、互諒的和諧氣氛中，暢所欲言，而不必擔心受到責罵或嘲笑。

(二)討論的重點在於道德推理的過程，並非在於道德行動的抉擇。

(三)討論過程中的對話，大都是同學們相互批評與不斷爭辯，足以增強學生的自重感和信心。

(四)學生的發表能力，因參與討論和不斷的與他人對話而獲得提升。

(五)教師的職責是站在輔導立場，適時引導學生討論，以刺激學生道德認知結構的轉換和提升。

三、道德討論教學法之題材

道德討論教學法其題材的選擇非常重要，通常以兩難問題為題材，以故事的型態作為討論的核心，其故事的來源，主要有下列三種：

(一)學生的親身經驗。

㈡報章雜誌廣播電視網路等的報導議題。

㈢教科書或其他書籍。

故事呈現給學生，可由教師視當時的條件而採取最適當的方式，諸如：文章閱讀、口頭說明、放錄音帶、放錄影帶、放幻燈片、角色扮演等方式呈現，無論用何種方式呈現，重點在於透過故事的情節，激發學生參與討論的興趣。

此外，對於故事題材的選取，宜符合下列三項規準：

㈠故事內容及情境儘量簡單及單純化

故事內容呈現之人物不宜太多，情境亦不要太複雜，以便學生能很快掌握故事的情節及大意；否則內容及情境太複雜，容易混淆，耽誤許多討論及對話的時間。

㈡故事情節必須是尚未解決的問題，且有二個以上解決方案

所選擇故事必須有二個以上解決問題的行動方案，供故事主角作抉擇，避免單一個正確答案的題材，以避免討論時之衝突或爭論。

㈢故事宜包括二個以上具有道德涵義的議題為核心

依據柯伯格（Kohlberg, 1976）所列舉具有道德涵義的議題有十個：1.懲罰 2.財產 3.親朋關係 4.法律 5.生命 6.真理 7.道德本質 8.政府與政治 9.公民權與社會的正義 10.性。選擇故事中宜包括以上二個議題為討論的核心。

四、道德討論教學法之教學過程

欲使道德討論教學法有效地實施，教師必須熟悉討論題材及進行方式，茲將其教學過程分敘如下：

㈠引起學生學習及討論動機

教師宜針對單元學習目標，列舉一些日常生活中的行為實例說明之，或請同學提出個人經驗供全班同學分享討論，以引起學生學習的動機和

興趣。

㈡呈現故事題材

在故事呈現之前,教師可以先做一段開場白,這樣做對於引起同學參與討論的動機,有很大的幫助。故事呈現之後,教師應就故事內容提出幾個問題,以確定同學對於故事主角所面臨的衝突或抉擇,是否充分了解;此外,對於故事中的用詞,如有較深難懂的,亦可加以說明解釋。

㈢提出兩難困境問題並分組

學習了解故事內容之後,教師接著針對故事題材提出兩難困境問題,並要求每位同學,設想自己就是故事主角,就所面臨的兩難問題加以考慮,並就主角所能抉擇的行動方案,表明自己的立場,以便進行分組。

一個好的故事題材,常能使參與討論的學生,自然平分成兩種不同的意見,如果學生所持意見相當一致,而無法達成理想的分組人數時,教師可將故事題材內容略加修正,使兩難問題稍加改變,學生人數趨於各半。

㈣進行分組討論

分組討論之目的在於經由團體動力的歷程,在彼此交互作用中,充分討論、相互印證、彼此溝通、澄清觀念,在意見相同的小組內,能激發出更多道德理由,以作為全班討論的基礎。

分組討論時,教師應巡視各小組討論情形,協助學生集中注意力,避免學生討論離題,並且可澄清各項疑難之處。

㈤全班共同討論

分組討論結束後,老師集合同學進行全班討論。老師要求學生將各小組的結論,以口頭報告的方式向全班說明,讓其他同學提出質問,或是逐條書寫在黑板上,要全班同學來選擇最佳的理由,其目的乃在使大家能了解更多的道德理由,並且互相討論與質詢。

全班討論是道德討論教學的核心工作,在報告、質問、說明、解釋、

批評等一連串歷程，大家一再思考正反兩方的理由，終於在內心深處引起認知衝突與失調，復經老師適時的引導，其認知結構因而發生變化。多次的討論活動，逐漸提升其道德判斷的發展階段。

在全班討論過程中，教師宜掌握教室的氣氛，以鼓勵學生多多發言；並引導討論的方向，使其成為真正的道德討論，而不致於離題。此外，教師亦可協助學生考慮尚未注意到的問題，並且激發學生以更高階段的思考方式來作道德推理。

(六)結束討論活動

教師可斟酌時間的長短及實際情況，協助同學順利地結束討論，並可要求同學針對討論所列各項理由作摘要或總結，但不做公開的報告，以免被誤為標準答案，而與預期效果相反。

此外，教師應指定課後作業，以延續教學效果。作業的方式，可要求學生寫心得報告，或以類似的故事與家人或朋友討論，並記下討論經過的摘要。

五、道德討論活動產生負面的影響克服方式

(一)同輩團體的壓力所帶來的負面效果

青少年容易受到同輩團體及次級團體中要求一致的規範及批評的影響，而不敢自我開放或不敢公開表達憫人的信念，這將會對道德討論活動產生負面的影響。

(二)權威的角色會阻礙道德推理的發展

為實施班級內道德推理教學，所進行的是非、公平問題的討論，將不可避免地會涉及對班級教師，學校行政人員，以及家庭中重要成員的權威關係的質疑。

㈢某些學生在討論時雖然發言熱烈，卻不能保發絕對能提升其道德序階

通常學生把內心的衝突說出來，有助於道德推理的發展，但這並不是絕對的，主要的癥結在於是否用心做「思考」。因此沈默的學生亦能經由主動的思考，而獲得與積極思考及發言的學生一樣的道德推理發展。

㈣某些道德兩難困境問題引不起學生的討論

探討其原因，可能是：

1. 討論的問題與學生的發展層次不合（太高或太低）。
2. 討論問題與學生的關係太密切，而產生強烈的情緒反應，以致於無法做客觀理智的思考。

第二節　價值澄清教學法

由於社會的變遷及科技的進步，使得家庭功能改變，減少了價值澄清教學的機會；而交通的便利、傳播媒體的普及，使青少年很容易接觸到不同的價值，甚至缺乏價值的標準，社會上許多的矛盾，又增加青少年認識價值的困難，種種因素，增加了學校價值教學的責任。

人類許多行為上的問題，亦由於缺乏價值或價值觀念不清所致。價值教學消極面可作為行為學習的一種診斷和補救教學，積極面可建立價值體系，作為健全人格和安身立命的方針。如此不僅可幫助學生建立價值、克服困難、解決行為上的問題，對於整個情感教育，甚至理智思考，都有極大的幫助，本節茲以價值澄清教學法之意義、目標、特性、方法、實施策略、實施階段、教學程序、優缺點等分敘之（林進材，民 88；王秀玲，民 86；方炳林，民 63）。

一、價值澄清教學法之意義

價值澄清教學法強調個人價值觀念的建立，透過選擇、珍視、行動的過程，教導學生一些審慎思考的技巧，並經由學習的歷程，引導學生

對自己的信念、情感及行為，作自我分析、反省，進而導出行動。在價值澄清的過程中，學生可以澄清自己的價值觀，並察覺他人的價值，使自己能在瞬息萬變、錯綜複雜、充滿價值衝突、價值混淆的社會環境中，建立自己的價值體系，作正確的價值判斷，以運用智慧解決各種問題。

二、價值澄清法的目標

實施價值澄清法的目標在於協助個人：

(一)協助個人澄清個己的價值觀

引用羅克齊（Ro-keack, 1975）的觀點，區分價值為兩部分：

1.特殊的行為模式

也稱之為工具性價值，係指理想的行為模式。

2.存在的最終狀態

稱之為目的性價值，係指理想的存在之結果狀態。

工具性價值是一種為達成目的性價值的工具，沒有工具無法達成目的，但不可誤認工具為目的。例如：禮節是工具，而真誠的友誼、社會認可、自尊、內在的和諧才是目的。而此種目的性價值才是價值澄清法所要達成的「理想的、善的價值觀」目標。

若分析我國國民小學生活與倫理科各中心德目之內涵，應屬於工具性價值，係為達到目的性價值的一種理想的行為模式。若教師本身能了解這些理想的行為模式並非教學的最終目的，認定目的性價值才是最終的教育目的，則教師才能掌握教學的目標，也就較容易引導學生達成教育目的。

(二)協助個人經由澄清的過程中學得作價值自我澄清的方法

當個人面對周遭事物時，若能學得依此步驟進行自我價值澄清，則個人便能過著有價值導向的方活，亦即個人言行當一致，有較高的解決問題及作決定的能力。

三、價值澄清法的特性

根據價值澄清法的發展背景、本質、人性觀點、價值形成過程目標，以及對象，價值澄清法實具有下列特性：

㈠以學習者為主位的一種教學方法

價值澄清法要求教師儘量地不涉入自己的價值理念。價值形成的過程，皆著重在學習者的主動，主體意志，而不強逼學習者。

㈡教學者是一個催化者

若價值澄清的教學者強調自己的價值理念，將易流於說教。所以，價值澄清法的教學者，重在規劃活動，引導、激勵學生參與活動，這乃指明教學者是一個催化者以促進學生的充分學習；宛若化學變化中的觸媒，引發其他物質的改變。

㈢教學的內容重視情意及踐行的層面

有關於個人所秉持的道德、價值觀念，都自基於認知的層面，然而在教學的目標中，包含認知、技能、情意等三層面；而就價值澄清法來說，除了強調對個體認知上的分析，更在促動學習者產生積極的情意，更注意到情意學習所發揮的功效。

㈣教學目的在使學習者變成一位自我實現者

價值澄清法，雖然帶有認知理論的基礎，但是它特別強調，當澄清混淆及衝突的價值之後，將使個人更能光明磊落，更能使自由的心靈舒發、放鬆，而求得潛能的實現。

㈤價值澄清頗具個別性與主觀性

每個學習者的反應都是獨特的，對一項問題，難以得到一致、明確的答案。即使同一個人，對於問題的反應，也會因所處的情境不同而有差異。由此可見，價值形成的過程，是深具主觀的性質。

㈥價值澄清法強調價值形成的過程

價值的形成是累積的點滴而成的。此即過程重於結果的內涵。

四、價值澄清教學的實施方法

㈠引起動機

教師在教學前必須準備各種輔助材料，以引起學習者的學習動機。

㈡呈現課程與教材內容

教師在進行教學時，喚起學習者的興趣之後，接下來就是引導學習者閱讀或瀏覽課程與教材內容。

㈢價值澄清活動

一般的價值澄清活動包括書寫活動、澄清反應與討論活動三種。教師在運用時可以依據教材的內容及教學上的實際需要，做教學設計與教學準備，以符合預定的教學目標和教學上的需求。

1. 書寫活動

此活動是利用紙筆形式的活動讓學生回答特定的問題，以激發學生的思考，並了解學生的想法。

2. 澄清反應

教師在教學中依據學生對各種問題的反應，以問答方式刺激學生思考，引導學生作各種判斷和選擇，並講學生在無形中作抉擇，澄清學生的理念和態度。

3. 討論活動

討論活動是在教學中，教師採用分組方式，引導學生分享自己的舊經驗和想法，彼此觀摩和討論。

五、值澄清教學法之實施策略

價值澄清教學法係由雷斯（L. Raths）、哈明（M. Harmin）和西蒙（S. B. Simon）等三人所倡導，雷斯等人在價值澄清的實施上，提出三種策略：

㈠對話策略

主要在探討澄清反應，澄清反應是對學生的言行反應，其目的在鼓勵學生作某些特別的思考，可用在師生間一對一的情況，也可用在全班的討論中。

㈡作業策略

著重在價值作業單的使用，其目的在處理學生的重要理念，例如：金錢、友誼、休閒、宗教、職業、家庭等，教師將提供的材料及問題寫在作業單上並發給學生，給學生足夠的時間思考並作反應，填寫之後可進行簡短的討論。

㈢討論策略

強調討論活動的設計與應用。

以上三種策略可配合運用，並能設計出多種活動，使其配合學生的學習及生活。

六、價值澄清教學法之實施階段

價值的形成必須經過三個階段：

㈠選擇階段

由於價值是個人的、經驗的事情，必須由個人自己選擇重要者作為價值，而選擇約可分為三個步驟：

1. 自由選擇（Choosing）

任何直接或間接強迫性的選擇，都不能算是真正的價值，每一種價值都必須個人憑自由意志，在沒有影響之下所作的選擇。

2. 在多種機會中選擇

價值觀念的產生是由多種機會中理性抉擇的結果，因此在教學中應讓學生擁有多種選擇途徑，才能發展出個人特性的價值觀。

3. 明智選擇

儘管是自由、在多種機會中的選擇，如果沒有對每一種機會可能的結果深思熟慮，而隨便的選擇，仍然不能成為價值。價值是從明智考慮、理性決定，選擇後的結果而產生。

(二)珍視階段（Prizing）

在珍視階段方面包括重視和珍惜所做的選擇、願意公開表示自己的選擇二個步驟：

1. 重視和珍惜所做的選擇

當人們視某些事物為有價值時，態度是積極的，一定喜歡這些事物，並成為價值觀的一部分，作為生活的依據。

2. 願意公開表示自己的選擇

每個人對自己所選擇的事物，通常都會公開地承認這是自己的選擇和樂於他人分享；如果羞於啟齒、不敢確認，則仍不算是價值。

(三)表現階段（Action）

此一階段包括依據選擇採取行動、重複實行等二個步驟：

1. 依據選擇採取行動

對於選定有價值事物，勢必努力有所作為並付諸行動，一定會對生活提供引導作用。

2.重複實行

只是偶一為之,仍非真正價值,因為價值具有恒常性及持久性,影響一個人行為,使之成為生命的一部分,亦即價值形成個人的人格。

七、價值澄清教學法之教學程序

價值澄清教學法之教學程序約可分為四個主要時期:

(一)了解期

了解期主要在使學生了解即將學習或使用的概念、理念及其有關的學習資源,如圖片、統計圖表、卡通、詩或畫等。此階段中教師要鼓勵學生確定且記住學習資源中的實際資料,並陳述自己對這些資料的了解與看法。

在了解期裡,學生可利用各種敘述方式來表達自己的意見,例如:

1. 主題的敘述:口頭敘述題目、主題、單元、理念或概念,以記住討論的主題。
2. 實徵的敘述:列舉特定的、可證驗的資料,特別是與誰、何時、何地、做什麼等有關的問題。
3. 解釋的敘述:敘述意見、解析觀點、評估或結論等,此與實徵的敘述常混合使用。
4. 定義的敘述:敘述使用的字或名詞的意義。
5. 澄清的敘述:將過去敘述的加以重複或深化,表現或傳遞自己的意見使別人了解。

(二)關聯期

在關聯期中,學生要將了解期所學過的資料和理念,與正在學習的主題和理念關聯起來,然後進一步澄清兩者的關係,並為評價期作準備。在實際教學中我們多半會因為時間的因素,以致很少做到這方面的學習,如何促進學生的思考是重要的。

㈢評價期

評價期主要是讓學生的價值和情感表露出來，學生敘述的方式有五種：

1. 喜好的敘述：對事物、事件、情境、概念或人等評為好壞、適不適當、正不正確等。
2. 結果的敘述：對事件、決定、政策、相關以及行動的影響或結果加以敘述。
3. 效標的敘述：確定評價或意見決定的規範、假定或基礎。
4. 義務的敘述：敘述哪些該做、哪些不該做；哪些為真、哪些為假等。
5. 情緒的敘述：表達或傳遞個人的情感。

㈣反省期

反省期旨在鼓勵學生反省他們經驗過的價值或情感，前三期是個人概念的價值澄清，反省期則因提供反省的機會，使學生能覺知他們如何了解、如何思考、評價和感覺。

八、價值澄清教學法之優缺點

㈠價值澄清教學法主要優點有下列幾項

1. 尊重學生的主體性

尊重學生在學習過程中的選擇、澄清、反省、行動，強調價值形成過程中個體的主體地位，有別於一般教師為主的教學法。

2. 教學的多元及彈性化

採用各式教學技巧，如角色扮演、兩難困境問題討論、澄清式訪問等教學活動，使教學活動和策略多元且具有彈性的情境中。

3.適用於各類學科的教學

教學過程可針對各種議題設計適當的教學活動，讓學生有多種選擇，有助於情意方面的教學，並不僅限於道德科目教學，可適用於其他科目的教學。

4.教師角色多元化

教師扮演鼓勵者、幫助者、關心者、分享者、接納者、支持者的多元角色，在教師過程中使學生感受到他是被接納、被支持、被關心，讓學生有充分思考和選擇、坦誠表達，以表達價值衝突與價值混淆的問題。

(二)價值澄清教學法主要的限制有下列幾項

1.過於偏重過程而忽略內容

價值澄清教學法是將價值的形成歷程付諸實施的教學，強調獲得價值的過程，因而較易忽略各種價值體系和事實知識內涵等。

2.價值體系結構化的問題

在教學過程中，學生表達自己價值，而不解釋或思考此一價值的來源，容易忽略價值本身背後所蘊涵的深層意義。

3.忽視情境的分析

面對各種不同的情境有不同的選擇，價值澄清教學法強調價值的建立係透過公開確認的步驟，易忽視情境的分析。

4.教師角色的模糊

教師在教學過程中需扮演價值中立者，不可將自己的價值觀灌輸給學生，但當學生想法有所偏差時，如何做修正調整是一大考驗。

第三節 角色扮演教學法

角色扮演和一般戲劇的主要差別在於沒有書寫的腳本，在角色扮演

中，演員自發性的創造腳本，透過故事和問題情境的設計，讓學生在設身處地的情況下，嘗試扮演故事中的人物，然後再經由團體的共同討論，來幫助學生練習各種角色的行為，以增進學生對問題情境的認識和洞察。

　　此種行動的情節以活動為導向，因為青少年生性好動，所以很自然地就容易喜歡角色扮演，而且會很逼真地扮演他們的角色。尤其是教學中當討論情緒、爭論性、與解決問題的情境等論點與問題時，特別合適。本節茲以角色扮演教學法之意義、角色扮演的目的與功能、實施技巧、教學過程、優缺點、注意事項等分敘之（沈六，民 85；王秀玲，民 86；林進材，民 88）。

一、角色扮演教學法之意義

　　角色扮演教學法係指教師在實施教學時，透過故事情節和問題情境的設計，讓學生在設身處地模擬的情況下，扮演故事中的人物，理解人物的心理世界，再經由團體的共同討論過程，協助學生練習並熟悉各種角色行為，以增進對問題情境的理解。

二、角色扮演的目的與功能

　　角色扮演不只是一種有效的教學方法，而且是一種對解決問題、增加洞察力，具有非常大的助益。透過即興演戲，學生可藉由感同身受的方式，學習各種角色行為、練習人際溝通技巧、嘗試問題的解決、發展個人想像力、滿足好奇心、疏洩個人情緒、學習友伴合作關係、培養應付未來生活的適應能力等。

㈠目的

　　1. 指導個人學習認定的角色。
　　2. 擴大個人角色學習的範圍。
　　3. 協助個人獲得積極的角色。
　　4. 從角色取替中學得人際間的同理心態度。
　　5. 提供可以模仿或認同的式範。
　　6. 解決人際問題策略。

7.社會問題價值的了解。

8.適當表達意見。

9.個人價值和行為分析。

10.適當運用觀眾,給予個人反映與增強。

㈡功能

1.改善兒童自我觀念。

2.增進兒童道德判斷之發展。

3.促進班級氣氛與人際關係之發展。

4.增進兒童解決問題的能力。

5.提高學業成就。

三、角色扮演教學法的實施技巧

角色扮演運用在教學情境中技巧主要有下列幾種(陳月華,民 74;沈六,民 85):

㈠獨白(solioquy)

讓學生一人對全班自言自語說出內心話。以獨白的方式呈現問題,可讓學生更清楚演出的內容,在特殊的時刻,獨白也讓演員知道他自己的思想。

㈡手玩偶(hand puppets)

透過玩偶的操弄,減低親身演出的焦慮,並提供趣味性的情境,讓學生保持一份心中的安全距離,而從中表達個人的真實情感。

㈢角色轉換(role reversal)

在教學活動中運用角色互換,轉換擔任其他人或事的角色,這種技巧可以用來幫助情案中的演員接觸其他人物,培養設身處地和洞察的能力。

㈣鏡子技巧（mirror technique）

教師可利用鏡子的技巧，讓學生了解自己有哪些行為的習慣，將行為舉止透過鏡子呈現出來，讓學生對自己有更進一步的認識及了解。

㈤訪問（interview）

訪問的技巧常用於介紹新人物出場時，介紹人以問答方式介紹人物，全班可就從訪問中的對談，來獲得對新人物的印象和了解。

㈥問題故事（problem story）

教師在教學中可選定學生喜歡的童話故事、英雄人物、真實生活中所發生的事件，作為引導探討問題，其聲音要配合故事的情境演出。

四、角色扮演教學法的教學過程

㈠選擇題材

角色扮演包含的主題很廣，可讓團體選出主題、隨機選擇、或自然地產生等方式，而角色扮演的題材可從嚴重的問題、輕鬆的問題、現實的問題、現在導向的問題、未來導向的問題、矛盾導向的問題、概念導向的問題、分析情境的問題、職場工作的問題等方向去尋找。

㈡分配人物與角色

將各種問題情境中的角色分配給學生，讓學生依據自己的意願選擇要扮演的角色或由教師從學生中分派角色，在角色扮演中，全班學生都必須知道每一人物的特徵，使得演員在劇中感覺到順暢與愉快。

㈢佈景情景

引導學生融入自己的角色，將各種情境以簡要的方式說明並加以佈置情境，讓學生可以感受到整個演出的真實情境。

四安排觀眾

教師應事先告訴學生，要尊重同學，注意觀察同學的演出，並決定觀察的重點及分配觀察工作，讓觀察活動也包含在整個的教學活動之中，增加參與感，也使整個團體經歷演出過程及增進演出後分析討論角色的樂趣。

五進行演出活動

教師指導學生以自發的方式進行演出活動，儘量達到真實性及自然性，並注意在演出中與其他扮演者互動，以維持表演行動的流暢。

六分享演出經驗

演出後，所有的師生進行討論和分享角色扮演經驗，教師可用發問方式引導學生進行討論活動，讓學生提出看法，以增加對角色扮演的思考。

七評估角色扮演活動

在演出結束後，教師不但要安排學生共同討論分享經驗，而且要積極的評估角色扮演教學活動的成效，使彼此的觀點更能一致，對問題的看法更能深入，而有效地達成教學目標。

五、角色扮演教學法之注意事項

一教學目標的決定與問題情境的結合

角色扮演教學法在教學目標的決定方面，教師必須與學生生活經驗中的問題情境結合，依據問題的情境，蒐集各種資料，並決定需要演出的角色。

二主動參與與尊重態度的培養

教師應該主動陳述問題的情境，有效引導學生參與討論，安排各種

角色扮演的人選，鼓勵學生主動地參與演出和討論活動，教師並引導學生在扮演過程中，以尊重的態度觀賞與體驗。

㈢演出情境的佈置

教師在採用角色扮演教學時，協助學生設身處地理解他人的感受，並引導佈置演出情境，提示角色扮演的題材，當演出者有困難或無法理解各種情境時，應適時給予支持和鼓勵。

㈣避免不必要的干預

教師對演出者的行為不要有過多的干預，讓學生盡情地發揮，以自發方式進行表演，自行決定終止演出的時間或是否再進行扮演。

㈤演出情境與日常生活相結合

教師在教學實施過程中，應該設法將各種情境與實際生活情境做有效的結合。歸納整理學生演出及討論的內容，鼓勵學生將所習得的良好行為模式運用於日常生活中。

六、角色扮演教學法之優缺點

㈠優點

1. 有助於價值觀的澄清與建立

角色扮演教學法之實施，重視讓學生親自體會各種角色及情境，可增進學生認識自己及他人感情的能力，有助於價值觀的澄清與建立。

2. 有助於發展思考批判的能力

角色扮演中，幫助探討學生的價值、態度及問題解決的技巧，教師以接納尊重的態度協助學生探討了解問題情境不同層面和所代表的深層意義，最適於發展個人的思考批判能力。

3.可增進人際關係及協商能力

角色扮演可幫助人際關係的協調,增進與他人協商能力與技巧,幫助以民主方式處理問題,助長個人社會化。

4.可獲得更佳的學習效果

角色扮演是學生很喜愛的活動方式,可增加教學活動的樂趣,更可讓學生從親自體驗中,獲得更佳的學習效果。

(二)限制或缺失

1.課程設計不易

角色扮演教學法著重於教學情境的設計,教學內容與實際生活情境的結合,教師從事課程設計時,必須多方蒐集資料和準備,再加上課程實施和進度上的種種因素,使得其課程設計不易開展。

2.教師本身的限制

角色扮演端賴教師本身的創造力、想像力、判斷力,和具備表演有關的才能,教師如何融合上述能力於角色扮演教學法中,成為教學實施的關鍵。

3.教學評量不易

在評量工具發展不易,評量項目不易具體化的情況下,角色扮演教學成效不易從評量中窺出端倪,學生的學習成效容易受到質疑。

第四節 欣賞教學法

學校的教學活動中,無論任何一種教學活動,其中或多或少都含有欣賞的成分,知識的教學,重在思考;技能的教學,重在練習;態度、興趣、理想的培育,重在欣賞。欣賞是一種心理的、情緒的反應,其性質與認知或技能的學習不同,而欣賞來自於人類選擇的趨避作用,人類追求和喜愛可愛的事物,拒絕和討厭厭惡的事物,由這種積極和消極的

趨避作用，便產生欣賞的活動和反應。所以，欣賞包括了認知、趨避、評價等過程，是一種複雜的情緒活動，卻是生活中重要的部分，所以，指導學生欣賞學習的欣賞教學法，有指導人生和陶冶性情的最高教育價值，我們若能使學生樹立依各崇高的理想，養成一種正當態度和興趣，然後才能保證他們所學的知識技能用於正當的目的，為人類謀福利。本節茲以欣賞教學法之意義、功能、種類、教學過程、注意事項等分敘之（王秀玲，民 86；孫邦正，民 64；方炳林，民 63）。

一、欣賞教學法之意義

欣賞教學法是一種偏重情意領域的教學，屬於情意方面的陶冶。欣賞活動含有兩種因素：一是對於事物價值的認識，能夠認識事物的價值，才能夠發生興趣，表示愛惡，形成指導行為的動力；二是在理智的認識之外，還隨之而產生情感的反應。所以，欣賞活動是認識事物價值所產生的情感反應。而欣賞能力和理想態度的培育，有指導人生和陶冶性情的最高教育價值。

二、欣賞教學法之目的或功能

若能妥善運用欣賞教學法於一般教學活動中，其主要目的或功能有下列幾項：

㈠發展審美知能

美的喜愛和欣賞是人生重要的部分，也是天性之一，但是審美能力和知識，則有賴教學的指導和發展，藉欣賞教學使每個人愛美的天性獲得適當的發展。

㈡養成休閒習慣

欣賞教學法即在指導學生在欣賞的學習中，養成正當的休閒習慣和興趣，使生活愉快、有意義。

㈢陶冶學生性情

審美教育的目的都在於心靈的陶冶，透過欣賞教學以陶冶學生心情，變化氣質，培育學生成為理智與情感和諧的人。

㈣學習鑑賞能力

欣賞教學可以指導學生認識價值和鑑賞能力，在價值評估中建立標準，同時收鑑賞之效。

㈤培育高尚理想

欣賞教學法最高目的在於養成學生正確的態度，培育高尚的理想，形成優良的德性，發展健全的人格。

三、欣賞教學法之種類

欣賞教學法的性質，因各學科領域之不同而有所差異，如藝術與人文領域，偏重於感情的陶冶、正當興趣的培養；語文及社會科學領域，偏重於理想的培育、良好態度的養成；自然科學領域，偏重於真理的探求、研究興趣的培養。因之，欣賞教學法亦可分為下列三類：

㈠藝術的欣賞

藝術的欣賞是屬於美的欣賞，凡對於音樂、美術、文學、戲劇、自然景色等的欣賞，此種欣賞教學活動，可以陶冶學生情感、提高學生興趣、養成學生正當休閒生活習慣，以培養學生愛好藝術的興趣。

㈡道德的欣賞

道德的欣賞是屬於善的欣賞，凡對於某人或某事所表現的道德品格或社會品德的欣賞，此種欣賞教學活動，可以培養學生高尚理想、養成學生良好的品德，而教學中以暗示的方法較亦收效，且教師應以身作則，以收潛移默化之效。

㈢理智的欣賞

理智的欣賞是屬於真理的欣賞，凡對於真理、科學上的發明、發現或優美作品的欣賞，教師應當指導學生欣賞該領域研究者探求真理的精神，以養成學生思密的思考能力和濃厚的求知興趣。

學校內有若干學科，應當以欣賞教學為主體，例如音樂、美術、文學等科目，都是屬於這一類的。因為大多學生只能成為美術、音樂、文學的欣賞者，而不能成為音樂家、文學家，所以教師的教學，應當著重在欣賞活動。

四、欣賞教學法之教學過程

欣賞教學大部分是採用隨機教學的方式，由教師視實際情況運用，並沒有固定一套教學過程。教師可用暗示方法，使學生心領神會；或用問答方法，指導學生體會；或用講解說明，以補充學生想像；或使用教學媒體，以提高學習的興趣。如果以欣賞教學法為中心，其教學過程約可分為下列幾個步驟：

㈠引起學生欣賞的動機和興趣

欣賞是情感反應的活動，所以實施欣賞教學，必先引起學生欣賞的動機或興趣，使之具有欣賞的需要與準備，或者產生欣賞的心情和心向，例如：說一個故事、聽一段音樂、佈置合宜情境、觀摩同學作品、生動的描繪等方式，均可引起學生情感的共鳴，產生欣賞的慾望。

㈡提示欣賞對象或作品

欣賞的對象無論是文學、音樂、藝術、戲劇、地方景物等，對於作品內容、人物情節、時代背景、風格意境等，都要作必要的講解說明，使學生具有必要的認識與了解，才能在認知的基礎上作情感反應。

㈢誘發學生強烈的情感反應

在欣賞教學過程中，老師要隨時利用適當的情境，教師可以用聲調

的高低緩急，面部的表情，以及動作等方法使學生對於所欣賞的對象，發生強烈的情感反應。學生若能對於所欣賞的人事或作品，產生強烈的情感反應，達到「物我同化」的境界，表示欣賞教學目標的達成。

㈣指導欣賞的方法

當學生有了欣賞的興趣和必要的知識能力之後，便可就欣賞的內容、特色、要點或技巧，指導學生欣賞。欣賞的方法，因欣賞材料和內容而有所不同，指導欣賞的方法，可以使學生知所欣賞，增進欣賞的效率和興趣。

㈤發表感想

在欣賞之後，每一位同學都想發表自己的感想或觀點，或會提出一些疑問，教師可就重要的感想、觀點或疑問加以討論和相互交換意見，充分利用此機會，溝通情感、培養學生高尚的理想及態度。

㈥實施評量

欣賞係主觀的感受，不易以客觀的測驗來評量，教師可以根據學生參與欣賞教學之實際情況及發表的感想，給予適當的學習評量，亦可設計各種自我評量表，供學生自我評量之用。

㈦實踐篤行

欣賞教學最重要的是由欣賞而踐行，從欣賞知能的獲得和價值的評估，進而養成習慣落實篤行，此一步驟教師可在課後再行追蹤輔導，觀察學生是否能將所學表現於日常生活中。

五、欣賞教學法之注意事項

在實施欣賞教學法之過程中，有一些原則需注意之：

㈠欣賞的材料要適合學生的程度

欣賞教學所用的材料要切合學生的年齡、經驗和教育程度，亦要適

合當時的情境，使欣賞容易和有效，欣賞教學所用的教材，也要逐漸提高其程度，不能驟然提高。

㈡教師要提供欣賞的必要知識

學生若對於一首歌曲產生背景、歌詞意義、所代表情感等，不甚清楚，就無法了解這首歌曲的優點。知識和了解是欣賞的基礎，知識愈豐富，了解愈深入，便愈有興趣欣賞。

㈢欣賞時少用理智的分析方法

因為欣賞是一種情感的反應，而分析批評卻是理智的活動。理智的成分增多，情感的成分就會減少，欣賞的興趣就會降低。所以在欣賞過程中，避免作理智的分析，以免破壞欣賞的情調，妨害感情的作用。

㈣了解學生的個別差異

各個學生的能力不同、興趣各異，所以同是一個欣賞對象或作品，其欣賞程度各不相同。有些學生的欣賞能力較低，教師要有耐性，慢慢地提高他們的欣賞能力。

㈤注意培養學生的想像力

欣賞能力與想像力有密切的關係，想像力愈強，欣賞能力愈高。因此教師指導學生欣賞時，要注意培養學生的想像力。

㈥配合其他教學活動的進行

欣賞教學不但要使用各種方法，且需要配合其他教學活動如參觀展覽、校外教學、聯課活動等，使欣賞教學在自然中進行。

㈦落實學生日常生活中的應用

欣賞教學不僅是培養欣賞的知能，也注意踐履實行，學生若對欣賞的對象發生了強烈的情感反應，教師就可以鼓勵學生身體力行落實於日常生活中。

第 **12** 章

合作取向之教學法

 本章內容

　　二十一世紀課程發展的趨勢是課程的整合，其強調合作性、整體性及科際性，教學活動的進行，無論是教師或學生之間，若能適度發揮合作精神，將有利於教學的進行與學習效果的提升。本章探討之合作取向之教學法包括協同教學法與合作學習之教學法，而協同教學（team teaching）與合作學習（cooperative learning）有別，不能混為一談，協同教學重在教師教學型態的改變；而合作學習則在學生學習型態的改變。

第一節　協同教學法

　　從九十學年度起實施之國民中小學九年一貫課程，強調培養十大基本能力，並分七大學習領域進行統整、分科教學，而學校必須打破學習領域界限，實施大單元或統整主題式的教學，使得協同教學法逐漸的流行，教師如何進行協同教學，以落實新課程的理念，則是有待深思及探究的課題，本節茲就協同教學法之意義、特點、模式、實施方式、實施步驟、實施目的、相關配合措施等分敘之（張清濱，民 90；張世忠，民 89；李春芳，民 85；王秀玲，民 86；孫邦正，民 64；方炳林，民 63）。

一、協同教學法之意義

　　所謂協同教學法是由二個或二個以上之教師，和若干助理人員，共同組成一個教學團（teaching team），發揮個人的才能，共同計畫，在一個或數個學科中，應用各種教學媒體、合作教學，並經由各種不同的方法，去指導學生學習，且加以評鑑學生之學習效果及教師之協同情形。

　　從教學社會學的角度看來，協同教學是改變教師在傳統教學模式中的習慣與角色之方法。其主要理念有下列幾個特色：

(一)專業社群的組合

　　協同教學強調多數不同專長之教師和助理人員的共同組合。由教學小組共同擬定合作計畫，在實際教學時，依照每位教師本身擅長的專攻學科及熟悉的教學方法，對各種相同學習階段和程度的學生進行教學。

㈡分工合作的專業對話

協同教學的教師們必須要以合作的態度，來組織教學團體（teaching team），在不斷的討論、研擬教學計畫、課程內容中，貢獻自己的專才。透過這種情境中，頻繁的專業互動和對話，從他人身上引發更多的學習資源，使每位教師都能彼此獲得專業的成長。所以，教師在傳統教學中的完全自主性，勢將無法維持。相反地，由於分工合作的需要，每一位教師不但需要釐清各自的角色與義務，而且必須盡可能符合團體的期許，以免影響教學的進行。

㈢彈性多元的教學模式

由於協同教學是藉由不同教師特長的一種專業性組合，為了獲得最大的教學效果，更可透過不同的教學方式，在同一時間內進行大班教學、小組討論或活動、或獨立研究等等，來指導學生學習。亦可透過不同的專業組合，如多科協同、單科協同、或跨校協同等等，完全依照課程與教師的專長，呈現彈性而多元的教學內容。教學助理則協助教師準備相關教學器材、批改作業及處理其他雜物。如此彈性多元的教學模式，將更能兼顧教師和學生個別差異下，進行大規模的教學活動。

㈣教學媒體的配合運用

協同教學配合教師的專長從事主要的教學活動，協同教學小組的其他教師可以進行小組或個別指導，此種分工合作的教學型態，有助於運用學校一向有限資源，呈現更多樣的教學媒體，提供更多元的學習刺激。

二、協同教學法之特點

從協同教學的意義，可以發現協同教學具有下列特點：

㈠多樣性

不同的教師提供學生不同的經驗，學生可從各種不同的角度去面對問題，思考問題。

(二)專業性

教師各有所長，依教師的專長排課，學生同時可吸收教師最擅長的部分。

(三)統整性

不論單科或跨科，教師可把零星的、片斷的概念或知識，予以整合，成為有系統的、完整的概念或知識。

(四)個別性

教學過程可由大班教學到小組討論再到獨立學習，可適應學生的個別差異。

(五)合作性

以往的教學型態大都是任課教師獨立作戰，唱獨角戲。協同教學則不然，它動員有關教學人員，互相搭配，合力完成教學活動，充分發揮教學團隊的精神。

三、協同教學法之模式

協同教學法改變了教學的型態，異於一般傳統的班級教學，也衍生了多種教學模式，其大約有下列六種：

(一)單科協同

這是指同一年級、同一科目教師的協同。譬如英語科教材內容有發音、拼字、句子結構與語法、英語歌曲、聽力練習等部分。一年級英語教師有三位，可就其專長，工作分配，李師負責發音及拼字部分，林師負責句子結構與語法，而張師則負責英語歌曲及聽力練習部分。

(二)科際協同

這是兩科之間的協同。譬如國文科有一課文五言絕句選——登鸛雀

樓,即可與美術科協同教學。教師教完課文後可要求學生將讀完這首五言絕句的心境,用作畫表現,以領悟詩中有畫的意境。當然,美術科教師也可就一幅畫指導學生欣賞,然後國文教師指導學生寫出觀賞心得或打油詩。

㈢多科協同

這是三科或以上的協同。譬如英語科有一課文──I Took a Trip to Kenting,可把英語、地理、音樂等科教師組成教學團,一面上英語,一面教台灣英文地名,同時也教唱歌──生日快樂歌或郊遊歌曲。

㈣跨校協同

協同教學也可跨校實施。譬如甲校缺音樂教師,而乙校缺美術教師,則兩校可相互支援,互補有無。

㈤循環式協同

教師的專長不一,對於任教的學科,不見得完全勝任。譬如體育科球類包括籃球、排球、足球、羽毛球、棒球、躲避球……等。有些教師只擅長其中一、二項,因此,學校可採取循環式協同教學,就教師專長選項,依序進行循環教學。

㈥主題式協同

這是針對某一主題,進行統整的協同方式。譬如台灣地區一下雨到處水深澤國,不下雨又乾旱成災,其理由何在?如何防止水患?要釐清這個主題,似乎有必要就地理科、地球科學、生物、化學、公民與道德、人文學科,共同會診提供學生必要的背景知識,然後要求學生從各種不同的角度,探討其原因並提出對策。

此外,張世忠(民89)歸納因應九年一貫課程之實施,建構了五種協同教學統整之教學模式,包括專長團隊、合作團隊、學科團隊、目標團隊及智慧團隊等五種,其適合單科或合科之協同教學,茲說明如後。

(一)專長團隊之教學模式

　　九年一貫課程中的學科，有些是單科性，例如數學、語文等。協同教學的模式可採用專長團隊或合作團隊之教學模式。譬如英文科主要訓練學生聽、說、讀、寫的基本能力。若有三位英語科教師依其專長互相搭配成一個協同教學小組（如圖 12-1），例如張老師負責聽力及發音部分，王老師負責句型練習或閱讀能力部分，而李老師則負責文法或寫作部分；又如數學科可就其單元專長，林老師專長代數部分，吳老師專長方程式部分，黃老師專長函數部分。無論英語或數學單科，都必須有課程整合部分，將本單元概念加以連貫及統整，並應用在生活情境中，三位協同教師互補彼此缺乏部分。

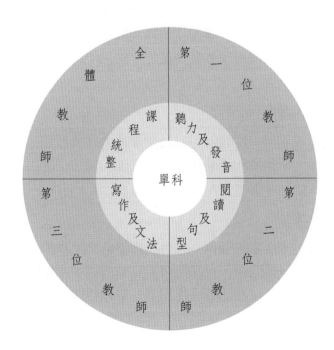

圖 12-1　專長團隊教學模式

㈡合作團隊之教學模式

單科協同教學的模式也可採用任務分工合作團隊教學模式（如圖12-2），教學流程分為四個段落，可分別由三位協同教師負責，茲詳述如下：

1.課程綱要講解

教師要把講述的主題內容大綱和順序有系統的組織，且應力求簡明、扼要清楚。可採用投影片或輔助教學媒體呈現，一方面吸引學生的注意力和引起動機；另一方面，則是節省大量板書的時間。

2.教學活動實施

課程綱要重點講完之後，另一位協同教師就要配合一些教學活動或實施小組討論，讓學生從做中學，並有思考和發表意見的機會。因此，教師要能運用相關教學技巧，讓學生研讀相關資料、撰寫報告或在班上口頭報告，並能運用相關所學的各種技能，例如：準備圖表或模型、操作實驗或電腦等來學習。

3.摘要總結及應用

在這一個階段，另一位教師可以最簡潔的方式將整個主題單元之學習活動的內容做一個摘要和結論，並將學過理論或法則應用於實務，最好能運用並結合於日常生活中。

4.課程教學統整

在這一個階段，全體教師再一起做課程整合之工作，並共同回答一些學生學習存在的疑難問題，可採用多元評量方式，例如學生的成果展示或教學演示等。也可以在此階段提出下一單元相關的主題，或指定學生本單元主題的作業。

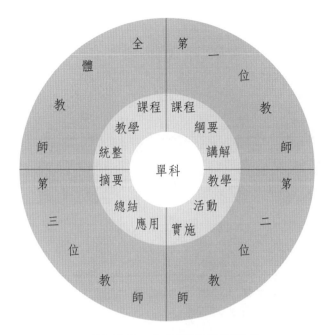

圖 12-2　合作團隊教學模式

(三)學科團隊教學模式

　　九年一貫課程中，除了數學、語文單科的學科之外，還有一些是合科的學科，例如：自然與科技、人文與藝術、社會等。而合科教學單元通常會有一中心主題，此一主題通常橫跨數個學科領域範圍，很少有教師專精各個學科領域，因此，各學科領域教師必須採用協同教學，讓學生能有一個完整概念的認識及了解。如圖 12-3「自然與生活科技」協同教學是由理化、生物、地球科學和資訊等學科專長教師組成一個教學群，課程分為四大部分：第一位教師講授理化部分基本概念及活動實施；第二位教師是生物部分；第三位教師是地球科學部分，資訊教師支援各學科所需要電腦操作的基本知識及技術支援；然後教學第四部分是由全體教師群一起做教學概念統整及應用，並回答或討論本主題單元之任何疑難問題。

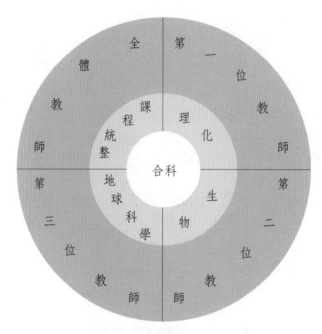

圖 12-3　學科團隊教學模式

㈣目標團隊教學模式

　　「綜合活動」、「健康與體育」等學習領域可根據教學目標的需要，去加強認知、情意及技能三方面之教學，因此，可採用目標團隊教學模式如圖 12-4，教學流程分四部分：第一位教師負責認知部分講解及介紹，著重於知識傳講、理解及應用；第二位教師負責情意部分的教學，著重於欣賞、合作及價值判斷與組織；第三位教師負責技能部分之教學，著重於技能之模仿、練習及表現；第四部分是全體協同教學之課程整合，可結合生活之實例，將認知、情意及技能加以應用。

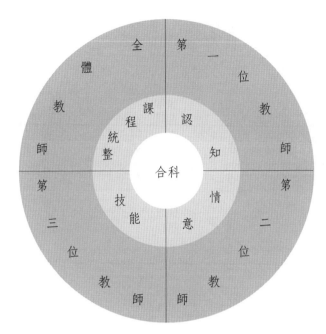

圖 12-4　目標團隊教學模式

(五)智慧團隊教學模式

　　教師除了採用學科或目標領域進行協同教學外，無論是單科或合科的教學還可以採用「智慧團隊」為特色，團隊的每位成員教師可以確認自己的智慧專長。典型的智慧團隊包含三至四位教師，每位都至少擔負二種智慧的課程規劃，並且這些教師都互相彼此支援。

　　如圖 12-5 組成智慧團隊把教學任務一分為四，例如：「人文與藝術」的學習領域，若結合多元智慧的教學，三位教師採用協同教學，第一位教師（可以美術科專長或其他）負責數學邏輯、空間智慧的教學；第二位教師（工藝專長或其他）負責語文、肢體動作智慧的教學；第三位教師（音樂科專長或其他）負責人際、音樂智慧的教學；全體教師負責科技、內省等智慧的教學。這些教師之教學並不是獨立或分割的，乃是互相合作與支援，讓學生學到多元智慧的啟發與能力。

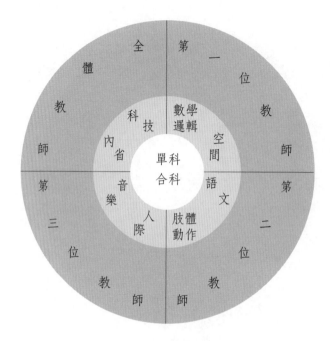

圖 12-5　智慧團隊教學模式

四、協同教學法之實施方式

協同教學法之實施方式大致可分為大班教學、小組討論或分組活動、獨立研究或學習等三種。

(一)大班教學

把二班或更多班的學生（通常以八十至三百人為原則）聚集在大禮堂、體育館或大教室作大班教學。由一位老師，校外的專家學者，或社區資源人士作專題介紹，內容大多屬於一般原理原則或基本概念的介紹，說明教材，並引起學習動機。一個專題的演講，既可節省時間，並可避免浪費，可利用透明片、幻燈片或一小段影片作介紹，以幫助教學。同學們可以一邊聽講，一邊做筆記，以供日後參考。實施方式不一定固定在室內舉行，有時配合社區的活動或國內舉辦的大型展覽，也可以帶領

幾個班的學生一齊到校外作參觀教學活動。

㈡小組討論或分組活動（含實驗室的分組實驗）

小組討論或分組活動的目的，在使教材能配合學生的需要，讓學生經由學習、思考，有發表意見及交換經驗的機會，不一定要講解教材內容，活動場所不限教室內，校內甚至校外的其他場所亦可以實施。至於組別的大小，可視學科性質或學習內容而定，一般以六至十人為佳，但我國班級學生人數較多，惟小組人數以不超過十五人為宜。小組人數太多，會影響效果。小組在討論或活動，老師鼓勵同學充分發言，有時學生也可以當主席，可使教師有了解學生的機會；同時經由討論的活動，亦能使學生在教室練習民主，有助群育目標的達成。小組的編組有原班級逕行編組者；亦有大班教學後，打破原有班級之限制，而混合編組者，讓學生擴大人際溝通的範圍，有助於將來離開校園後更能適應社會生活。

㈢獨立研究或學習

班級教學的最大缺點就是無法適應不同能力學生的學習進度，也無法提供實地操作及深入探究或學習的機會。如果由教師指定一個專題，讓學生自己利用圖書館的資源、到視聽教育中心觀看錄影帶或影碟片、到電算中心使用 CAI、到實驗室去實驗、到特種專科教室去利用特殊資源，甚至於到科學博物館去參觀，到野外高山去採集等等，然後完成一個專題報告，這就是獨立研究。通常對於年級較低的學生，都必須由教師從旁協助或指導。

五、協同教學法之實施步驟

協同教學可就課程內容及主題，採取下列實施步驟：

㈠組織教學團

學科教師一旦決定實施協同教學後，應即邀集有關教師及人員組成教學團，商討如何進行該科或該單元的協同教學。

㈡妥善規劃設計

教學團宜由成員推薦一人擔任召集人或聯絡人，負責籌劃及溝通協調等事宜。召集人通常由資深專業人員或學科召集人擔任為宜。協同教學首重規劃設計。如果過程安排得宜，進行就很順利。

㈢研擬教學流程

教學團在規劃設計的時候，應通盤考量各種變項與情境，包括人、時、地、物、事，設身處地，研擬一份教學流程及工作分配表。協同教師可以很清楚自己在什麼時間（when），在什麼地點（where）擔任何種工作（what），採用何種方法（how），教哪一部分學生（who），要達成哪些目標（why）。

㈣進行教學活動

教學前的準備工作完成，就可進行教學活動。協同教學的方式很多，一般言之，可概分為：大班教學、小組討論及獨立學習。協同教師宜就教材的性質採取適當的教學方法，進行教學活動。

㈤共同評鑑

協同教學完畢，教學團應進行評鑑，包括學生學習成績的評量及協同教學的評鑑。前者可採多元化教學評量方式，評定學生學習的情形；後者注重教學的進程、教學的內容及各項行政工作的配合等，檢討其利弊得失。

此外，可設計一工作單，如表 12-1 所示，以作為協同教學法實施步驟之評核。

表 12-1　協同教學程序工作單

一、單元主題	預估教學時數： 對象：
二、教學目標	
三、教學程序與活動	
四、輔助器材與教學媒體	
五、教學方法與策略	
六、評量方式	
七、任務分配	
八、課程教學大綱	

資料來源：張清濱，民 90，頁 182。

六、協同教學法實施之目的

　　實施協同教學之目的，是在提供學生個別學習的機會，其次則是因為協同教學的實施，教師們可以超越傳統包班的孤立與限制，擁有更多的機會與專業教師同儕一起發展教學計畫、設計教學活動、進行學習評量，也可以提供具有專長又熱心的家長擔任教師的教學助理人員，共同參與教學活動、或協助分擔例行、瑣碎的事務性工作，減輕教師工作壓力，使教師更能專心教學。

　　另外還有一個重要之目的，就是可以增加與他人互動的機會，在大班教學、分組活動或個別學習時的人際互動模式是有所不同的，可能原

本自己班級的互動情形已經熟悉，進行分組討論時經過分組後有機會與別班的同學進行互動，如此觀摩學習的機會就會增加了，並且可能分組的指導老師是別班的老師或是實習教師、義工媽媽等，如此以來更增加社會認同學習的多元性，改變班級團體的組織，才容易產生某種團體過程，發生教學的作用。

七、協同教學法之相關配合措施

學校要實施協同教學，必須各方面配合，才能順利完成。下列各配合措施可供參考：

㈠建立正確的觀念

協同教學的實施，最重要的因素，是全校教職員工要建立正確的觀念。全體人員是否能體認學校是為學生而設，教學的主體是學生和目標，學校的建設、行政措施的改革，以及經費的運用都是為達到教學目標，而以行政支援並服務教學為主。惟有如此，上下一心，才能發揮教育的功效。否則空有良好設備、精選的教材、大量的經費，仍然無法順利達成教育目標。

㈡強化教學研究會的功能

協同教學系透過教學團去運作。教學團與各科教學研究會息息相關。各學科教學研究會應定期召開，商討課程設計、安排事宜。如擬進行跨科、跨領域之大單元協同教學，應及早提出，俾有充分時間準備。

教學研究會應加強教材與教法的研究。每一次開會應有明確的主題，妥善安排教學活動，落實以學校為本位的課程發展。

㈢發揮教師團隊的精神

協同教學強調合作教學的重要性，無論在事前的籌備與規劃，課程的安排，教材的編選，工作的分配，均有周詳的計畫，才能避免教材之重複，也可節省人力作業，打印試題，蒐集資料，協助教師製作或使用教具，使每一位教師負起最合適的責任，以改善教學效果。因此，學校

應先營造和諧的氣氛，大家同心協力，貢獻自己的才能。

㈣充分運用教學資源

協同教學須運用許多人力、物力資源。就人員來說，可能動員任課教師、圖書館人員、教學媒體人員，電腦教學人員、技術人員、工友等。就教學媒體而言，可能運用視聽媒體、多媒體、超媒體、網際網路等。就場所而論，可能需要運用禮堂、活動中心、演講廳、圖書館、專科教室、實驗室、大班教室、小組討論室及個別研究室等才能進行大班教學、小組討論及獨立學習。因此，學校應提供足夠的人力、物力支援，以利協同教學之進行。

㈤調整教師的任課時數

教師的任課時數訂有上限及下限。實施協同教學，教師上課時間頗富彈性，有時上三十分鐘，有時上十五分鐘，也有可能上七十分鐘。到底如何折算上課時數，均有待重新認定。似可彈性處理，每週以總時數計列，不以每週上多少節為計算標準。

當然，協同教學能否成功，關鍵仍在於教師的態度。教師如果樂於嘗試，協同教學就容易實施。學校行政的配合措施也很重要。只要學校充分配合，提供教師必要的協助並鼓勵教師多採用協同教學，統整、合科教學的理念就可實現。

第二節　合作學習教學法

合作學習是近二十年來從美國崛起，並在各國實施多年且頗具成效的一種新教學觀念及策略，合作學習的情境能提供學生公平自我實現的機會，同時也培養學生關心及協助他人的習慣，體驗自己與他人之間乃是生命共同體，需要彼此互相扶持，一同學習，才能圓滿的達成目標，藉由團體學習的歷程能提升學生雙贏的人際溝通技巧。本節茲就合作學習教學法之意義、特色、方法、教學流程、優缺點、所遭遇問題等分敘之（張清濱，民 90；張世忠，民 89；黃政傑，民 85；李春芳，民 85；

林佩璇，民83）。

一、合作學習教學法之意義

傳統教學法為教師講授，以單向溝通的形式進行，學生的問題及建議雖然也受到重視，但卻止於單向的影響，教學活動僅涉及師生間的互動及溝通，教師是學生的榜樣，從問題的提出、分析、推理到解答，均由教師包辦，學生處於被動。只有不斷的觀察與模仿教師所傳授的，不但扼殺學生的創造力，不能再造或創新教師所傳授的知識，而且學習效果不佳。

隨著社會環境的改變，學生自主性的追求知識管道的機會亦較多元化，因此，課堂上老師的講授似乎無法引起強烈主動的意願，在民主越來越開放的社會，與其苦苦哀求或採用高壓的方式逼學生念書，倒不如提供多元學習的方式供他選擇。

我們目前正處於一個教育革新的年代，不僅升學制度在改、課程在改、教法也要跟著改；九年一貫課程強調課程統整與課程設計，因此，我們希望發展出一套適合學生學習成長的教材，而合作學習教學法就是一種不錯的方法，合作學習教學法的定義為：老師按照學生的能力、性別、或其他因素，將學生分配到各異質小組中，再經由以分組學習為主的教學活動，使小組成員間彼此協助、相互支持、共同合作，以提升個人的學習成效，並達成團體目標。

有些人一定會聯想到老師常用的分組學習和小老師制，前者把全班分成幾個小組，讓學生在小組中進行練習、討論、實驗、觀察等活動；後者運用能力較強的學生去指導能力較弱的學生，兩者都有不錯的效果。不過，把「分組學習」和「小老師制」看成等同於合作學習教學法，將會失掉這種教學方法的本質。

㈠合作並不等於把學生分組，圍成小圈圈學習。

㈡合作並不等於讓先做完作業的學生指導其他學生。

㈢合作並不等於小組中的某一學生單獨做完小組的作業或學習活動。

㈣合作並不等於讓學生靠得很近來討論或分享教材及經驗。

㈤合作並不等於分組進行實驗或設計活動。

　　合作學習背後的基本觀念是學生願意見到小組成功地達成學習目標，他們會鼓勵其他同學追求卓越的表現，甚至會幫助其他同學實現之。他們可以把複雜或困難的觀念，從教師的用語轉化為學生可理解的用語，使同學易於學習。

　　因此提倡實施的基本理由為：(1)此教學法可增進學生的自尊心、學習信心和興趣(2)可促進學生合作的能力(3)可提高學生的學業成績。

二、合作學習教學法之特質

　　合作學習不只是將學生置於小組中，更重要的是如何促進小組的合作學習，雖然不同合作學習法有其不同的設計，其強調重點也有所不同，歸納教育學者對合作學習的主張，合作學習的分組特質有：

㈠異質分組（Heterogeneous grouping）

　　「異質小組」依學生的學習能力、先備知識、性別、種族及社經背景等相關因素，將學生分配到不同的小組中，彼此協助，互相激勵、互相指導、互相學習，一起對學習的成果負責。

　　異質的方式主要提供學生有更多的機會認識不同的學習對象，聽取不同看法、分享彼此的經驗，讓學生從更多樣的觀點結合學習經驗，不僅達成個人績效，提高學習效果，也完成整組的共同目標。小組中不僅針對課程內容而學習，也要針對為人處事的人際能力去學習，訓練學生適應不同能力、不同性別等種種異質性的環境。

㈡積極互賴（Positive interdependence）

　　「積極互賴」是指成員之間彼此相互需要，同舟共濟，幫助別人，也就是幫助自己，整個小組之間的關係是積極正向，互蒙其利，而非相互牽制。學生能知覺到自己與小組同學是浮沈與共、休戚相關的，自己的成功有賴於整個小組獲得成功，小組若失敗，自己也就失敗了，形成榮辱與共的精神，並且透過分工與合作，以增進團體的成效。因此小組內每一個成員都應該共同努力，以完成任務。在合作學習中，每一學生都有兩個責任，一為學習分配的材料，其二為確保所有小組成員學會。

合作學習的積極互賴可以透過很多方面建立：

1. 目標互賴：大家努力追求共同目標。
2. 工作互賴：一同學習工作大家分擔。
3. 資源互賴：大家分享學習材料、資源或資訊。
4. 角色互賴：分配成員擔任不同角色，如：報告者、記錄者、閱讀者、時間掌控者、音量監控者、器材準備者、觀察者、協調者、讚美者、鼓勵者、操作者。
5. 酬賞互賴：提供酬賞給予表現優良的小組。

㈢面對面互動（Face-to-face interaction）

參與者必須面對面地共同思考、討論所收集的資料及學習的內容，互相支持與鼓勵，而非單向或被動的學習。學生們圍坐在一起，利用語言、身體語言、及其他溝通的媒介，來增進彼此的互動。透過此一要素的安排，讓學生有機會互相討論，彼此幫忙、互相鼓勵學生完成任務並有效地刺激學生從事高層次的認知活動。例如鼓勵組內其他同學的成就、努力完成任務、達成個人及團體的目標等。在合作學習中，學生們要相互討論、觀察、回饋，不再孤立學習，老師應在一旁幫助同學們溝通能力。

㈣兼重團體目標及個人績效責任

合作學習有兩個基本的條件：一為團體目標的達成，另一為個人的績效責任。個人惟有精熟自己的作業，方能達成整體目標。故每個小組成員必須對其學習任務有明確認知，對共同目標有認同感，才能真正投入。如此可以使學生在學習的過程中，不能只是獨善其身，更需兼善天下，培養其群性的發展。

㈤社會技巧的指導

要能有效的與人溝通，以獲得協助，或提供支持與幫助，有賴人際關係及小團體技巧，發揮溝通的積極作用。而使學生能習得更多與別人相處的秘訣。訓練其清晰溝通、互相接納、支援及問題解決的能力。

㈥團體歷程的實施

　　一般小組討論也會提供小組研究的時間，但常忽略反省及自我檢討的實施。以致學生常不會注意到自己在學習過程中的表現，而無法作為下次改進的參考。合作學習中之強調團體歷程，旨在培養學生自行負責的態度和習慣。並更加了解和改善團體成員的效能，以促進團體成員的努力以達到既定的團體目標。

三、合作學習教學之方法

　　合作學習教學方法，迄今已有許多的研究和發展，有的是一般性的，較適用於各個學科、各個年級，有的是特殊性的，無為某些學科和年級而設計。以下茲介紹幾種常用的技術：

㈠學生小組成就區分法

　　學生小組成就區分法（student temas-achievement division，簡稱STAD），是合作學習最單純的教學設計，首先，將學生進行異質分組，每組的人數為四至五人。每個單元教學時，教師先對全班授課，或講解或討論，把單元教材介紹給學生，然後由小組學習教材有關的工作單，熟練教材內容，採取方式可以是配對學習、相互問答、討論問題等。小組成員都學會教材內容，才算是完成了小組學習工作，接著，學生必須參加小考，這時，小組成員不可以相互協助，因為個別分數將轉化為小組分數，代表小組表現。轉化的方法是計算出學生的進步分數，以小考成績減去過去表現的平均成績（稱為基本分數），然後算出小組的平均進步分數，此一設計使得每個學生都有機會對小組作出貢獻，只要他肯努力追求進步即可做到。對於原本表現優異的學生，例如成績為 95 分以上，只要他繼續維持優異表現，亦可換算為最大的進步分數。教師可製作原始進步分數與轉化進步分數對照表，讓學生了解如何計算。最後一個步驟是小組表揚，針對最高分的小組、進步最多的學生及表現優異的學生，予以獎賞鼓勵，其方式可採獎狀、口頭獎勵、公布周知或物質獎勵、活動獎勵等方式。其實施步驟可歸納為如圖 12-6 所示，並簡列如下：

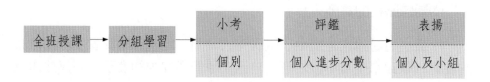

圖 12-6　學生小組成就區分法之實施步驟

1. 全班授課：利用口頭或視聽媒體介紹要學習的教材。
2. 分組：依學生的能力水準、性別或其他社會背景、心理等特質，
   將學生分成四至六人一小組，採取異質性小組的方式。
3. 小考：學生藉由個別小考來評鑑其學習成果。
4. 個人進步分數：評分方式是以學生過去的成績紀錄作為基本分數，
   每個人能為小組爭取多少積分，視其進步的分數而定。
5. 小組表揚：利用班級公布欄、週刊形式或其他社會認可的方式，
   以表揚那些表現優異者或高積分的小組。

㈡小組遊戲競賽法

　　小組遊戲競賽法（teams-games-tournament，簡稱 TGT），其設計非常近似 STAD，其中異質分組、教學架構及工作單三者是一樣的。在 TGT之中，採取了一項學業競賽的過程，來促進學生的學業表現，而不用小考方式。學業競賽的實施是先安排競賽桌，把各小組能力相當的人集中在同一競賽桌競賽，但不告訴學生各桌題目的難度水準，競賽者的組合可以在每一次競賽後重新安排，例如把能力中等一桌之中表現最好的學生升到能力高的一桌。由此，可見 TGT 的小組學習採異質方式，但學業競賽時卻是採同質方式。

　　教師必須為學業競賽準備的材料為：題目單、題號卡、答案單、計分單等。競賽開始時先抽籤決定誰先回答，然後抽題號，唸出題號相應的題目，說出答案，再由其他人說出不同答案（如果有的話），自由對照答案是否正確。答對時保留題號卡，答錯不倒扣，但其他試題不同，答案者若答錯了則要倒扣（繳回贏到的題號卡一張）。時間結束時，統

計各場競賽中各個人的得分，再將各小組成員得分累加平均。教師可先訂定表揚的標準，例如 50 分以上為優異組，45 分至 49 分為優良組，40分至 44 分為良好組，根據小組得分情形，予以表揚。其實施步驟可歸納如下：

1. 全班授課：呈現教學主要內容、概念。
2. 小組學習：小組學生一起練習作業單，以精熟教材內容。
3. 競賽：分派學生和能力相當的同學做學科遊戲。
4. 表揚：依學生到競賽桌比賽所得的分數，統計小組的總表現。

㈢拼圖法第二式

拼圖法（Jigsaw）最早是由 Elliot Aronson 及其同僚發展出來的，後來修改為拼圖法第二式（Jigsaw II）。在 Jigsaw II 中，學生先分為四至五人的異質小組，而學習材料也分成幾部分。每個小組成員先閱讀主題資料，包含自己負責部分的資料，然後各小組負責同一部分的學生，集合在專家小組中去討論各自負責的主題，熟練之後回到原來的小組，教導小組成員其所熟悉的主題。最後每個小組成員都接受包含所有主題的小考，小考成績轉化為小組成績，最後則安排小組表揚。Jigsaw II 和STAD 一樣強調異質分組、個人進步分數。不過 Jigsaw II 的特徵是採用了專家小組的設計，小組成員學習某一主題時具交互依賴的。

學生分配到專家小組的方式，可採隨機方式，亦可採故意安排方式，使每個專家小組都包含異質性的成員。如果班級人數較多時，每個主題都可以安排兩個專家小組。其實施步驟可歸納如下：

1. 閱讀：發給每位學生一專家單，包含四至五個專家主題。依據專家單，分配每位學生一個專家主題，而後學生閱讀有關的內容、教材。
2. 專家小組討論：每組分配到相同主題的學生，自成一組討論教材內容，並將討論結果加以整理記錄，以便回原小組中做報告。
3. 小組報告：小組報告時，每個學生都應扮演好老師及好聽眾兩種角色。報告者有責任教導小組其他學生也能精熟他的主題，而其他同學也須悉心學習，以準備考試。

4.小考：學生獨立完成小考試題，以了解學生學習狀況。

5.表揚：如 STAD 依學生考試得分，計算其進步分數，及小組的總分。

㈣小組加速教學法

小組加速教學法（team-accelerated instruction，簡稱 TAI），也叫做小組協助教學法（team-assisted instruction）融合了個別化教學和小組學習，適用於中小學數學教學。TAI 和 STAD、TGT 和 Jigsaw II 一樣，先進行異質分組，然後根據安置測驗結果，指導學生學習適合自己程度的個別化教學材料，但仍依自身的層次和速率學習。小組成員依照答案單交換計分。小組表現係依每週小組學完的單元數和單元的正確性來判斷。合乎既定標準者，即予以表揚。

㈤團體探究法

團體探究法（group investigation）適用於需要資料的取得、分析、綜合的問題解決工作。此法之核心乃是學生合作計畫代他們所要進行的探究工作。例如為了解決問題他們需要進行何種探究，他們需要什麼資源，該誰做什麼事，如何呈現完成計畫給全班同學。通常小組中必須分工合作來完成使命，教師擔任資源人物或促進者。

團體探究的過程可分成六個階段：

1.確認探究的主題和進行學生分組。

2.計畫學習工作。

3.實施探究。

4.準備最後報告。

5.呈現最後報告。

6.實施評鑑。

在團體探究中，學生的分組也是異質性的，但也參考學生對主題的興趣。小組成員必須分工，從事資料的蒐集分析歸納，並參與討論交換意見。評鑑時要注意學生的高層思考能力。

㈥共同合作法

共同合作法（co-op Co-op）類似於團體探究法，使小組合作來探究。擬訂的探討主題，其步驟有八項：

1. 進行學生中心的班級討論。
2. 進行異質性學生分組。
3. 選擇小組主題（配合全班主題）。
4. 選擇個人主題。
5. 準備個人主題。
6. 呈現個人主題的資料。
7. 準備小組報告。
8. 進行小組報告。
9. 實施評鑑。

由上述步驟可知，共同合作法是由全班選定主題，再由小組選定全班主題相關的小組主題，小組又將它細分為更小的主題，由成員分工去探討，然後合成小組報告，再進而統合起來解答全班關心的主題，評鑑時，小組報告由全班評鑑，小組成員的貢獻由全小組的同學評鑑，至於每個學生的小主題報告則由教師評鑑。

四、合作學習教學之實施步驟

合作學習的教學過程，一般包含教師對全班的教學、學生分組進行學習、學習評鑑、學習表揚四部分。傳統教學模式時常將全部教學時間用在全班教學之上，合作學習的全班教學則設法儘量少花時間，而把時間多用於小組學習上。

㈠陳述教學目標

在合作學習中有兩種目標必須明確指出，其一為學業上的目標，其二為合作技能的目標。換言之，教師不只要教導學生學科知識技能，而且也要教導人際能力。

㈡進行分組

教師必須依全班人數決定分組，一般言之，各組人數在二至六人之間，人數較多時，能力專長、技能、經驗等等的變化也較大，小組內所能獲得及處理的資訊也較多，該團體成員的協商、說話機會、工作精神的維持等事項，則需要更熟練的技能來處理。材料的多寡、學習時間的長短，當然也影響到分組的組數。剛初為人師者，小組人數也不要安排太多，以免出現太複雜的問題而無法妥善處理。小組人數的安排必須使得組員有討論的機會。

把學生分到小組時，應採取異質分組方式，例如一小組中都有高、中、低三種能力的學生，不過必要時亦可運用同質分組的方式。具工作導向與非工作導向兩類學生，最好安排在同組。合作學習小組的組織要維持多久才調整？這並沒有固定答案，各小組應維持足夠長久的時間，使學習能夠成功。教師可以採取社交測量法的方式，先徵求學生的意見，再進一步採異質分組原則。如果能讓全班每個學生都有接觸班上其他同學的經驗，當然更具有意義。

分組之後，接著教師必須安排活動空間。由於空間安排暗示了何者為適當行為的意義，教師應該更為慎重。小組成員應圍成圓圈而坐，距離應該拉近，以便有效進行溝通，並避免影響其他小組。教師也要安排適當通道，藉以接近各個小組。

㈢分配角色促進互賴

合作學習的互賴，也要妥善安排成員角色，使其互相補充，互相關聯來達成。例如檢查員，旨在確認每個學習者是否真的學會了；資料員，旨在取得學習所需材料，並與老師，及其他小組溝通；記錄員，旨在記錄小組的決定，編撰小組報告；促進員，旨在鼓勵小組成員對小組作出貢獻；觀察員，旨在追蹤小組合作的情形。小組要成功地運作，有賴於每個成員盡其責任，扮演好他的角色。因此教師必須教導學生角色扮演的能力。

㈣設計教材促進相互依賴

教學材料的安排，必須考量有效的學業學習及小組成員良好而積極的互賴關係，尤其是小組成員尚未具備高度合作技能，或小組剛形成尚未具有合作經驗的時候，更應注意。

有三種方式，可以促進小組成員激發合作努力及浮沈與共的想法。第一是材料的互賴，只提供各小組各一份材料，激發學生一起工作，追求成功的動機，當每位學生都習慣於合作以後，才發給他們自己的一份材料。第二是資訊互賴，每個小組成員閱讀不同的參考書或資源材料，或者把一份教材分為幾部分，由小組成員各自負責，再予以綜合，使每個人都需參與。第三是組間互賴，採取組間競爭的方式，促進團體成員的互賴感。例如小組遊戲競賽法，先異質分組，各自準備充實材料，然後由各組以能力相當的成員配對競賽，誰勝利誰就為小隊贏得榮譽。

㈤說明學習目標、工作和活動

教師對各課目標所要學習的概念、原理、技能、資訊等，都應加以說明，並且應和學生過去的經驗和學習相銜接，以期產生最大的學習遷移和保留效果。對於學習工作或作業活動，應清晰地說明實施程序、工作方法、預期結果，並提出問題，檢查學生的理解程度。如果能夠提供實例給學生參考，學生更容易了解。

㈥建構積極的目標及個別績效

老師必須告知學生其團體目標為何，及小組成員通力合作去達成的必要性，建立其風雨同舟浮沈與共的觀念。每個小組成員都要對分配的作業或活動負責，確認每個小組成員都已學會分配的作業，都已完成作業。教師要建立此種情境及效果可以要求每個小組共同完成一項成品，報告或論文，讓每個成員簽名以示同意。每個學生都要了解上述成果的內容，換言之，個別績效應受重視，教師可隨機抽問小組成員以便確認其理解程度。

其次，可提供小組酬賞，例如為小組打等第、打分數，表現優異的

小組可獲得獎狀，獎品或自由時間或活動時間的運用等，而小組等第或分數是小組成員合作學習之後，其個別表現進步情形的平均數或達到事先界定優異水準的人數。在此種設計下，成績較差的學生亦有追求學業成就的動機，他的表現影響到團體表現，因此會獲得小組及其他成員的支持、鼓勵和協助。

合作學習的目的是要擴大每個學生的學習成就，為了確保所有小組成員都學會，小組成員能夠彼此鼓勵、協助，教師也能適時教導，必須不斷評鑑每個小組成員的表現，例如隨機抽問、實施學習測驗、抽評小組作業等。

教師也要鼓勵小組之間的合作，如果全班每個人都學會了也可以給予獎賞。

㈦說明成功的規準及期許的行為

上課開始時，教師即應明白告知成功的判別規準是什麼。此一規準的訂定該是效標參照的，讓每個學生的表現與期望的學習結果比較，而不是與其他同學的表現比較，這樣，學生的成功便不會建築在打敗其他同學的基礎之上。由於學生有其個別差異，所以並不是以齊一的效標來要求他們，不同的成員可以規定不同效標。效標必須有挑戰性，也要有實現的可能性。為了鼓勵小組間的合作，教師也可以為全班訂定效標，當全班學生達到效標的即給予酬賞。

合作的期許行為也要明白地說明，而不是光告訴學生大家要合作而已。合作行為有分高低不同的層次。比較初階的是：與小組成員在一起、安靜地移動位置、看著說話者、不使用令人難堪的語言、輪流、叫名字等，比較高階的行為是：讓每個成員說明如何得到答案、問每個成員如何關聯到過去的經驗、檢查每個成員是否理解、徵求成員是否同意小組發展出來的答案、鼓勵每個成員參與小組活動、鼓勵每個成員提出主張並說明理由、對事不對人、補充他人的答案或意見、適時描述自己的感受、統整不同的觀點及綜合結論、請求協助或澄清不懂的地方。

㈧進行追蹤與指導

在教學之中，教師有許多時間必須花在學生行為的觀察和追蹤上，以便了解學生在作業或活動上出現什麼問題或困難，他們是否合作進行學習。觀察時，教師可以運用或設計適當的紀錄員，具體地計數學生的行為表現。例如學生一起學習的行為，可以包含下列行為項目：提供觀念、提問題、表達感受、表示重聽講、表示支持和接納、表示溫暖和喜愛、鼓勵參與、歸納、摘要、查核理解、解決緊張情勢、引導團體工作方法等，教師亦可記錄學生的特殊行為表現，進一步和學生討論。

教師宜報導小組中的觀察員如何記錄小組成員的行為，並與小組成員分享觀察記錄的資料。例如記錄誰發言，誰有了優良表現。小組成員也應該知道什麼行為受到觀察，什麼是期許的行為，對於出現的優良行為教師應予以鼓勵，若優良行為未出現，則宜加以討論。觀察員的角色不須一直維持著，合作學習剛開始實施時，可以不必設置觀察員。不論如何，觀察基本上是教師的職責，他總是要撥出時間觀察各個小組的運作，並予以適時的回饋。

教師可以提供的回饋很多，例如澄清指示、檢查作業程序和策略、教導工作技能等，教師有時還要教導作業有關的概念和資訊。當小組的合作行為出現問題時，教師要報導小組成員有效的合作技能。雖然如此，教師的教導應該是必要時才實施，而不是時時去打斷學生的學習過程。教師的指導也不是直接告訴答案，最好是針對問題給予提示，刺激學生思考。

對合作技能的教學，宜使學生認識或產生學習的需要性，所學的技能也要具體明確的界定，並鼓勵學生練習應用，然後還要有時間討論技能及行為表現狀況。課上完的時候，宜提供學生摘要歸納所學的機會，並讓學生理解現實所學和未來學習的關係，為增加學生的學習，教師也可以歸納要點，鼓勵學生最後提問。

㈨實施評鑑與回饋

對合作學習成果的評鑑，應該包含兩方面：一方面是學業上的，例

如概念和資訊，另一方面是小組能否有效地進行合作學習。這兩方面的評鑑，教師可以透過每個單元教學所要求完成的成果來實施，例如小組報告，小組一致同意的解答，或小組完成的實驗結果，進行成果評鑑時，教師宜採效標參照方式，教師給等第或分數時，也可以考慮就學業成就和合作行為分別給分。

　　無論時間多麼的不足夠，教師對小組合作行為之觀察，必須進一步予以處理，也就是安排適當的團體歷程時間，與學生一起檢討小組合作行為之優缺點。指出如何可改正個人行為，促進小組合作。團體歷程的實施，可以採取全班的方式，也可以在各小組內分別進行。除了教師提供給小組學生觀察回饋外，還要儘量鼓勵學生（特別是負責觀察合作行為者）提出所見所聞，發表自己的感受。教師若安排某一小組就其爭論問題之解決為例子，向全班進行報告，徵求大家的處理意見，也是可行的辦法。對於缺乏團體歷程經驗的小組，要求小組處理的問題宜儘量簡單，像指出小組最佳的合作行為及有待改進的行為表現。

　　團體過程時間的設計，旨在加強維持小組內的人際關係，使其能成功地完成小組任務。團體歷程時間，應該讓每個小組成員去思考並說出他人對自己學習工作的助益，整個討論應該是風趣的、愉快的、生動的，主要強調如何改進團體成員彼此的合作。當然，要達成這樣的結果，每個小組成員都要參與小組工作，完成自己的使命。

五、合作教學法之優缺點

(一)優點

1.增進同學間的感情，加強人際關係。
2.由討論中，更能了解同學的見解。
3.工作由大家分擔，問題較容易解決。
4.能夠學習別人的優點，且能發揮個人的專長，使工作效率提高。

(二)缺點

1.有時候大家的意見紛歧太多，爭論不休，小組無法統整意見。

2.小組討論時，有時會有不願分擔責任的同伴，甚至推卸責任，造成團體目標無法完成，影響團體的成績。

3.在小組一起合作中，有些人會被忽略。

4.小組之間的競爭，有時會產生摩擦。

六、合作學習教學法之遭遇問題

在使用合作學習教學法時，教師和學生可能遭遇一些困難，郭至和（民 89）提出在運作此教學法時，所遭遇的問題如下：

㈠小組成員彼此不合，不能和諧相處，影響其學習效果。

㈡小組成員能力差距太大，成績好的同學不願意協助學習能力較差的同學，或成績差的同學缺乏學習的意願。

㈢小組討論時，易形成噪音而干擾其他同學的學習。

㈣學生在小組活動時，各做各的，不會相互合作，善用時間。

㈤實施合作學習好像無法配合教學進度。

㈥擔心合作學習可能會降低學生的學習成就與水準。

在國內實施合作學習教學法，也許會遭到更多的困難。例如大班教學的人數太多；教學空間太小；課程教材評量試題的設計費時，又缺乏商業性的材料可資適用，因此教師需要花費更多時間去編寫。不過這些問題都可克服，教師在實施合作學習教學法時，應隨時檢視其理念、方法及技術，才能使學生產生最佳的學習。

第 **13** 章

個別化取向之教學法

 本章內容

第一節　精熟學習法
第二節　IGE 個別化教學法
第三節　自學輔導法
第四節　能力本位教學法

　　個別化教學是現代的因材施教方式，乃是為適應個別差異，提供達成教學目標的有利條件，與一對一的「個別教學」（individual instruction）不能混為一談。所謂個別化教學（individualized instruction）係指在大班級教學情境下，為了適應學生個別差異的學習特性所採取的各種有效教學策略，它並不拘泥於在形式上呈現一對一的教學型態，也不是使老師放棄自己的角色，讓學生自己去學習，而是教師的教學能適應學生智力、成就、性格、經驗、興趣等各方面的差異，使學生得以順著最適合他學習的途徑，以促進學習者潛能的開展與學習效果的提升。近幾十年來許多個別化教學的模式被廣泛的提出，本章茲以精熟學習法、IGE個別化教學法、自學輔導法及能力本位教學法說明之。

第一節　精熟學習法

　　近年來美國社會發覺其學生素質顯著下降，而高喊「國家處在危機中」。布魯姆（B. S. Bloom）倡導的「精熟學習法」（Mastery learning），因證實能使大部分的學生學習成功，切合當前的時代需要，而重新受到重視。本節擬就精熟學習法之意義、要素及教學過程等介紹如後（黃光雄，民 88；王秀玲，民 86）。

一、精熟學習法之意義

　　精熟學習法係由美國芝加哥大學教授布魯姆（B. S. Bloom）於 1968年提出，布魯姆主張倘若教師教學能有系統地進行，學生學習遇到困難時能夠獲得協助，學生擁有達成精熟程度的足夠時間，並且訂有清楚明確的精熟標準，則幾乎所有的學生皆能學習成功。精熟學習法的設計係用在學習時間較為固定及實施團體教學的情境，亦即精熟學習法是以團體為基礎，並由教師決定學習步調，學生在大多數情況下需和班上同學合作學習的一種教學方法。

二、精熟學習法之要素

　　精熟學習法的關鍵要素在個別化的校正教學。不管學生與學習環境

的配合如何良好，不管目標與教學單元的編排如何精確，不管教學材料及活動的設計如何多樣，若干學生仍然會發生錯誤，產生誤解。因而，提供部分學生額外的學習時間及協助，以改正其錯誤和誤解，仍屬需要。

馬克涅（J. D. McNeil）曾歸納精熟學習法的要素如次：

㈠學生必須了解學習工作的性質，及其學習程序；

㈡教師須擬定特定的教學目標；

㈢教師須將教材分成較小的學習單元，並在每一單元結束時，加以測驗；

㈣教師應提供回饋，以了解學生在測驗後，顯示的錯誤及困難；

㈤教師須尋求各種方法，以改變某些學生方便學習的時間；

㈥教師應安排學生各種不同的學習機會，以益學生的學習；

㈦二、三名學生成立一個小組，定期集會一小時左右，以檢討其測驗結果，並相互協助克服學習之困難，則學生會更加努力學習。

三、精熟學習法之教學過程

精熟學習法的教學過程可用圖 13-1 表示之，並說明如後。

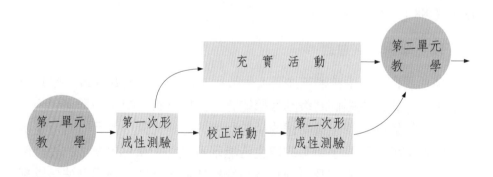

圖 13-1　精熟學習法的教學過程

資料來源：黃光雄，民 88，頁 9。

(一)擬定精熟學習的計畫

實施精熟學習法之前要先有計畫，計畫的內容包括下列數項工作：

1.分析學習目標

學習目標主要是敘述學生在教學環境中所須獲得的能力和技巧，明確地分析學習目標不僅能掌握教學活動，且能在學生學習過程中作精確地評量。

2.編排學習內容

依教科書的章節，將教材分成連續較小的學習單元，並將其重組成有意義的教材順序。

3.編製形成性測驗

形成性測驗是學習的工具，可用以指出學習的重點、學生學習的程度及需要再學習的地方。編製形成性測驗除了正本之外，應有副本，且教師亦須先設定精熟標準，通常，答對 80% 至 90% 的試題是理想的精熟標準。

4.設計校正及充實活動

所謂校正活動係指在教師了解學生的學習困難之後，立刻進行補救的特定教學活動，校正活動的實施是精熟學習法與傳統教學法最大的不同之處，它是達成精熟學習法個別化教學的重要途徑。此外，對於學習特別快的學生，教師須設計充實活動，以擴展他們的學習領域。

5.編製總結性測驗

前述之形成性測驗旨在檢核學生的學習過程和學習困難，總結性測驗的主要目的則是要匯集學生學習中所累積的成果資料或某種特殊技能及工作能力，在課程告一段落或學期結束時，用以評量學習成果達到的程度。

(二)在教室中運用精熟學習

教師對精熟學習法進行完整的計畫後，必須將計畫內容實際應用於課室教學中，其操作程序如下：

1.精熟學習法的引導

在開始精熟學習時，學生導向的說明及父母導向的說明特別重要，因此教師應花些時間讓學生及家長對精熟學習有所了解，教師可藉由信函傳達有關精熟學習的訊息，鼓勵學生展開積極的學習態度，也取得家長的支持與協助。同時，教師也要在上課時引導學生明白教學的程序，讓學生知道要學些什麼、怎麼學習、學到什麼程度才算精熟等等。

2.實施教學

在引導之後，教師即採用傳統的團體班級教學，但在教學過程中注重提供學生參與的機會，並運用增強原則以維持高昂的學習意願。

3.進行形成性測驗

小單元的教學結束後，教師即對學生實施形成性測驗，以區分出已精熟及未精熟學生。

4.安排校正活動或充實活動

對已達精熟的學生可安排充實活動，如提供更深的練習題，或擔任小老師教導未精熟者，或提供富挑戰性，具酬賞性的學習機會，以鼓勵學生在形成性測驗上能有較佳的表現，引導學生進入更高層的學習。至於未達精熟標準者，則進行校正活動，教師以不同於原先教學的方法來教同樣的教材，同時，也讓學生在不同於起始教學的方式下學習，以提升學習效果。

(三)精熟學習的評量

教師在結束一個學習單元的所有教學活動之後，須對整個單元進行總結性評量，總結性測驗的分數可作為教師評定學生成績的主要參考，

但教師應避免用一次的總結性測驗作為唯一的評分標準，最好在學期中至少實施二至三次的總結性測驗。同時，教師亦可將學生的家庭作業、某項特殊課題的表現、參與班級討論的情形列入評定等第的參考，惟必須事先明確清楚地告知學生，以引導學生學習。

四、精熟學習法之優缺點

精熟學習法在國外行之數年，相關的研究報告也一再的顯示其教學效果比傳統式的班級教學更好，就如重視「個別差異」而言，確實是使許多學生在學習的方法及課業上有了很大的進步，其優點主要有：

㈠精熟學習法是以「學生」為中心之教學法，強調學生學習能力之「個別差異」，提供適時的補救教學與充實活動，提供學生不同的需求。

㈡透過「形成性」測驗，可判斷學生之精熟程度，未達精熟者，可藉由補救教學，明顯找出問題點所在，而即時的予以補救教學。

㈢精熟學習法的等第評定是依照學生總結性評鑑的表現而評定，並非與其他同相較之下而評定，此方式可減少同儕相互競爭的情形，可以增進同學間互助學習的效果。

但在施行上亦有些缺點，如下述之：

㈠將教材細分成小單元，再敘寫成為教學目標，當學生學夠這些片斷的靜態材料，即表示精熟。但有些教材所蘊涵的情意性目標，如公民道德、藝術欣賞、閱讀賞析，這些科目本身即具有統整性，細小的教材無法代表其整體。即學生精熟每一個單元，也不能證實其達成學習結果。

㈡僅憑形成性測驗和總結性測驗的結果來評斷所學是否達「精熟」，此過於偏重教師的直覺判斷，有失客觀性。

㈢精熟學習法的操作，如教材的細步化、行為目標的敘寫、形成性測驗的編製，補救教學的處理等，教師的能力及時間恐難負荷。

第二節 IGE 個別化教學法

一、IGE 個別化教學法之意義

IGE 個別化教學法乃是透過一個有效的學校教育組織，根據學生過去學習經驗、能力，及其他心理特質決定其學習起點，再依學生之性向決定其學習方式的一種教學方法。

二、IGE 個別化教學系統

美國威斯康辛大學研發中心（Wisconsin Center for Education Research, University of Wisconsin-Madion）在 Herbert. J. Klausmier 教授主持之下，所開發出來的「個別引導教育」（Individually Guided Education, IGE）的個別化教學是一個頗富盛名的個別化教學，在鼎盛時期，曾經運用在 2000 所學校裡面，而證實有相當正面的效果。

IGE 這個個別化教學是較重視組織與系統組成的個別化教學系統，其完整的系統，包括有（林生傳，民 77）：

　　㈠行政與教學複合的組織。

　　㈡個別學生之教學課程安排。

　　㈢起點性、形成性和總結性評量。

　　㈣編製適當的教學材料來進行教學。

　　㈤建立家庭、學校與社區的關係。

　　㈥增進教學的設備環境。

　　㈦不斷研究發展。

上述 IGE 個別化教學系統如圖 13-2 所示。

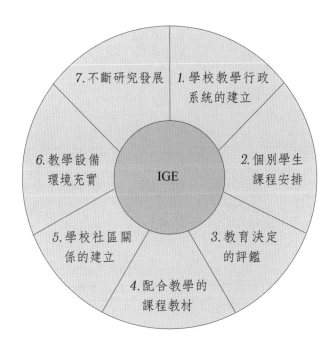

圖 13-2　IGE 個別化教學系統

資料來源：林生傳，民 85，頁 38。

三、IGE 個別化教學系統之運作

我國學者林生傳根據個別化教學的理念，擷擇 IGE 之優點，選定幾項可行之類型，建立我國可試行之個別化教學模式，如圖 13-3 所示，其運作程序如下（林生傳，民 85）：

㈠分類與選定目標

此一教學，就學校教育目標、課程目標、單元目標，分析為具體目標，復依據學生個別差異與需求，區分學習目標為共同性目標與選擇性目標。共同性目標是人人必須完成的目標，不可躐等，每一單元的學習，如果不能達成此類目標，將有礙下一單元教學的進行；選擇性目標是供自由選擇的目標，依據學生個別差異的鑑定情形，由師生共同選定，以為學生努力趨近的方向與極致。

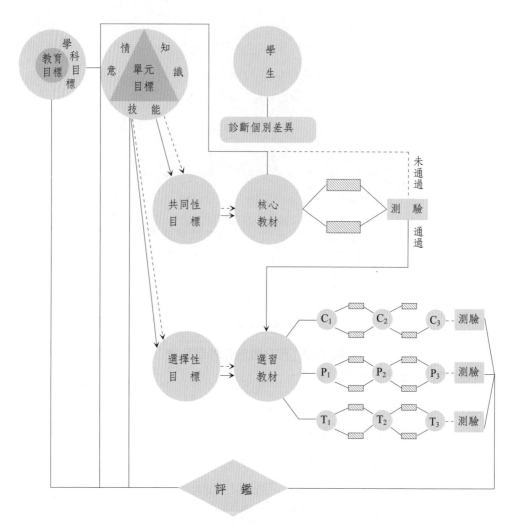

圖 13-3 個別化教學系統運作圖

資料來源：林生傳，民 85，頁 43。

㈡配合學習目標，編選分組教材

為達成共同性目標，編製核心教材，供每一位學生學習；為達成選擇性的目標，編選選習教材，區分為三類：⑴創造性教材（Creative teaching material，簡稱 C 組教材）；⑵實用性教材（Practical teaching material，簡稱P組教材）；(3)傳統性教材（Traditional teaching material，簡稱 T 組教材）。C 組教材以激發學生創造思考，自我發現為目的，供資質較優，或創造性較強學生學習；P 組教材以解決日常實際問題，增進生活適應能力為目的，供不升學或抽象思考能力較差的學生學習；T 組教材以練習解答固定答案的問題為主，供升學準備學生學習。

㈢多途或任選學習過程

精心安排學習環境，充實教學設備，俾能利用多種媒介，提供多種學習途徑，透過多種學習方式來進行學習。學習不同教材，達成不同目標，學習活動方式與歷程固然不同，即使學習同一教材，完成同一目標，亦可按照學習式態的不同，選擇適合的途徑來進行學習。

㈣差別進度與速度

學生進行學習的速度與進度可以准許差別，不必強求一致，故學習快速者，可以不受牽扯，學習緩慢者也不虞受「揠苗助長」之害。

㈤隨時診斷紀錄

對於學生在學習進行的情形，達成目標的情形，將隨時診斷，並一一予以記錄，以為考核學生成就並規劃下一步學習的根據。

㈥迂迴轉進，補救教學

學生在學習核心教材，以達成共同性目標時，倘若未能順利進行通過診斷原因，同一教材或類似教材施予補救教學，迂迴轉進，務求完成該一共同性的目標，為下一步的學習提供充分的準備。

㈦並用多種評鑑

兼重學習起始評量（initial evaluation），形成性評鑑（formative evaluation），總結性評鑑（summative evaluation），評鑑所使用測驗兼用標準參照測驗（criterion-referenced test）與常模參照測驗（norm-referenced test）。

㈧行政服務配合

此一教學，仍維持一般班級編制，但為活潑教學體系，活用教學設計使個別化教學能順利實施，極力尋求學校行政的充分配合，並提供最高度服務，使能充分發揮此種教學本身的特性。

㈨回饋與修訂，不斷研究發展

此一教學，再付諸實驗過程之中及實驗之後，隨時根據其實驗結果，不斷修訂，經由研究發展，使臻於完美，以作為推廣的準備。

第三節　自學輔導法

目前職業類科在專業科目的重補修課時，有採取部分時間的自學輔導教學法，茲就自學輔導教學法之意義、功能、實施步驟等分述之（王秀玲，民 86；高廣孚，民 77；方炳林，民 63；孫邦正，民 64）。

一、自學輔導教學法之意義

自學輔導（Supervised Study）是指學生在老師的指導之下，運用有效的學習方法，進行自學的學習方式。

學習必須是由學生本身的主動參與，而不是由老師或他人所可以代替的，因為學習是學生根據自己的經驗，對外來的刺激和情境所作的反應，所以學習的主要責任還是在學生自己本身。再者，個人的學習速度的快慢和內容的深淺，總是有些差異，教育上亦應該提供一種給學生自由學習和自我適應的機會，自學輔導法便是一種給學生自由學習和自我適應的機會（孫邦正，民 57）。

圖書館研究（library study）和家庭自修（home study），雖亦是學生自學的機會，但缺乏教師的指導，因此只能算是一種獨立研究，只有在老師指導之下所從事的學習，如自修（individual study）以及作業室的學習（libratoray study）才是自學輔導。

二、自學輔導教學法之功能

㈠養成自學能力

自我學習的能力,在教育中是一項重要的目標,學生具備了自學的能力,才能進行自我教育。

㈡有效達成目標

自學輔導能幫助學生,經濟而有效地完成學習活動,以達成教學目標。

㈢啟發研究興趣

學生在自學輔導時,可以自由的學習,運用教師提供的資料和指導的方法,做深入的研究,可啟發研究的興趣。

㈣適應個別差異

自學輔導提供學生自學的機會,使每個人依據自己的速度和需要,自行學習,真正做到適應個別的差異。

㈤減少教學困難

增加學生的預習、自習和各種獨立學習的機會,雖不能完全解決這些問題,至少可以減輕這些困難的壓力。

㈥改進教學活動

自學輔導實施得法,學習的內容便不限教科書的範圍。經由不同方法來指導學習;而且,由於獨立學習的實施,充實了圖書館設備,改變了教學的氣氛和風氣等,都是改進教學活動,激勵教學發展的良好功能。

三、自學輔導教學法之實施步驟

實施自學輔導法,可以分為準備活動、發展活動和綜合活動三個過

程，每一過程都有詳細的活動內容，茲分述之：

㈠準備活動

自學輔導適宜在自修室舉行，因為自修室中，可以陳列和佈置適當的圖書、儀器、設備、視聽教具等，以供學生自學之用。桌椅的排列，亦要改變形式，以便於同學之間共同研究和討論。

㈡引起動機

任何學習均須引起動機，自學輔導有了強烈動機，才能全心全力的進行自學。通常，讓學生有過愉快自學經驗，會比較容易引起學生的主動學習。

㈢發展活動

1.提示作業

自學輔導雖亦有自由學習的方式，但這只限於自修時間，正式採用的自學輔導法，則都有一定的學習範圍，老師透過作業指示動作，提示學生自學的內容。

2.指導方法

學生自學，方法非常重要，所以老師要切實指導學習的方法，以便學生自學。

3.進行學習

學生根據提示的內容和方法，進行學習，老師需要注意學生的學習狀況，適時作必要的指導和鼓勵，以解決學生在學習上的困難，完成學習。

㈣綜合活動

在綜合活動中老師可以作總結性的評量，將測驗結果作為診斷與補救教學的依據，藉此引起學生對下一學習單元的學習動機。

四、自學輔導法之限制

自學輔導法之實施受到許多外在因素影響，諸如環境、設備、教學資源、教師教學能力等，自學輔導一般會受到下列幾項限制（孫邦正，民 62）：

(一)自學輔導法較適用於國文、社會、自然等學科，而不適用於美術、音樂等學科，因為美術、音樂等科，含有技能部分，必須由教師直接進行指導。

(二)自學輔導法較適用於小學高年級以上的學生，而不適用於小學低中年級，因為低中年級的兒童，學習能力薄弱，知識不足，缺乏自學的能力。

(三)自學輔導法仍然以教科書為中心，並不是從學生的生活經驗中選擇學習題材，因而學生所學習到的，仍然是書本上的知識。因此必須配合其它的教學法以補足自學輔導法的缺失。

五、實施自學輔導法之原則

實施自學輔導法，必須注意之原則（方炳林，民 58）：

(一)自學輔導法的目的在幫助學生有效地達成教育的目的。

(二)教師要指導學生建立良好的學習和自學技能。

(三)自學輔導要能提供適應個別差異的機會。

(四)自學輔導要使學生明瞭學習的目的，引發學生的學習興趣。

(五)教師要充分提供學習相關資料，以供學生自學參考。

(六)自學輔導法應配合其他教學法使用，以發揮更大的效用。

(七)合適的物質環境與氣氛，有助於學生自我學習。

第四節　能力本位教學法

能力本位教學是一種將教學目標明確化，並用之以為教學及評鑑標準的教學方式；最初起源於師資教育，但是由於它特別注重學生最後的學習結果，因此漸漸的被轉移而應用於職業教育中。民國 71 年間，台灣

省教育廳、台北市及高雄市教育局都將能力本位教學當作教育革新的重要項目。

　　推廣能力本位教學，旨在改正傳統教學的缺失，諸如目標不明確、評量不客觀、個性差異受忽視、教材缺乏系統性、教學未配合社會需要等，以提高教學品質，充分發揮職業教育的功能，此一教學改革並不是要全盤移植西方的教學理論和實務，而是要擷取其基本精神，將能力本位的教學策略調整運用在我國的教育環境中，例如以明確目標來引導教學活動，以評鑑來適應個別差異，加強補救教學，管制教學品質等等。本節茲以能力本位教學法的意義、原則、優缺點、教學設計與實施等分敘之（黃政傑，民 83；李緒武，民 81；黃孝棪，民 73）。

一、能力本位教學法的意義

　　能力本位教學是以學生為主體，通常在教學之前，先向學生展示他們成功的修畢課程之後所應表現的能力，這些能力事前即妥善設計並使之變成學習目標，學生根據學習目標，選擇達成目標所需的教材及學習活動進行學習。學習進度要能適應學生個別差異，即學生一旦習得學習目標所具備之能力，則他的學習便是成功學習，否則必須要學到會為止。換句話說，學生學習的時間，並不是教育的因素，學習能力強者可提前畢業，學習能力較差者較慢畢業，故它與傳統教學確有明顯的不同之處。

　　能力本位教學亦可解釋為一套學生勝任未來所要從事工作能力的程序，換言之，學生經過了這套教學程序以後，能夠學會從事某種工作所必要的認知、技能、情意等三方面的目標。能力本位教學最重要的工作之一，是編製一個完整的學習單元，學習單元是協助學生達成學習目標的完整設計，各學習單元間又有相互依存關係，一連串學習單元連結起來，可以達成更高層次的學習目標。

　　總之，能力本位教學是以學生自我學習為主體的教學，學習的責任放在學生身上，學生運用適當的學習方法，以獲得未來職業生活所必須的知識、技能、習慣、理想等。在能力本位教學中，教師的任務在於激發學生學習的興趣，為學生安排學習環境，供給他們學習的材料，指導他們學習的方法，解答他們的疑難，鼓舞他們的動機，使他們能夠學習

成功。由此可知，在能力本位教學裡，教師的角色已由傳統講解教材，轉向於佈置適當的學習環境，以引發學生的學習動機而自動學習。例如，選擇適合學生能力的教材，提供給不同需要之學生；以及準備各種輔助教材如實物、圖表、電影和幻燈機給學生學習，以增加學生的興趣等。學生的學習動機引起後，更要注意指導學生自己去學習，使他們從做中去學，這才是實施能力本位教學的意義。

二、實施能力本位教學應注意事項

為使能力本位教學得以成功，除了應該了解能力、能力本位、教學和能力本位教學的意義外，還應注意下列事項：

㈠宜同時兼顧三種教學目標

教學時應同時注意認知、情意、技能三種目標。有些教師把技能當做知識來教學，只注意操作知識的記憶而不教如何操作，這是很大的錯誤。知識與技能教學之外，有關態度、價值、概念、興趣、人際關係等教學，也極為重要。

㈡以學生為中心的教學

在教學過程中學生是主體，是學生來學習，而不是教師代替學生學習。教學計畫要以學生立場來撰寫，事事為學生著想。在教學評鑑方面，也是使學生自我評鑑，教師儘量站在引導的立場。

㈢充分利用教學媒體

教學媒體或教具是教學用的，而不是用來擺設的，不但要求其「有」，並要設法使用。教具的使用不但可以引起學生強烈的學習動機，更能協助學生對學習主題，有更深入的了解。

㈣加強實作演練機會

有些關於技能的學習，必須透過演練，而且不斷地重複練習才能成功，因此教師應於適當時機，提供或安排操作演練機會，加強學習。

㈤安排探索性的情境

能力本位教學中不應只要求學生達到最低標準便停止，應該安排探索性情境，使學生完成於最低學習標準之後，能進入該情境中更進一步學習。在探索情境中，教師可以提供材料、器具及適當的指導，但卻不能預立明確的目標，使學生得以自由而且具創造性的學習。

三、能力本位教學之優缺點

能力本位教學具有下列幾項優點：

㈠教學方法的系統完整周全

由能力分析、目標建立、教學設計、實施與評鑑，到學習失敗者的補救教學等等，自成一個完整的體系。學生可依自己的步調學習，循序漸進。

㈡目標明確而且事先設定

主張採用行為目標，不只要清楚設定，而且要事先設定以引導其他教學活動。

㈢個別化教學的注重

能力本位教學強調前測，事先了解學生的學習狀況，然後引導學生依其能力、程度、經驗等，依自己的情況進行學習，也可以有自己的步調。

㈣精通的要求及成功的學習機會

能力本位教學強調精通的要求，學生必須達成設定的最低標準，才能通過某一單元的學習，由於能力本位教學是以學生為中心來設計，注重個別差異，由他的起點開始學習，學習成功的機會自己便擴大了。

(五)自學習慣的培養

能力本位教學注重自學單元的設計，將教師的指導儘量納入教材之中，供學生學習時的參考。這種教材對自學能力和習慣培養是很有幫助的。

(六)績效與評鑑的重視

評鑑是能力本位教學的關鍵工作，藉由評鑑可以了解學生的起點行為，也可以測知學習效果是否符合教學目標所訂的標準。由於目標明確地訂定，對於績效的判斷和責任的要求，就更易於做得好了。

(七)補救教學的實施

能力本位教學要求每個學生都要學習成功，因此要求學習失敗的學生利用機會進行補救教學，務使其每個學生都學會了，而不是學完了而已。

(八)社會需求和學生需求的兼顧

能力本位教學需要進行活動分析和能力分析，進而以研究發現導向目標的建立，因此它能滿足社會需求。由於它強調個別化教學和補救教學等等，因此亦能兼顧到教育品質和學生需要。

能力本位雖然有許多的優點，但是在國內推動時也遭遇了不少問題，其限制及缺失主要有下列幾項：

(一)學制彈性問題

學生在校年限教育法令上都有規定，實施完全的個別化學習，讓早達到既定能力水準的學生早點畢業，甚至於做到每天都可以有畢業生，並不容易辦到。

(二)課程問題

我國在課程上由中央統一規定，各校無法自主，而且課程要求過多，

學生課表缺乏空間可以排上補救教學的課，以致補救教學的時間需要用到課外時間。課後補救教學又受限於經費，未能提供教師應有的報酬或足夠的報酬，以致教師擔任此種教學的意願甚低。

㈢教師本身問題

長期以來我國每班學生數偏高，教師負擔甚重，難以充分指導學生，能力本位教學要求教學績效，等於是要求教師額外努力來教導學生，在工商業發達的社會，當然難以貫徹。觀念的溝通、教材的編寫、能力的培養都不是容易的事，有的教師認為能力本位教學為西方的產品，不適合我國。至於行為目標的撰寫、教學單元的設計、評量方法和命題技術、媒體製作和運用，這些作為一個教師的必備條件，許多教師並未完全具備。

㈣設定能力標準的問題

從事能力本位教學的學校常會遭到一個困擾，那就是如何設定能力標準的問題。每個學校素質不一，而教學單元的發展，常常是由較好的學校推薦教師合作編輯而成，其標準的設定是依較高的學生素質而來的。職校的能力本位教學照理應先進行職業活動的分析，歸納其中必備的能力和標準，再來擬定教學目標、設計教學、進行施教，但事實上由於課程標準的限制，各校多半是採課程轉化方式來做，結果，有可能變成依舊式屬於專家取向和學科取向的設計了。

㈤情意能力養成的問題

能力本位係以行為目標敘寫其教學目標，而行為目標的基本假定，為表現在外表的行為是可以加以觀察評量的。因此，如果一個行為目標到最後無法加以評量，則不算是行為目標，就不能列入教學目標的領域。然而，有不少情意能力，相當難以目標行為化，乃是其評定的標準有欠清楚之故。但如果不將有關之情意能力列入教學目標，這些情意能力在教學過程中可能屬於重要部分，其價值甚至超過技能與知識能力，足以控制人的態度和行為。換言之，由於能力本位過分重視知能的獲得，相

對減低情意能力的培養，其結果，難免使情意能力之養成教育遭致忽略，而與完整的學習原理相違背。

㈥經費及行政支援的問題

能力本位課程是取決於就業市場的需要，而內容是由分析行業所需的技能、知識和態度來決定的，因此其教學內容及所要求的技能水準必須配合工商業的需要，才能使學生在學習完成之後，很容易在就業市場中找到職業或有發展的機會。因此能力本位職業教育要求其設備必須隨工商界所使用者而調整，但更新設備往往需要一筆為數可觀之經費，一般學校根本無法負擔。此外，行政支援也將因此而不勝負荷，難免影響其教學目標的完成。

四、能力本位教學之設計與實施

能力本位教學中學生自學的流程，如圖 13-4 所示。其主要包括：
㈠學習單元選擇。
㈡進行前測：未通過者則學習本單元。
㈢依據學習目標，進行學習活動：每一目標學習後均接受評量，通過後才繼續學習下一目標。
㈣學習所有目標後，進行總結評鑑。

而教師在實施能力本位教學時，其設計與實施模式，可圖示如圖 13-5 所示，茲分別說明如後。

第一：進行能力分析

首先必須進行能力分析。能力分析可由學者專家的專著、課程標準的內容、職業活動的觀察分析或實地訪問等方式，獲得所需資料。例如木工實習方面的課，一方面可閱讀本科目相關的學術著作，二方面可分析傢具木工科課程標準的內容及要求，三方面可觀察優秀木工的職業活動，四方面可訪問木工業的各種從業人員，從中了解木工必須具備的能力是什麼。

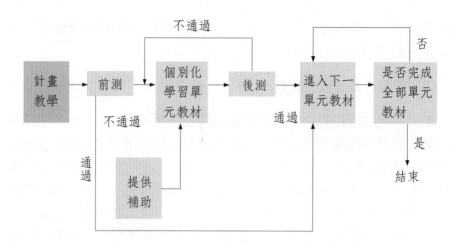

圖 13-4　能力本位教學中學生自學的流程

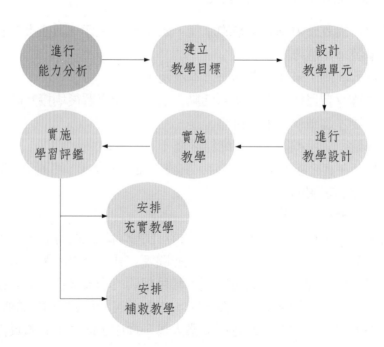

圖 13-5　能力本位的教學設計與實施

資料來源：黃政傑，民 85，頁 183。

第二：建立教學目標

其次由能力項目轉化為教學目標。能力項目建立後，也要分析學生過去的學習經驗及社會需求，進而建立一般目標和具體目標，以及學生學習之後應達成的能力標準，作為課程及教學的設計、實施、評鑑和改進之依據。

第三：設計教學單元

根據教學目標、教學時間選擇學習單元，然後就每一單元去設計其中的學習目標、學習內容、活動方式、評鑑方法，在單元中也要規劃所需資源（包括器材、設備、教具等），還要設計補救教學及充實教學的措施，以適應學習上的個別差異。這一部分，也就是平常一般人所說的教材發展工作。

第四：進行教學設計

如果教材發展是採自學方式，則每位教師即可指導學生依圖 13-4 的設計進行學習，不過所採的模式若是非自學的方式，教師還要進一步規劃自己的教學活動、學生活動、評鑑活動、補救教學、充實教學等。教師的教學設計大體上是運用教材發展的成果，但有時他也要因應特殊需要自行發展補充教材。

第五：實施教學及學習評鑑

由教師照著教學設計所用教材進行教學。學生的學習結果接著要進行評鑑，以確認教學目標是否達成。通過標準的學生，在自學型態上是立即導入其他單元的學習，但在圖 13-5 的型態中則是進行充實教學，指導其從事加深加廣的學習。對於未達標準的學生，則安排其進行補救學習，如果課內時間仍無法達成目標，則運用課外時間，繼續指導。當第一單元時間用完之後，每個學生同時進入第二單元中學習，以此類推，直到所有單元教完、學會為止。

第**14**章

電腦科技取向之教學法

本章內容

第一節　網路教學法
第二節　遠距教學法

　　科技的發展對教育型態有了革命性的轉變，由於先進電腦通訊網路技術的應用，我們將可打破時空的限制，使學習者在學習過程中具有更多的自主權，而從民國 88 年起電腦學習課程在國中、高中教學科目列入必修，上網搜尋獲取資訊，已成為中學生流行趨勢，而網路教學及遠距教學亦成為近年來最受矚目和發展快速的一種教學方式。

　　傳統教學法中最重要的三個角色分別是：學生、教師、教材；隨著網路科技迅速發展，教學中最重要的三個角色外加入了網路，而網路最大的意義在與世界互動；最近教學法著重在建構學習、合作學習、社會學習，因此教學活動中最重要的角色必須再加上同儕，如圖 14-1 所示。

　　電腦科技取向之教學法牽涉的範圍非常廣，茲以一般人最熟悉之網路教學法與遠距教學法說明之（壽大衛，民 90；晁瑞明、曹志明，民 90；張偉遠、黃慈，民 90；周文斌，民 89；王俊仁，民 89；陳熙揚，民 88；王燕超，民 88）。

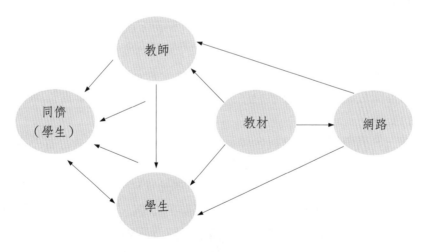

圖 14-1　資訊網路教學中之角色

修改自：壽大衛，民 90，頁 51。

第一節　網路教學法

一、網路教學法之意義

壽大衛（民 90）認為：資訊網路教學意指利用網際網路或企業網路（Internet 或 Intranet）來進行教學的活動，而網路教學的重要目標為建立學習社群並凸顯互動性。

張偉遠、黃慈（民 90）認為：網路教學是透過利用網路技術向學生呈現學習內容，利用多種網路通信軟體公布及批改作業、進行學習討論及實施班級經營等，從而在電腦網路上形成一個能夠模擬實現教學過程的虛擬教學環境。

我們可以看出，網路教學相較於其他的教學形式來說，至少有以下幾方面的獨特優勢：

第一、它是基於網際網路教學的，在時間和地域上完全獨立，學習者可以不受時間和地點的限制，按自己的學習進度靈活地安排學習。

第二、電腦網路具有交互及通信性能，學生可以通過電腦參與網路教學的各個教學環節，並通過虛擬教學環境與教師或同學進行同步或非同步的交流。

第三、網際網路可以與全球範圍內的數據庫相連，學習者可以廣泛地獲取最新的學習資料和參考文獻。

第四、網際網路教學是真正開放的，不論性別、年齡、種族、職業、信仰等，任何人只要有能夠連結網際網路的電腦，均可以完全平等地參與學習，因而網路教學特別適合建構全民終身學習體系。

第五、解決企業「內部訓練」傳統上必須聚集所有員工於同時同地上課的困擾與高昂的成本，使用者可透過網路教學自主掌控學習的時間與進度，而管理者則可透過教學管理機制，充分掌握員工學習成果，並與人力資源發展做更緊密的結合。

第六、在親子共同學習的前提下，提供兒童發展階段性的概念，並對家長達到教育的功能，同時開發適合不同年齡層的教材，藉由多樣化

的設計，緊密的連結親子互動關係。

　　第七、使很多學校得以透過網路修課及修習學位，擴大學生來源，並可招收國際學生，達成學習無校際的理想。

二、網路教學之影響因素

　　在網路教學的發展歷程中，由於教師教學方式及互動方式的不同，以及學生學習接受習慣及學習方式的改變，對傳統教學均是一大挑戰。在推動網路教學時，常面臨的瓶頸及成功的關鍵因素，主要有下列幾點：

　　㈠網路頻寬影響傳輸效果。

　　㈡學校對網路教學學分的認定。

　　㈢規劃網路教學的整體行政運作。

　　㈣教師必須花費許多時間製作教材。

　　㈤必須建立一套完整的網路教學系統。

　　㈥教師及學習者應調整自我角色的認知。

　　從傳統教學轉型到網路教學所帶來的機會與挑戰，教師支持及投入程度、良好的網路教學工具及平台環境和學習者主動的學習，實為實施網路教學的成功關鍵因素。

三、網路教學之應用

　　網際網路的興起改變了人類的生活方式，帶給人類方便、快速、多元的網路環境，也帶給了教育型態的改變，網路教學勢必成為未來教學活動的重要趨勢，茲以高職職業類科教學資源庫為例說明之（林鴻儒、林益昌、林彥勳，民 91）：

㈠高職教材資源庫發展之情形

　　教育部電算中心召集各學校單位及縣市政府教育局代表召開籌備會議，於民國 87 年 2 月成立「資訊教育軟體與教材資源中心」，由國立台灣師範大學電算中心負責規劃與統整，以整合中小學學科教材與數位化的教學資源，提供全國師生一個提升教與學成效的園地。民國 88 年 1 月高職教材資源庫正式成立。民國 89 年 4 月 21 日正式更名為「學習加油

站」（http://content.edu.tw）。其中如台北市政府教育局民國 88 年由北市各高級職業學校進行資源庫的開發，民國 89 年底完成台北市內各高級職業學校資源庫的架設。民國 90 年各校針對已開發的資源庫，進行更新、維護工作。

教育部以農業、工業、商業、家事、醫事護理、海事水產、特殊教育七大類進行發展，由各縣市承辦學校規劃 28 學科，計有園林農工園藝科（植物圖鑑、園藝課程、台灣海岸溼地植物）、台南高農食品加工科（食品加工概論）、農業機械科（農業機械概論）、新興工商資訊科（微電腦周邊設備）、飛機修護科（飛機學概論）、航空電子科、三重商工機械科（機械力學）、內湖高工控制科（數位邏輯、基本電學）、電機科（低壓工業配線、可程式控制器、技能檢定）、松山工農化工科（化工裝置）、電子科（電子學）、海青工商美術工藝科、新竹高商商業經營科（企業管理、經濟學）、彰化高商廣告設計科（攝影、設計基礎）、商用英語科（商用英文書信、商用英文會話、商英參考資料）、士林高商會計事務科（會計）、三民家商國際貿易科（國際貿易實務）、僑泰工家資料處理科（計算機概論）、三信家商餐飲管理科（中餐、西餐、烘焙、調酒）、日語科（日文）、台中家商家政科（烹飪）、服裝科（縫紉、服裝畫）、樹德家商幼兒保育科（幼兒保育與保健、新手媽媽、教具設計與製作）、美容科（人體彩繪、面具設計與製作、髮片造型設計與製作）、台中護校護理科（內外科護理、小兒科護理）、基隆海事航運管理科（貨物通關自動化系統）、電子通信科（通訊系統）、台灣省特殊教育網路中心特殊教育科（洗車、陶藝、烹飪單元及點心製作）。

台北市政府教育局亦以工業、商業、家事三大類進行發展，計有稻江護家美容科（指甲彩繪）、惇敘工商（汽油噴射）、南港高工（工業安全衛生）、大安高工（電子實習）、松山工農（計算機概論及園藝科）、內湖高工（可程式控制器）、士林高商（會計事務科）。

(二)教材資源庫之特色

1.學習時間不受時空限制

學習者面對的是網路世界，無論在何處都可學習教材，打破傳統教室學習的限制，可自我調整學習時間。

2.可提升學生學習動機

教材資源庫應用高品質影音聲光技術，呈現出簡而易懂的圖文、動畫，帶給學生全新的學習體驗，使教學資訊生動、活潑化補足傳統教學使用硬體設備無法呈現的缺憾，如圖 14-2 所示。

3.學習次數不受限制

學生不用擔心自我反應、思考能力的不足，影響自我學習成效，利用教材庫可重複讀取所要習得的資訊，達成個別化教學目標。

4.有學習互動的園地

透過討論園地參與各問題的討論，如圖 14-3 所示，從討論中學生們可得到同儕、老師的解答及學習經驗分享，可減少自我探索求知的時間。也可 E-MAIL 給老師發表問題尋求解決。

5.有回饋評量系統

各單元教學附有即時性的測驗評量，學生透過線上測驗系統可立即自我驗收學習成效，對教學內容、目標更能掌握，教師也可經由評量結果了解到學生個別差異、學習狀況，作為教師改進教學上的參考，如圖 14-4 所示。

6.可提供即時的資訊

透過相關網站連結提供即時的學習資訊，讓教師藉著吸取即時資訊不斷進修，可使老師的教學不致於與社會脫節，掌握知識的脈動，這些資訊涵蓋各地展覽會、研討會消息、相關科技資訊，也可培養學生主動學習的能力。

7. 節省板書書寫時間

透過這些彙整成的教材庫及丰富的網路資源，教師不再花太多的時間寫板書、準備教具、印製教學講議，只要去熟悉教材資源庫的內容，以最洗練的方式將教學完美的呈現出來。

8. 可作心得分享及看法

使用者可針對不同的單元或主題發表看法，彼此意見交流、心得分享，以達成教學相長之成效。

圖 14-2　圖片及動畫結合式教學

圖 14-3　線上教學討論環境

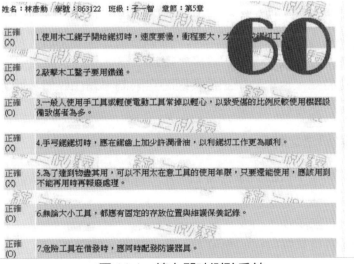

圖 14-4　線上即時測驗系統

第二節 遠距教學法

　　人類知識的遽增及教育思潮的轉變，使得整體教育環境朝向終身學習的環境發展，科技發展的推動，全球性競爭的時代已經來臨，傳統的教學型態已無法滿足時代的需要；更因為資訊時代的來臨，知識遞嬗的速度加快，工作環境的快速變遷，人類多元化的需求及休閒時間增加，終身學習的發展已是時勢所趨，教育制度與學習環境，正面臨巨大的衝擊，而遠距教學則提供了重要的解決方案，已順應時代需要。

　　網際網路的發展與應用，為遠距教學帶來更寬廣的發揮空間。由於它具有全球通訊、訊息交換、資料傳送、遠程計算、合作處理與即時通訊等功能，使得其在遠距教學上，若使用得當，將具有突破傳統媒體運用缺失，提升教學效益與效果的高度運用價值。

一、遠距教學法之意義

　　洪明洲（民 89）認為：凡指藉由電子媒介（傳播媒體）突破空間限制而實施的教學稱為遠距教學。

　　Keegan（1990）認為：遠距教學是利用媒體，突破時空的限制，將系統化設計的教材，傳遞給學習者的教學過程。

　　陳熙揚（民 88）認為：遠距教學即教導者與學習者分「隔」兩地的情境下，應用各種教學媒體所實施之超越「空」間的一種教學方式。

　　從上述而知，遠距教學法係突破時空限制，藉由媒體，將系統化的教材，傳達給學習者的教學方式。

二、遠距教學法之特色

㈠教學過程中教師與學習者之間是分開的，但可透由資訊科技間接進行溝通。

㈡教學對象眾多，不受「量」的限制。

㈢學習者可掌握自己的學習，不受「時間」的限制。

㈣學習者散布於各地區，不受「空間」的限制。

㈤教材的設計是一種有計畫而分工的過程，且是事先製作的，屬系統化的教學模式。

㈥結合聲音、影像等多媒體實施教學，並提供師生雙向溝通。

三、遠距教學之發展歷程

遠距教學的傳播媒體有許多種類，早期為電視、廣播、錄影帶等，近年來網際網路的蓬勃發展更將遠距教學帶入一新紀元，由遠距教學的發展歷史約可歸納為四個時期：

㈠以文字為媒介的函授遠距教學

主要以郵寄方式克服遙遠的距離，將講義、教材寄給每個學習者，並提供自行進修閱讀。

㈡以聲音為媒介的廣播遠距教學

遠距教學的重大變革是發生在無線廣播發明以後，由於廣播具有無遠弗屆的特性，藉著廣播來傳遞訊息，能普遍的服務有受教需求的大眾。

㈢以視聽科技為媒介的電視遠距教學

將遠距教學帶到一個兼含視覺與聽覺的學習方式，透過無線及有線電視、微波、衛星來傳遞訊息，此階段科技媒體的進步，帶動了遠距教學熱潮，世界各國紛紛成立遠距教學的專責機構，將它規劃為教育體系的新成員，以彌補傳統學制不足的部分，並逐步推展出終身學習的教育目標。

㈣以網路多媒體為媒介的互動式遠距教學

多媒體電腦已成為適合的教學媒體，再加上網路科技的成熟，將單機操作環境的電腦以網路相連，使得電腦之間可暢行無阻的流通資訊。

四、遠距教學現況

配合「新竹科學園區實驗網路」的啟用，教育部邀集清華大學、台

灣大學及交通大學等共同合作，利用國內現有與遠距教學相關的建置及經驗，製作一套即時群播遠距教學系統，於民國 84 年 7 月 14 日啟用，正式將我國帶入遠距教學的新時代。在清大、台大、交大等分別設置遠距教學主播教室，新竹關東局設置臨時的遠距教室，可隨時與清大、台大及交大同步上課。在新竹及台北地區的民眾可透過本套系統在當地參加在台大、清大或交大所舉行的演講，即時發問，隨時與演講者對談。

為使我國遠距教學能夠持續有計畫地進行，教育部於民國 84 年 9 月委託資策會就我國對遠距教學之需求及未來推展策略進行研究分析及規劃，以為未來推動國內遠距教學之依據。民國 83 年 8 月 NII（National Information Infrastructure）專案推動小組成立以來，即積極的展開各項建設。在應用方面，遠距教學便是其中之一。

㈠設置高速網路及應用實驗平台

於民國 84 年 12 月開始執行，為期兩年半，預定民國 86 年 6 月完成建置，其參與單位有台大、清大、交大、中正、成功、中央及中山 7 所大學。配合電信單位高速網路的鋪設，其應用系統有：遠距教學系統、視訊會議系統、隨選視訊系統等。

㈡即時群播遠距教學試播系統

配合交通部電信總局「新竹科學園區實驗網路」的啟用，製作即時群播遠距教學系統。

㈢遠距教學先導系統

教育部於初期完成遠距教學先導系統的規劃，參與本計畫的單位為：
1.即時傳播：台大、清大、交大、中正及成功大學。
2.虛擬教室：中央大學。
3.課程隨選：中山大學、國立自然科學博物館及資策會教育訓練處。
教育部另委託國立台灣師範大學對以上之實驗系統進行效益評估，並建立一個遠距教學評估的模式，以為未來評估各項實驗系統的參考依據。

㈣遠距教學需求分析與策略規劃

於遠距教學先導系統建置同時，教育部委託資策會對國內遠距教學的需求及未來方向進行分析。

民國 85 年 10 月，教育部鑑於推廣時機成熟，開始全面推動遠距教學的工作，在各校參與意願極高，積極配合的情況下，共計有 30 所大專院校於 85 學年第二學期，參與遠距教學試辦推廣計畫，總計開設了 22 門課程。

民國 86 年 6 月，行政院核准「遠距教學中程發展計畫」，為期四年。未來四年我國遠距教學中程計畫之主要目標有：

1. 透過大學高速網路平台之建置，嘗試跨校選修、教學資源共享，各大學並可進而與國際名校合作，建造全球化的學習環境。
2. 引進國外技術，並透過執行中小學、補習、特殊及社會教育之教材開發與實驗計畫，將遠距教學技術推廣至各層面教育。
3. 透過「遠距教學聯合服務中心」，對在職教師、企業員工與公務人員進行遠距訓練實驗。
4. 培訓遠距教學規劃、教學、工程技術與教材設計人才。
5. 配合 TANet 至中小學計畫（原名稱為 E-mail 至中小學計畫），鼓勵民間與各校在 Internet 上建置教材與學習資源，使 60%的學生能使用多元化學習環境。

五、遠距教學之系統模式

㈠ Moore 與 Kearsley 模式

Moore 與 Kearsley（1996）認為遠距教學首先要決定教學的知識與技巧來源、學生的學習需求；之後是課程製作的設計以及傳遞，並且鼓勵學習的互動以及控制學習的環境要素。圖 14-5 為 Moore 與 Kearsley 的遠距教學模式圖。

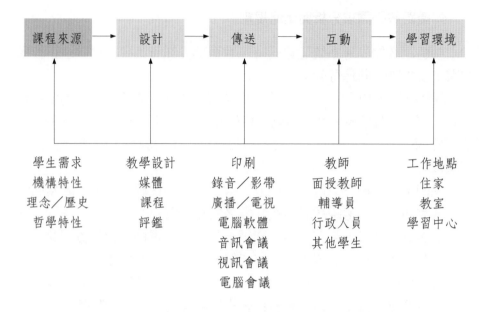

圖 14-5　Moore 與 Kearsley 遠距教學系統模式圖

(二) Dick 與 Carey 模式

Dick 與 Carey 模式（Dick & Carey, 1990）採取漸進式的方法，教學者須預先建立教學目標，並且明定如何完成目標的策略，最後使用測量工具比較學習成果與教學成果間的差距，以及利用回饋曲線來加強遠距教學模式。圖 14-6 為 Dick 與 Carey 遠距教學模式圖。Dick 與 Carey 模式與 Moore 模式的不同，在於回饋的過程與教學的標準，以管理者的觀點設計遠距教育學程，缺乏學生、教師與行政人員間的互動。

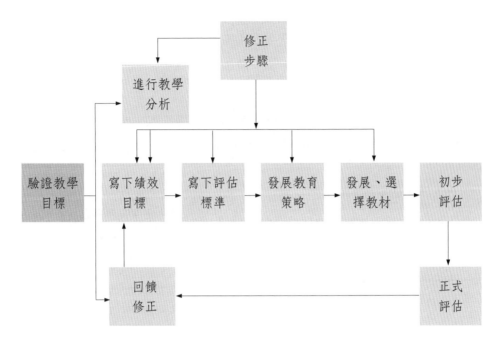

圖 14-6　Dick 與 Carey 遠距教學模式

(三) Kemp 的遠距教學模式

　　此模式採用較彈性的設計原則，對於完成學習並沒有固定的順序，並且對於每一個學習階段進行評估與模式的再修正。雖然藉由回饋的方式，可以增進教學者與學習者之間的互動，但是仍然是一種目標取向的遠距教學模式。Kemp 模式比 Dick 與 Carey 模式來得較有彈性，但是它的互動性只存在於教學者與學習者之間，對於其他的互動性並沒有考慮到。圖 14-7 為 Kemp 的遠距教學模式圖（Kemp et al., 1994）。

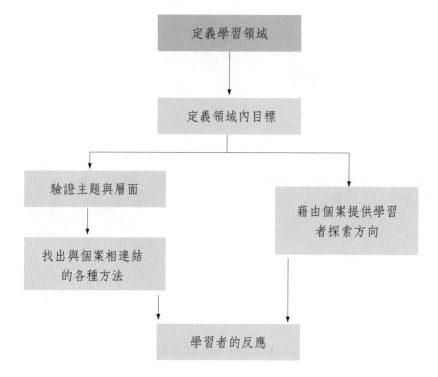

圖 14-7　Kemp 遠距教學模式圖

　　由上述三種遠距教學模式中，可得知遠距教學中的構成元素主要包含以下幾類：

　　*1.*人：包含學習者、教師與行政人員。

　　*2.*教材：包含印刷、錄影帶、錄音帶等各類教材。

　　*3.*媒體：印刷、網際網路、多媒體等各類媒體。

　　*4.*互動：遠距教育的互動產生於學習者、教師與行政人員之間。遠距教學的互動，對教學產生回饋效果，以修正學習、教學方式。

　　*5.*目標：清楚定義學習的目標，以擬定教學策略與學習步驟，並使互動效果加強目標的可行性。

六、遠距教學之方式

　　遠距教學之方式依播放時間基本上可分為同步（Synchronous）與非

同步（Asynchronous）兩種形式，而同步的遠距教學方式包括即時群播（Real-Time Broadcasting）與有線電視；而非同步的遠距教學方式包括虛擬教室（Virtual Classroom）與課程隨選（Course-On-Demand）歸納如圖 14-8 所示，並說明如後。

㈠即時群播

可分為應用 ATM 技術的寬頻即時群播及應用 ISDN 的窄頻即時群播，係以類似視訊會議的方式，教師在一個裝有攝影、音響、監控、播送以及接收顯示設備的教室上課，授課實景可透過電腦網路傳至另一裝置類似設備的學生教室，學生可依排定的課程時間接收同一課程，學生與老師可雙向互動面對面教學發問、考試，如裝有多點控制單元（Multipoint Control Unit）更可讓多處教室的學生加入課程。本方式可讓影音、聲音、檔案資料及周邊教學輔助資料如錄影帶、幻燈片、電子白板註解等即時展現在學生面前，故互動性最佳，學習效果最好，且透過ATM網路系統不但可超越學校制式學習觀念，提供多邊合作，使資訊教育更暢通，讓知識得以普及交流，但是其所需投資的視訊設備及通信費用也最高。

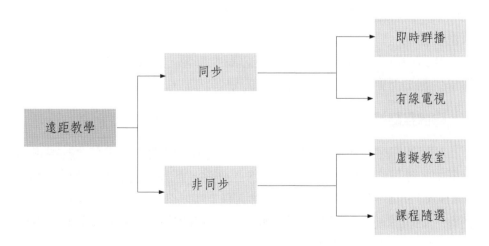

圖 14-8　遠距教學之方式

㈡有線電視

由於有線電視日益普及,約占台灣收視戶的 80%,因此有線電視也是一個極具發展潛力的遠距教學工具,未來結合網際網路與衛星傳播將成為未來遠距教學的一種有效工具。交通部電信總局已委由台北市與新竹市兩家有線電視系統負責執行「有線電視與電信網路整合先導實驗計畫」,已獲得初步成果。目前的方式是由有線電視業者在用戶端的電腦或電視機上加裝線纜數據機(Cable Modem),透過有線電視線纜網與中華電信之光纖網路之傳送,提供快速使用 Internet 之功能。

㈢虛擬教室

虛擬教室是配合不同的學習模式所編撰出不同的多媒體教材,其中學習模式的類別很多,包括有分工合作(Cooperation)、協同合作(Collaboration)、討論、競爭、教學相長、楷模(Modeling)、角色扮演遊戲等。配合這些學習模式所發展的教材,皆存於「虛擬教室教材庫」的全球資訊網主機中,學生可利用網路來取得上課內容。

而圖 14-9 則說明了虛擬教室內的教學情境,教學方式可用演講、分組討論等方式,同學間可互相競爭、合作、小組學習達成社會協調學習的效果。而無論發問、回答、討論、考試、作業及成績均透過網際網路來進行協調。

此方式學生可隨時進入全球資訊網中學習,上課成本最低,但老師與學生無法面對面,較難掌握學生的學習狀況。

㈣課程隨選

利用視訊隨選(Video On Demand)技術,將教學資訊存放於視訊伺服器中,使用者可以用自己的電腦、工作站、或是一個裝有控制盒(Set-Top Box)的電視,隨時進入,自由挑選上課內容,並完全掌握整個播放過程,如快速前進、反向播放、暫停、慢速播放……等,具有虛擬錄放影機功能(Virtual VCR)。

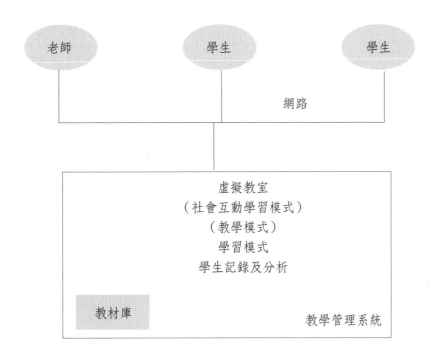

圖 14-9　虛擬教室的教學情境

修改自：陳熙揚，民 88，頁 217。

　　此方式較具前瞻性且可與前述兩種方式配合使用，教師製作課程也較容易且多樣化，惟學生端需利用較大的通訊頻寬方能取得較佳畫面。

七、遠距教學之實施步驟

　　茲以遠距教學法中之即時群播方式為例，說明之。

㈠引起注意

　　主播教師可使用教材提示機、擷取網際網路資源或使用多媒體簡報以傳送至各收播教室，將有助於引起學習者的注意力或興趣。

㈡告知學習目標

　　開始上課時明確地告知學習目標，以及學習此新教材對於未來成為

某種專業人才的重要性,則可激發學習的興趣,而使學生投入較多心力於學習上。

(三)喚起舊經驗

教師開始教學前需先了解學生是否已具有先前知識,如果發現學習者缺乏舊經驗時,則給予個別輔導。喚起舊經驗以問問題的方式回憶過去曾學過的相關知識及技能。

(四)呈現學習內容

在即時群播的遠距教室裡,由於主播教師與遠端教室收播學生不在同一地點,學生較不積極參與學習活動,因此,學習教材需以容易記憶為架構由淺入深,促進師生間與同儕間的雙向互動,應多舉例、多提問題,給予 3 至 5 秒的候答時間,將有助於學習者增加反應長度、提高自信心與興趣。

(五)指導學生學習

學習者如有問題時,不需立即給予明確的答案,而是給予一些提示或訊息性的回饋,讓學習者更進一步思考、判斷與解決問題的能力。

(六)展現學習行為

讓學生上台報告或實際作給大家看。如此教師即可確定學習者是否已經學會某項知識或技能,同時學習者也可確知他們是否已達成學習目標。

(七)適時給予回饋

教師應對學習者表現之正確與否提供立即回饋,例如:點頭、微笑、讚賞、鼓掌等方式回饋,以增加與維持學習動機。

(八)評量學習結果

以多次、多樣化的評量方式,包括紙筆測驗、專題計畫、與上台報

告等，來觀察學習者是否達到預定學習目標。

㈨增加記憶保留與學習遷移的機會

教師以多次與間隔一段時間複習方式，以確保學習者所得知識儲存在長期記憶中。多鼓勵學生將習得的概念應用在其他情境上，以增進學習者遷移的機會。

有效的教學應包括九項教學步驟，然而其順序並不固定，可因不同的教學目標、學習者特性以及教材內容不同達到因材施教。

八、傳統教學和電腦網際網路遠距教學之比較

傳統教學和電腦網際網路遠距教學之學習活動的主要差異，可歸納如表 14-1 所示，以供參考。

表 14-1　傳統教學和電腦遠距教學之比較

學習活動		傳統教學	電腦遠距教學
聽演講		大部分來自教師	來自隨選課程（Class on Demand）
抄筆記		抄入筆記本中	抄入電子筆記本中
師生同儕間討論		面對面討論	電子會議系統及電子郵件系統討論
個別作業	繳交	口頭及書面作業	隨選作業（Assignment on Demand）
	領取	當面或彙整繳交	電腦記錄領取及繳交日期與時間
團體作業	參與	課後面對面討論、組成團體	計算機根據教師指定或學生資料組織團體、分配工作
	討論	分配工作	電子會議及電子郵件系統
	繳交	口頭及書面報告	電腦記錄繳交日期及時間（在電子會議中口頭報告）

其他學習資源	搜尋及閱讀課本講義	書籍、筆記	隨選課程電子筆記本
	搜尋及閱讀其它參考資料	參考書（如字典和百科全書等）	電子參考書（如電子字典）及線上資訊系統（如 WWW）
評估及回饋	自我練習	練習本	隨選練習
	考試	口試、紙筆測驗（教師延遲回饋）	在電子會議中口試隨選（電腦立即回饋）
	得知自己及全班成績	成績單	線上成績單
學校行政課程相關信息		佈告欄	電子佈告欄

第 **15** 章

真實情境取向之教學法

本章內容

第一節　案例教學法
第二節　參觀教學法

　　技職教育強調真實情境的學習，使學生能了解工作世界之現況，而屬真實情境取向教學法之案例教學法強調以「案例」作為教學材料；參觀教學法使學生有機會熟悉用於工作的知識、技術及設備。此兩種教學法均可使學生獲得真實且能實際參與的經驗，使學習更有意義。本章茲以案例教學法、參觀教學法等以真實情境取向之教學法分敘之。

第一節　案例教學法

　　案例教學法（case method）亦稱為個案教學法，乃是根據英美法形式而設，在英美法大部分法規不是用立法方式所制定。一般法院判決之根據及其理由，必須從更高審級法院已宣判之判決中去尋找。在英美法中根本方法是用法律的理解能力，從判例中去探究法律。而案例教學法自從 1870 年哈佛法學院提倡迄今已一百三十餘年，案例教學法除了應用在法學教育、醫學教育、企管教育等領域外，其他許多專業教育領域也積極提倡案例教學法，並建立許多案例的發展及交流中心，1984 年案例教學法的世界性組織出現，案例教學法已經大量且廣泛地被許多專業教育所應用，更受到師資培育機構對案例教學法的重視和發展，本節茲以案例教學法的理念、案例教學法之意義、案例的選擇與撰寫、功能與限制、實施過程、可能遭遇問題及因應等分敘之（張民杰，民 90；高熏芳，民 89）。

一、案例教學法的理念

　　教育不僅是教導學習者成為會做事的技術人員（technician），更重要的是要教導他們思考的方法，學習表達個人的想法；學習者需要的不僅是成堆的概念知識，他們更需要能夠活用概念知識的能力；教師應賦予學習者思考及行動的權力（empower），發展個人的決策能力及信心，幫助學習者成為更好的實踐者。理論和實踐是一體的兩面，理論性原則是重要的，是學習者必須學習的，除此之外，學習者也需要磨練分析技巧、活用理論和溝通技巧。

二、案例教學法之意義

案例教學法係指藉由「案例」作為教學材料，結合教學主題，透過討論、問答等師生互動的教學過程，讓學生了解與教學主題相關的概念或理論，以培養學生高層次能力的教學方法。

由上述定義中，可知案例教學法強調以「案例」作為師生互動的核心，教學過程重視學生主動的學習，進而培養其分析、做決定、問題解決、提出行動方案、檢驗理論或原則、結合理論與實務等高層次能力。

三、案例之選擇與撰寫

如何選擇或撰寫案例，乃是案例教學法實施的首要關鍵，茲就案例的選擇及撰寫說明之。

㈠案例的選擇

1. 案例的來源

⑴由學生或教師自行撰寫的案例。
⑵其他人寫好的現成案例。

2. 案例的類型

依照不同的教學目標，會使用不同類型的案例。案例依其性質和功能可分為：實例取向的案例及反省取向的案例；依案例的教學內容與學習對象可分為特定主題的案例及特定學習對象的案例；依案例呈現的方式可分為：書面敘述型的案例和非書面敘述型的案例；依案例真實的程度可分為：真實的案例、匿名的案例以及虛構的案例。可歸納如表 15-1 所示。

表 15-1　案例類型分類表

分類的依據	案例的類型
性質和功能	實例取向、反省取向的案例
教學內容和學習對象	特定主題、特定學習對象的案例
呈現方式	書面敘述型、非書面敘述型的案例
真實程度	真實、匿名、虛構的案例

資料來源：張民杰，民 90，頁 93。

3.良好案例的特徵及具體指標

　　張民杰（民 90）提出好的案例應有的五項特徵及十三項具體指標，可歸納如表 15-2 所示。

表 15-2　良好案例的特徵及具體指標一覽表

好案例的特徵	具體指標
1.案例要貼切課程與教學需求	(1)案例要能包含課程目標。 (2)案例包含於學科主題或內容。 (3)案例能夠配合教學時間及教學環境等。
2.案例敘述品質要佳	(1)案例的敘述完整而不瑣碎、連貫而不含糊。 (2)案例的敘述要以真實事件為根據。
3.案例可讀性要高	(1)案例要能符合學習者的閱讀和理解的能力。 (2)案例要能給予學習者智慧上的挑戰。
4.案例要能觸動情感	(1)案例要有生動、有趣的人物。 (2)案例要有動人、懸疑的情節。 (3)案例具有戲劇的張力和寫實感。 (4)案例要做客觀中立的描述。
5.案例要能製造困境	(1)案例應具有複雜、衝突的元素。 (2)案例有不只一個答案的待解決問題。

資料來源：張民杰，民 90，頁 99。

(二)案例的撰寫

案例的撰寫是案例教學法最具特色的地方，也是最花費時間和精力之處，雖然案例會依呈現方式而有所不同，但其撰寫的格式及內容大致可歸納如下：

1. 標題

案例要有標題，案例的標題要有創意和趣味，以引發學生閱讀及學習的興趣，且標題要避免做價值判斷、或是給學生案例內容答案的暗示，以免誤導學生思考的方向。

2. 本文

案例本文的內容是案例的核心部分，因此其內容也是案例撰寫時著墨最多之處，案例本文內容如以段落來區分，可分為前言、背景、故事開始、關鍵事件、附加事件、故事高潮或決定時刻、結束等七段，但案例內容不管是長是短，都應該包含有主要觀念、故事情節、人物、困境等四項。

3. 附錄

案例附錄的內容，不盡相同，有些案例附錄十分詳盡；有些案例則沒有附錄，而案例附錄的內容主要包括有：研究問題、評論、相關資料、相關活動、以及教學提示等。

四、案例教學法之功能及限制

(一)案例教學法之功能，主要有下列十項

1. 提供理論與原則的解釋和說明，使理論結合實務。
2. 增加對實際情境的感受。
3. 引起學習動機和興趣。
4. 養成批判反省的思考和習慣。
5. 有利於學生主動建構知識。

6.能提升學生溝通的能力與傾聽的能力，且能接納別人不同的意見。

7.培養問題解決及做決定的能力。

8.增進學生語文表達能力。

9.增進師生的關係和互動。

10.讓學生學習如何利用資料思索、探究，並做出判斷以面對兩難的問題。

㈡案例教學法之限制，主要有下列四項

1.案例與實際情境仍有段差距，不及實地親身經歷。

2.實施成效可能因學生背景和學科而有所差異。

3.案例撰寫困難而且取得不易。

4.案例發展和案例教學皆須投入大量時間和精力。

五、案例教學法之實施過程

案例教學法的實施過程可分為案例教學法實施前的準備、案例教學法的實施過程和方式、案例教學法實施後的相關活動等三個階段，依其角色及各階段的教學任務，綜合整理成如表 15-3 所示。

㈠教學前的準備

教學者實施案例教學法時，和採用其他教學法一樣，要事先做好計畫和準備工作。不管教學者有無經驗，充分的準備可使教學過程更為順暢。雖然進行案例教學時，學生所提出的意見和想法是教學者無法預知的，因而使得教學過程出現許多變數，所以有好的準備未必能擔保教學過程能按計畫進行，但至少有好的準備可以使討論的焦點保持在主要觀念上，而不至於偏離主題。

案例教學法實施前教學者的準備工作包括：實施前與學生溝通、選擇或撰寫案例、熟稔案例、規劃教學過程、調整角色和心態、了解學習者等六大項。

表 15-3　案例教學法的實施階段及各角色之教學任務

教學階段	角色	教學任務
教學前	教學者	1.實施前與學生溝通 2.選擇或撰寫案例 3.熟稔案例 4.規劃教學過程 5.調整角色和心態 6.了解學習者
	學習者	1.閱讀和熟悉案例的內容 2.了解案例教學法的功能和實際作法 3.調整學習的方法及態度
教學中	教學者	1.呈現案例 2.引導討論案例 3.教室管理
	學習者	討論案例
教學後	教學者	1.後續活動的材料或設計 2.案例教學成效的評量 3.心得報告批閱
	學習者	繳交學習心得報告

修改整理自：張民杰，民 90，頁 143。

1.實施前與學生溝通

事前與學生溝通並做好完善的準備工作，將有助於學生適應案例教學的方式，除了可以自在的參與教學活動外，並可促使學生更有意願接受案例學習的挑戰。

2.選擇或撰寫案例

案例教學法最大的特色就在於以案例作為師生互動的材料和媒介，因此教師實施案例教學法前，首要工作就是選擇或撰寫案例，而案例本身應符合：能貼切課程及教學需求、敘述品質要佳、可讀性要高、能觸

動師生情感、且要能製造困境等特徵。

3.熟稔案例

教師須了解案例的事實與整個情境脈絡、探究案例的主要觀念和議題、發展引導特定學習團體進行討論的研究問題或策略。

4.規劃教學過程

教師可事先擬訂教學提示、規劃案例討論、後續活動等教學過程，規劃內容包括：教學時間分配、使用媒體、討論方式、學生作業、評量方式等。

5.調整角色和心態

教學者應先了解自己教學角色的改變，在案例討論的過程中，教學者應提出問題，引導學習者討論的方向，傾聽學習者的意見和觀點，促進討論，並做觀點的總結和歸納。而在進行案例教學時，能夠對各種不同的觀點維持開放的態度，對於案例的議題儘可能在討論時保持中立。

6.了解學習者

學生在課堂中的反應，是案例教學能否成功的重要因素。在進行案例教學前，教師應對學生有廣泛的了解，以幫助學生從案例教學中得到成長。

由於案例教學法是以案例作為主要教材，因此學習者在案例教學法實施前的準備工作應包括：

1.閱讀和熟悉案例的內容

於案例討論至少前一週將案例發送給學生，讓學生有時間對案例有整體的了解，了解案例的事實、關鍵的議題、以及案例中人物所面臨的困境所在，並試著提出分析及問題的解決方案作為書面作業。

2.了解案例教學法的功能和實際作法

案例教學法可以讓學生從複雜的資料中，學習推理、思考及做出智慧決定的能力，以及獲得欣賞他人不同觀點的態度，應讓學生了解這些

能力及態度的獲得,並了解案例教學法的實際作法。

3.調整學習的方法與態度

案例教學法強調學生主動積極的學習態度,學生扮演的角色是積極、主動的知識建構者;而不是消極、被動的知識接受者的角色,此外,一個案例可能同時有許多的解決方案,強調不同觀點的呈現,案例教學並不提供學生標準的答案。

(二)教學中的準備

教學者在教學中的任務應包含:

1.呈現案例

教學者在教學中,應將案例清楚的呈現,讓學習者能了解整個案例的源起及過程,而案例呈現的方式可以口述、錄影帶、錄音帶、角色扮演等方式。

2.引導討論案例

在教學過程中,教師應引導學生討論案例中相關人物的處境與行動,必要時以相關理論性知識來比對或說明案例涉及的各個層面與因素。

3.教室管理

教師在教室裡的權力和控制權與學習者的權力和控制權之間的平衡,是採用案例教學法的教師所必須深思的。而於剛開始實施案例教學法時,可能因為還未熟悉或意見分歧而造成爭吵和混亂的場面,此時教學者應出面協調管理,維持秩序。

另一方面,學習者在實施案例教學的過程中,所要做的就是對案例的討論。而討論的方式可分為:

1.小組分組案例討論

(1)組成學習小組:可由教師預先安排分組或是讓學生自行決定小組成員,成員以四至六人為宜,以免人數太多而阻礙個人的參與和討論。

(2)決定分組討論時間：在課堂內討論或是在課堂時間外進行，針對學習活動的時間予以評估，作一時間的適當分配。

(3)提供實施綱要：學習小組開始分組案例討論時，教師可提供必要的支持及實施綱要，實施綱要如果太過直接、具體，學生可能會過度依賴；如果太過抽象、籠統，又擔心無法提供學生充分的討論基礎。

(4)巡視討論過程：學生進行小組分組案例討論時，教師應巡視討論情形，有問題可以請教師前來指導，教師在巡視的過程中，應該處理小組所遭遇的問題。

(5)檢討分組討論情形

在小組分組案例討論之後，教師可以讓學生參與檢討分組討論的情形，以提供下一次討論時的改善建議和補救措施。

2.全班案例討論

(1)開始討論階段：此階段即在進行案例癥結的討論或是確認案例的事實和議題的討論。

(2)綜合討論階段：綜合討論階段是案例討論最核心的部分，包括問題鑑定、行動方案兩個步驟，這個階段是由一連串的問與答所構成，問題可由教師和學生提出，而回答主要為學生，教師則在一旁引導及促進。

(3)歸納結論階段：教師歸納學生不同的意見和看法，並作成結論，惟所提結論並不是單一的標準答案，而是針對討論的結果，提出綜合和概要的整理。

(三)教學後的後續工作

教學者在教學後，所要實施的工作應包括：

1.後續活動的材料或設計

(1)後續活動材料的選取應有具體的參考指標：後續活動的材料選取的指標，最重要的就是與案例及教學主題的相關性，相關性愈高愈好。

(2)後續活動材料的蒐集要豐富且多樣化：材料可包括書籍及相關書面資料、雜誌及報紙、影片及視聽媒體、原始材料等非放映性及放映的視聽媒體等。

(3)當事人現身說法及實地經歷可作為後續活動：可邀請案例當事人來現身說法及案例發生地點實地經歷，都可加深學生對案例的了解及增加臨場感，有助於案例教學的效果。

2.案例教學成效的評量

評量案例教學的方式可包括：另外給予簡短的案例，讓學生提出關鍵的議題及其解決方案；或是考核學生準備情形、參與程度、對案例資料的熟悉程度、對案例議題、可能行動方案等，都可以作為評量學生的方式。但是傳統的紙筆測驗較不適合作為案例教學成效的評量。

此外，學生應依教師的引導與要求繳交學習心得報告，並歸納案例討論心得。

六、案例教學法可能遭遇問題及因應對策

實施案例教學法時，無論是發展案例或教學過程，都可能遭遇到許多問題或困難，茲將其列舉之並簡述其因應對策供參考之。

㈠案例的取得不易

目前國內對於案例教學的使用，除了在企業管理、醫學、法律之領域外，其他專業領域的應用並不普遍，因此案例的數量不多、來源並不充足，加上案例內容又要能夠配合課程目標及主題，因此合適的案例取得並不十分容易。

其因應對策可朝下列方向尋求解決：其一是翻譯國外案例，並依國情及課程需求對案例內容作一修改；其二是選擇目前現成但是虛構的案例；其三是從生活周遭人物或由經驗豐富的實務工作者去蒐集資料，自己撰寫案例。

㈡對案例事實查證及當事人隱私的保護不易

由於案例資料的來源可以包括報章雜誌、官方資料、訪談記錄等，資料來源非常多元，但是資料的正確性及真實性卻不易查證。且由於案件發生的許多利害當事人及影響人，尤其經媒體報導後，個人隱私的保護相當不容易。

其因應對策可朝下列方向：其一是儘可能透過不同的資料來源，經過多方的查證，以確保案例的真實性。其二是可將案例做匿名、改寫等保護隱私的處理，並儘可能取得當事人的同意和信賴。

㈢學生沈默發言不踴躍

學生本身具個別差異，學生沈默寡言的原因很多，可能是沒有表達自我意見的習慣、可能覺得發言沒有安全感、可能事先未做充分準備、或對案例缺乏興趣及有關經驗等，都會影響到案例討論的進行。

其因應對策可找出其原因，透過教學設計，使學生能夠做好事前的準備工作，鼓勵其踴躍發言。

㈣發言討論偏離教學主題

學生的討論，有時可能會淪於案例情節枝微細節的討論，甚至偏離教學的主題，而無法達成既定的課程目標。

其因應對策教師可利用提問或參與討論時，提醒案例的主要議題，把討論內容拉回主題，達成既定的教學目標。

㈤學生人數太多不利於案例討論

當學生人數太多時，學生相對地就比較不會主動發言，而影響到主動學習和師生互動的品質。

其因應對策可在案例教學實施時，請學生先進行小組分組案例討論，以增加學生發言的機會，進而可使直接開放全班案例討論時更為順暢。

㈥座位安排及教學資源之影響互動

傳統教室的課桌椅以排排擺設的座位安排,不適宜作案例討論教學,最好是半圓形或馬蹄形,以增加教學時之互動效果;而案例教學之相關資源,如放映性資料、器材的準備及提供均要事先予以考慮,以免影響案例教學法之師生互動及進行。

㈦教學者的教學技巧與時間的掌控

案例教學比一般教學法更需專注力和體力及與學生互動,而且需依案例的複雜度施予時間的分配。所以教學者應積極充實自我於教學時所需的專業能力及逐步調整教學的方式,使案例教學的效果得以完全展現。

第二節　參觀教學法

參觀教學是帶領學生走出教室以實地觀察工作的世界,可以幫助學生了解及體認他們在教室中所學知識及技能的相關性或重要性,經由參觀的歷程,使學生能實地觀察某一行業之作業流程及行政措施,獲得具體而完整的概念,進而能了解並印證學理的運用,以為將來從事某行業的依據或參考。

因此,參觀實寓有「借鏡和仿效」之意,學生可由參觀的事實而歸納到原理原則,或根據理論與方法,印證事實,俾與在校所學求取密切聯繫,作為實習的準備。所以參觀不但是實習過程的起點,同時亦是學生接觸實際問題的開端,本節茲以參觀教學法之意義、功用、類別、實施步驟、注意事項等分敘之(陳昭雄,民 78;林炎旦,民 89;教育實習手冊編輯小組,民 86)。

一、參觀教學法之意義

參觀教學法是一種充分運用社會資源的教學法,帶領學生走出教室以實地參與觀察真實的工作世界,使學生獲得真實的第一手經驗,使學習更有意義而值得回憶,進而提高教育的機會、增加課程的多樣性、養

成特殊而愉快的學習經驗，並從雇主或工作人員中得到第一手的訊息，以幫助學生作更實際的工作選擇。

二、參觀教學法之功用

㈠驗證學理

學習可以由聞而知之、見而知之、行而知之，但「見」與「行」是最有效，參觀教學就是指導學生由「見」而進入「行」的過程，有助於理論與實際的聯繫。

㈡明瞭事實

學生在校所學，畢竟有限。課本以外而需要了解的知識及事實尚多，可藉由直接參觀教學，才能明瞭真相，洞悉實情，這些事實真相的明瞭，可使學生心理預作準備，對於日後就業裨益甚大。

㈢學習方法

欲要學生熟練方法技術，使其日後在就業上能應付裕如，則必須先實地參觀有經驗工作者的工作方法，從參觀中學習各種方法的實地運用，及問題處理的技巧，以為將來畢業後就業之參考。

㈣培養信念

學生對於學科理論的學習，往往感到枯燥乏味，藉參觀活動，使其體認到各行各業在社會上的重要性及貢獻，培養從事該行業的工作信心，堅定其信念，願意獻身於該行業。

㈤體認標準

各種行業均有其特質，從業人員亦有其特定標準，此種標準與事實惟有藉實地參觀接觸中去體認。

㈥產學合作

利用產業資源輔助學校教材、教具與資源不足的問題,促使學校教育能和社會教育緊密地結合。

三、參觀教學法之類別

參觀因地點的遠近、所用時間的長短、學生參觀人數的多少等不同分類,而有不同的類別,諸如本埠參觀或外埠參觀、個別參觀或團體參觀等,茲以個別參觀及團體參觀之適用時機說明之。

㈠個別參觀:個別的參觀教學在下列情況下最適合進行

1.學生有特殊的需要。
2.學生進行個別的作業。
3.學生在團體中有個別的責任。
4.需要個別的訪談。
5.一群學生可能破壞正常氣氛。

㈡團體參觀:團體的參觀教學則在下列情況下比較合適進行

1.參觀時需要有教師指導。
2.同一參觀地點學生可獲得不同的經驗。
3.較重要且值得全體同學參觀。
4.同學表現不同的觀點。
5.學生進行團體作業。

四、參觀教學法之實施步驟

參觀教學法之實施步驟約可分為選擇參觀教學、計畫參觀教學、實施參觀教學、參觀後的檢討與報告等四個步驟,分別說明之。

㈠選擇參觀教學

參觀教學如同其他教學法,並不能單獨達成教學目標,故在計畫參

觀教學之前，有些要加以考慮：

1. 參觀教學所欲達成的教學是否能以其他更有效的方法完成。
2. 參觀教學必須考慮學生的需要與興趣。
3. 決定參觀教學亦注意有多少學生能同時參加。

㈡擬定參觀教學計畫

成功的參觀教學需有周詳的計畫及準備，下列各點可供參考：

1. 討論及訂定參觀計畫。
2. 接洽參觀對象及組織。
3. 取得校方同意。
4. 取得家長同意書。
5. 工作的分配。
6. 安排膳宿事宜。
7. 安排交通工具。

㈢實施參觀教學

進行參觀教學時，下列幾點需特別注意：

1. 教師確實掌握學生出席情形及動態。
2. 督導學生參觀時的安全維護工作。
3. 協調參觀教學活動的進行。
4. 督導參觀之分組及流程安排。
5. 參觀時可作筆記或影像記錄。
6. 參觀時間的規劃及掌控。

㈣參觀後的檢討與報告

1. 參觀後的檢討

無論哪一種性質的參觀，在參觀過程中，固然要詳細觀察體會，但參觀後的檢討，尤不可忽略。因為藉參觀檢討學生才有發表意見和提出研究問題的機會，各人彼此交換心得，加深參觀印象，尤其技職教育的

許多實際問題，藉檢討可以獲得正確的結論或解決的辦法。因此參觀後的檢討是參觀教學的一項重要活動。

2.參觀報告或心得的撰寫

參觀完畢後，應即根據參觀時所紀錄的要點及資料，整理撰寫報告。參觀報告撰寫要點應包括被參觀機構之特點，可資取法或參考之處；值得商榷或改進之處，以及個人意見或心得等，都要詳細敘述，並歸納成具體的意見或問題。

五、參觀教學法其他注意事項

㈠遵守團體紀律，維護學校榮譽。

㈡確保行車安全，旅途中注意同學安全。

㈢個人應用物品隨身攜帶，以備使用。

㈣一律穿著規定制服，並注意儀容。

㈤參觀時應與接待人員說明參觀目的及需求。

㈥簡報時要注意傾聽，嚴禁交談。

㈦參觀進行中要保持肅靜，並注意禮貌。

㈧參觀時應準備記事小冊及筆。

㈨注意蒐集參觀資料，從而獲得真實系統知識。

㈩參觀完畢仍由教師全部率領返校後，始得解散或繼續上課。

第 **16** 章

工業類科教材教法之問題與展望

本章內容

第一節　工業類科教材教法之現存
　　　　問題
第二節　工業類科教材教法之未來
　　　　展望

課程、教材與教法是達成教學目標及落實學習活動的三大支柱，不同情境之中所採用的各種教材與教法均不相同。本章針對高職工業類科教材教法之問題與展望為題闡述之。

第一節　工業類科教材教法之現存問題

一、以教師為本的教育環境

傳統教育均以教師為本的教育環境，學習成效與教師個人特質有強烈相關，且教師的工作負擔與責任加重。

學生是學習的中心，教師的角色宜適度調整為協助者、夥伴者、促進者功能，進而改變以教師為中心的教育環境。

二、偏向以教科書為主的教材

老師運用教材教授課是天經地義的，但是教學不能過度依賴教科用書，以免學生的學習侷限在認知發展的知覺層次，或者有廣度、深度、精確性、時宜性等方面的限制。由於長久以來教師仰賴教科書作為教本，因此偏向以教科書為主的教材之現象極為普遍，但因教科書並未能充分配合學生個別學習差異，與工業科技變遷之配合應亦不足，因此若偏向以教科書為主的教材，會反應出教材與工商業所需嚴重脫節的情形。

此外，目前高工教材或教科書之審定，大多洽請大專院校之教授、專家審查，與工職所需教材內容有所落差，且各書局出版之版本繁多，品質參差不齊，選用上亦不容易。

三、以講授法為主的教法

講授法是最早被教師所採用的教學方法之一，而至今仍是最普遍的教學法，使用講述教學法的人最多，但所受批評亦最多，諸如：單向式教學，不易引起學生主動學習興趣；刺激源少變化，以致學生不易集中注意力等缺失。

教師在缺乏相關輔助教學設備情況下，為求經濟，有效達成教學目

標，久而久之常偏向於以講述法為主的教法，使得其他教學法使用的頻率偏低。

四、個別化學習不被重視

目前職校大都採一對多的大班教學模式，難以兼顧因材施教，許多教學策略無法落實，且個人化學習較不被重視。

技職教育著重個人化學習，係一項高成本的教育投資，強調實務與理論並重，培養個人就業技能，因此不可輕忽個人化學習的重要性。

五、電化教學設備使用的不便

傳統以紙本教材、講述教法為主的教材教法，隨著科技變遷、社會多元化的來臨，已不符合時代的需求，各級學校均添購各類電化視聽教學設備，諸如：單槍投影機、投影機、幻燈機、錄音機、DVD影視設備等以強化教學的多樣性。

但宥於管理之便利性，許多學校大都採集中管理之方式，並不是放置於每個教室內，由於使用、借用之不便，間接影響教師使用之意願。

六、校外實務教學漸趨減少

技職教育著重學生動手做的實務能力，從職業學校之課程結構來看，包括一般科目、專業科目及實習科目，實習科目旨在培養學生實務操作的能力；但由於在校上課時數及設備的限制，常藉助於校外實習及校外教學參觀來彌補。

令人憂心的是近年來，職業學校之校外實習及校外工廠教學參觀活動漸趨減少，對於技能實務教學間接造成負面的影響。

第二節　工業類科教材教法之未來展望

一、以學生為中心的學習活動設計導向

　　學習活動設計以學生為主，採開放式設計規劃學生的實作學習活動，鼓勵參與及創作，例如：一個學生可分割扮演大使、地理學家、記者等三種角色，在網路上蒐集各國文化特徵、地理知識與人文、風土民情等資料，結合社會、人文、藝術領域的學習，並在發表中培養語言表達的能力（陳姚真，民 91）。

　　因此，未來將由以教師為本的教育環境轉變為以學生為中心的學習活動設計導向，教師與學生之間教與學的角色均有重大的轉變。

二、拓展教材來源管道

　　教科書是經過選材組織的教材之一，永遠無法即時加入最新的資訊，也不可能容納所有重要的學習內容。教師必須增加教材的來源，才能設計富有多樣性的課程。一部發人深省的影片，可以代替成篇敘述文字表達一個抽象的概念；影碟、錄影帶、有線電視提供這部分的需求、一則社會事件，不論是工業安全、職業災害、危機處理，皆能成為即時的教材；報紙、新聞節目提供充分的資料。科學博物館、展覽會、企業機構、研討會經常性地提供各種機會，讓學生親身體驗。網路上隨時傳送的最新訊息，讓教學材料永遠走在最前端。

　　對於這多樣化的教材，教師要做的是選擇與組織，讓所有資訊順利融合為課程的一部分，使得教材不再偏向以教科書為主的教材，而是各式各樣不同來源的最新資訊。

三、變化教學模式的多樣性

　　教學模式不單是為了讓學習者更順利理解某些知能內涵，教學模式的本身即可能培養某種能力。例如合作學習的教學過程不僅讓學生藉著小組合作而學得某些內容，更有助於增進合作的社會技巧，建立團隊精

神。批判思考教學除了讓學生以批判的眼光深入了解某個事件之外,更重要的是培養反省思考的能力與習慣。價值澄清教學的目的也不只幫助學生釐清幾個價值兩難的問題,更要建立價值判斷的能力。

　　未來的教育必須能提供創造性與分析性並重的經驗,不但要介紹各種不同的學習方式,以訓練學生去想像和預測可能的未來並決定理想的未來。在多元社會中,好的教學是幫助學生建立分析、反省思考習慣,能詮釋、評價資料能力的教學;要能釋放學生創造性、隨時更新的能量,並且培養判斷能力、合作溝通或同情理解的態度(周淑卿,民86)。

四、增加個別化教學的機會

　　自由的社會也是一個機會均等的社會。每個人都有權等地由公共教育中獲益,因此學生不應如同他們有相同教育需求般地被對待。學校應依據個人獨特的需求教育出各樣的人。教育要鼓勵學生展現獨特性,為自己的未來作不同的選擇,所以必須用不一樣的方法與過程教導每個人。

　　個別化教學才能適應不同的思考方式與學習進度,符合不同的興趣。資訊融入教學的設計將有助於個別化教學的實施,教師的課程設計與作業內容亦應重視個人學習,增加學生為自己作決定的可能性(周淑卿,民86)。

五、善用社區資源及家長參與和支持

　　宜充分善用可共同幫助學生學習的人,包括家長、社區人士、企業家、各種機構的人員。正因為資訊增加速率太快,教師不可能深入了解各種領域的新知,因而須借重各領域人士的專長。藉著實地參觀講解、座談、演講,讓更多專長人士參與學校的教育。

　　家長則能經常協助學生進行自學,了解學習狀況,成為教師在教育工作上的夥伴。善用社區資源及家長參與和支持能補教師之不足,開拓學生不同的思考角度與學習視野。

六、提升教師製作及撰寫多媒體教材的能力

　　為提升教師適當應用資訊科技融入教學,首要工作在於提升教師製

作及撰寫多媒體教材的能力，對於應用在教學上的數位化通訊科技及周邊設備，如：電腦網路、掃瞄器、數位相機、數位攝影機等資訊科技的使用能力。

此外，諸如：繪圖軟體的教學應用、文書軟體的教學應用、班網的教學應用、E-mail 的教學應用等，宜多鼓勵教師應用工具軟體製作技術，以提升製作及撰寫多媒體課程教材的能力。

七、網路化學習活動的導入與實施

迎接 e-learning 時代的來臨，網際網路是二十一世紀的主流教育工具，學習如何使用網路，了解如何在網路上學習，成為現代人迫切的課題。網際網路將各地的學習資源和教育資訊串聯成一個完整的網絡，使得學習者無論身處何地，都能夠獲得相同的資訊，而得到充分的學習機會。

同時更因為網際網路的延伸性，學習不再侷限於固定地點、單一時間，無論何時何處，都可以利用網路重複隨選學習，這種改變跳脫傳統的學習模式，使教與學的過程更為活潑、更為自由（楊國賜等，民91）。

八、融合學習與生活的教學方法

未來的教學方法必須能融合學習與生活，讓每個學生學習有助於發揮想像力和創造力的經驗，以增加個人的生活經驗。在教學上所需要的是準備問題而不是灌輸，也就是多用啟發的方法，不斷發展開放的思想。

未來學習的重點已有顯著的改變，即由「學習什麼」（what to learn）轉變為「如何學習」（how to learn），教師在未來所扮演的角色，僅作為學生的學習夥伴、助學者。

九、為思維創新開一扇門

當討論對話式的教學理念被推廣運用時，由於學生在過去制式教育的講授方式下，長期扮演被動的角色，並且面對過多的標準答案規範下，使得學生的創意思維慘遭塵封，終而滯怠不前。

思維創新是打破傳統記憶背誦式學習的鑰匙，如果教材教法能融入更多的啟發式理念，將有助於知能發展與潛能開發。

十、強調思考方式的建立

在知識經濟社會的教學與學習方法，和過去的方法是有差異的，而其差異並不是因為教學與學習內容、方法的不同，而是思考方式的不同。

在資訊爆發的知識經濟社會裡，不要誤以為我們需要嶄新且異於舊有的教材來教導我們的學生，也不是一種外加的嶄新教學方法或內容，而是一種能夠具體貫穿過去的未來的教學，這種說法強調的是思考方式的建立，而並不是教學內涵和方法的革新。

十一、建構教學概念的融入

學習是知識的建構；而非知識的吸收。學習必須是自發性的，而是能建立新知識與存在知識的關係。21 世紀的教學是強調師生共享探究成果的過程，教學方式轉變為以學生為中心、探究導向、合作本位的建構主義學習。建構教學是藉由師生之間複雜的互動歷程不斷激盪而發展出來的，師生互動包含有口語與非口語的互動，彼此互動的型態容許非常多樣，而且也考量是否有完整的歷程。

建構教學強調知識是學生主動參與的學習過程，經由社會互動歷程所獲得。因此，教學要注重師生的對話，重視增進師生及同儕間的對話互動關係，促進教室資源豐富化，達成知識的再更新及精緻化（楊國賜等，民 91；陳美玉，民 87）。

十二、永續教育理念的思維

以永續為理念的教育，可以將學習從管理模式轉變為自然模式，老師的角色不再是專家或管理者，而受到社區及社會的監督。自然模式在於無限制的思維及心靈的想像空間，在這樣的學習情境裡，教與學的本質為心與心、愛與愛、希望與希望的相互回饋體系，而參與者也逐漸加入社區及社會中的所有成人，以永續為社會學習與共同願景開創的希望，是我們與大自然相互承諾關係的實踐。

　　永續理念的最核心思維是心靈層次上，我們可以藉由冥想與反省思考，創造出更豐富的情意能量、激發知識力、更關懷物質環境。更重要的體認是每一個人都可以是任何人的心靈導師，關鍵在於我們是否願意敞開不易接受改變與思考永續未來的心靈（楊國賜等，民 91）。

　　由於科技發展、產業結構、社會變遷，新世紀所呈現的是多樣化的社會風貌，人們對於周遭環境變動感受的銳度大幅提升，驅使彼此間進行不尋常的溝通活力。學校教育若要幫助學生因應多元社會的變遷，必須提供多元化的教材與教法，善用豐富的資訊來源，充實教材廣度與深度，加強學生實務實作教學活動，以學生為中心的學習活動設計導向，拓展教材來源管道，變化教學模式的多樣性，增加個別化教學的機會，善用社區資源及家長參與和支持，提升教師製作及撰寫多媒體教材的能力，網路化學習活動的導入與實施，融合學習與生活的教學方法，為思維創新開一扇門，強調思考方式的建立，建構教學概念的融入，永續教育理念的思維，如此，才能藉由教材教法的實踐，逐步建構一個優質的技職教育環境。

參考書目

工業職業訓練協會（民 69）師資養成共同課程訓練教材。台北：作者。

工業職業訓練協會（民 65a）鉗工訓練教材。台北：全國職業訓練金監理委員會。

工業職業訓練協會（民 65b）鑄造工訓練教材。台北：全國職業訓練金監理委員會。

工業職業訓練協會（民 65c）木模工訓練教材。台北：全國職業訓練金監理委員會。

中華民國職業訓練發展中心（民 74）單元式訓練教材焊接板金及配管。台北：作者。

方炳林（民 63）普通教學法。台北：教育文物。

方炳林（民 58）普通教學法。台北：三民書局。

毛連塭（民 68）精熟學習法。台北：心理。

王秀玲（民 86）主要教學法。收錄於黃政傑主編教學原理，頁 117-183。台北：師大書苑。

王俊仁（民 89）網路教學應用於技職教育上的探討。2000 年兩岸技術職業教育研討會論文輯 II，頁 135-144。台北：國立台灣師範大學。

王燕超（民 88）教學科技與遠距教學的發展趨勢。收錄於施冠慨主編教學科技與教育革新，頁 225-239。台北：師大書苑。

田振榮（民 89）職業類科教學目標。收錄於江文雄主編職業類科教材教法，頁 35-60。台北：師大書苑。

田振榮（民 84）職業分類典。收錄於八十五年度職業分析研習會實錄，頁 17-39。台北：行政院勞工委員會職業訓練局。

行政院勞工委員會職業訓練局（民 81）職業分析手冊。台北：作者。

李隆盛（民 91）綜合高中的課程與學程發展。台北市九十學年度綜合高中辦理學校業務研討會。台北：台北市政府教育局。

李隆盛（民 88）技專校院的教學計畫和教材設計。台中：技專教師教學研討會。

李隆盛（民 88）科技與職業教育的跨越。台北：師大書苑。

李隆盛（民 88）能力分析法與蝶勘（DACUM）法。職業導向能力及課程發展研討會手冊，頁 12-25。台北：國立台灣師範大學工業科技教育學系。

李隆盛（民85）練習教學法。收錄於黃政傑主編多元化的教學方法，頁85-95。台北：師大書苑。

李隆盛（民77）德爾莊預測術在技職教育上的應用。工業職業教育，7 (1)，頁36-40。

李今人（民75）高工汽車修護實習㈠。台北：全華科技。

李大偉（民79）中學工藝課教學策略之探討。收錄於國立台灣師範大學學術研究委員會主編教學法研究，頁649-666。台北：五南。

李大偉（民71）自學單元教材與能力本位職業教育。工業職業教育，3 (5)，頁17-21。

李緒武（民81）社會科教材教法。台北：五南。

李春芳（民85）協同教學法。收錄於黃政傑主編創思與合作的教學法，頁93-105。台北：師大書苑。

李春芳（民86）教學技術。收錄於黃政傑主編教學原理。台北：師大書苑。

李咏吟、單文經（民84）教學原理。台北：遠流。

李堅萍（民85）提升技能教學的練習教學法。技術及職業教育，31，頁40-41。

何福田（民85）講述的技術。收錄於黃政傑主編多元化的教學方法。台北：師大書苑。

沈六（民85）角色扮演教學法。收錄於黃政傑主編多元化的教學方法，頁129-142。台北：師大書苑。

呂明茂等（民75）汽車修護實習(1)。台北：全華科技。

林炎旦（民89）職業類科教材編製。收錄於江文雄主編職業類科教材教法，頁189-221。台北：師大書苑。

林炎旦（民89）職業類科教學方法。收錄於江文雄主編職業類科教材教法，頁223-303。台北：師大書苑。

林炎旦（民85）工業職業學校教材之檢討與改進。第十一屆全國技術及職業教育研討會，一般技職及人文教育類Ⅰ，頁159-168。

林益昌（民91）能力本位訓練教材在技能教學之實施。南港高工學報，20，頁65-77。

林益昌、林宗獻（民84）木模結構設計與實習（下）。台北：全華科技。

林寶山（民79）教學論：理論與方法。台北：五南。

林寶山（民 85）討論教學法的技巧。收錄於黃政傑主編多元化的教學方法。台北：師大書苑。

林朝鳳（民 85）討論法。收錄於黃政傑主編多元化的教學方法。台北：師大書苑。

林生傳（民 85）個別化教學：IGE 的介紹與嘗試。收錄於黃政傑主編個別化教學法，頁 31-46。台北：師大書苑。

林生傳（民 71）新教學理論與策略。台北：五南。

林進材（民 88）教學理論與方法。台北：五南。

林佩璇（民 83）合作學習在高級職業學校的應用。技術及職業教育，24，頁 21-23。

林龍溪、張志豪（民 90）砌磚能力本位訓練教材認識工程用語。台北：行政院勞工委員會職業訓練局。

周淑卿（民 86）多樣化的課程與教學。收錄於中華民國課程與教學學會主編邁向未來的課程與教學，頁 1-13。台北：師大書苑。

周文斌（民 89）國內遠距教學之探討。2000 年兩岸技術職業教育研討會論文輯 II，頁 187-199。台北：國立台灣師範大學。

周愚文（民 85）講述教學法。收錄於黃政傑主編多元化的教學方法。台北：師大書苑。

洪英欽（民 78）定量分析實驗。高雄：正修工專化工編輯委員會。

施純協等（民 84）高級職業學校工科畢業生應具備之資訊能力分析研究。台北：行政院國家科學委員會專題研究計畫成果報告。

施惠（民 87）自然科師資培育教材教法研究：天文篇。台北：五南。

康自立（民 83）職業訓練教材發展策略。就業與訓練，12 (2)，頁 19-25。

康自立（民 83）職業訓練教材的能力分析。就業與訓練，12 (3)，頁 84-90。

康自立（民 78）工業職業學校專業教師能力之研究。彰化：國立台灣教育學院。

康自立（民 71）能力本位課程發展之理論與實際。台北：作者。

翁上錦（民 85）職業教育與訓練能力本位教材發展之研究：以工業電子為例。國立台灣師範大學工業教育研究所博士論文。

翁上錦（民 82）以基礎電子實習模組化教材為例談我國職訓教材的發展方向。就業與訓練，11 (6)，頁 7-17。

高強華（民 85）發表教學法。收錄於黃政傑主編多元化的教學法，頁 107-116。台

北：師大書苑。

高廣孚（民 77）教學原理。台北：五南。

高熏芳（民 89）案例教學法在師資培育之應用與評鑑。第一屆課程與教學論壇。
　　台北：國立台灣師範大學進修推廣部。

晁瑞明、曹志明（民 90）知識管理策略分析於遠距教育之研究。隔空教育論叢年
　　刊，第十三輯，頁 1-23。台北：國立空中大學研究處。

孫邦正（民 64）普通教學法。台北：台灣商務印書館。

孫邦正（民 62）教學法新論。台北：台灣商務印書館。

孫邦正（民 57）普通教學法。台北：正中。

陳美玉（民 83）教師專業：教學法的省思與突破。高雄：麗文。

陳姚真（民 91）資訊科技融入教學的原則、模式與實踐。九十一年度高級中等學
　　校資訊融入教學暨網路學習內容開發研習觀摩會。台北：教育部。

陳昭雄（民 78）職業科目教學方法之理論與實務。台北：師大書苑。

陳昭雄（民 73）技術職業教育教學法。台北：三民。

陳昶澤（民 83）我國專科學校電機工程科畢業生應具備就業技術能力之分析研究，
　　國立台灣師範大學工業教育研究所碩士論文。

陳清濱（民 85）企業內訓練教材發展模式。收錄於再創企業活力，頁 226-242。台
　　北：職訓研發中心。

陳錫鎬（民 85）能力本位訓練教材製作參考手冊。台北：中華民國職業訓練研究
　　發展中心。

陳金盛（民 90）教師寶典(1)班級教學錦囊。台北：師大書苑。

陳熙揚（民 88）推動遠距教學，迎接終身學習。收錄於施冠慨主編教學科技與教
　　育革新，頁 213-224。台北：師大書苑。

陳繁興等（民 88）問題解決教學策略對高職電機科學生低壓工業配線學習成效之
　　影響。第十四屆全國技術及職業教育研討會論文集，一般技職及人文類：教學
　　組。頁 187-196。

陳月華（民 74）角色扮演對國小兒童的輔導效果之研究。國立台灣師範大學心理
　　與輔導研究所碩士論文。

陳龍安（民 85a）創造思考教學的理論與實施。收錄於黃政傑主編創思與合作的教
　　學法，頁 1-25。台北：師大書苑。

陳龍安（民 85b）創造思考教學(一)。收錄於黃政傑主編創思與合作的教學法，頁 27-54。台北：師大書苑。

陳龍安（民 86）創造思考教學的理論與實際(三)，頁 31-41。台北：心理。

張清濱（民 90）學校教育改革：課程與教學。台北：五南。

張世忠（民 89）教學原理：統整與應用。台北：五南。

張世忠（民 88）教材教法之實踐：要領、方法、研究。台北：五南。

張添洲（民 89）教材教法：發展與革新。台北：五南。

張火燦（民 78）知識單之編製。收錄於康自立主編職業訓練教材製作參考手冊，頁 313-352。台北：行政院勞工委員會職業訓練局。

張國恩（民 91）網路化學習策略。九十一年度高級中等學校資訊融入教學暨網路學習內容開發研習觀摩會。台北：教育部。

張民杰（民 90）案例教學法：理論與實務。台北：五南。

張偉遠、黃慈（民 90）發展網路教學：香港與台灣的對話，隔空教育論叢年刊，第十三輯，頁 113-126。台北：國立空中大學研究處。

張霄亭等（民 91）教學原理。台北：國立空中大學。

張玉成（民 84）思考技巧與教學。台北：心理。

許佩玲、王繼正（民 88）培養工專學生創造性問題解決能力教學方案之探討。第十四屆全國技術及職業教育研討會論文集，一般技職及人文教育類：教學組。頁 153-163。

郭至和（民 89）合作學習教學法在國小社會科及鄉土教學活動之運用。教育實習輔導，6(1)，頁 63-68。

教育部技術及職業教育司（民 87）職業學校各類科標準總綱。台北：教育部技職司。

教育部工業類技職教育課程發展中心（民 87）工業職業學校機械科課程標準暨設備標準。台北：教育部技職司。

教育實習手冊編輯小組（民 86）教育實習手冊。台北：教育部中等教育司。

梅瑤芳（民 88）高職新課程的目標與定位。收錄於技職教育的回顧與前瞻。台北：教育部技職司。

連錦杰、蕭明哲（民 76）冷凍空調實習(二)。台北：全華科技。

黃靖雄、林振江（民 73）高工汽車修護實習教材第三冊。台中：正工出版社。

黃光雄（民88）教學原理。台北：師大書苑。

黃光雄（民85）課程與教學。台北：師大書苑。

黃光雄（民85）精熟學習法。收錄於黃政傑主編個別化教學法，頁1-13。台北：師大書苑。

黃光雄（民72）教學目標的敘寫方法。能力本位職業教育叢書概論Ⅰ職業學校課程教學革新專輯，頁25-32。台中：台灣省政府教育廳。

黃政傑（民89）技職教育的發展與前瞻。台北：師大書苑。

黃政傑（民85）教材教法的問題與趨勢。台北：師大書苑。

黃政傑（民85）合作學習教學法。收錄於黃政傑主編創思與合作的教學法，頁117-139。台北：師大書苑。

黃政傑（民83）課程教學之變革。台北：師大書苑。

黃政傑、李隆盛（民85）技職教育概論。台北：師大書苑。

黃文才（民90）淺談提升技能教學的練習教學法。2001技職教育新意涵國際學術研討會論文集。台北：台北科技大學技術及職業教育研究所。

黃孝棪（民73）能力本位職業教育。台北：正文。

曾國鴻（民85）教材發展。收錄於江文雄主編技術及職業教育概論，頁311-346。台北：師大書苑。

彭錦淵（民67）工業科目教材編製法。台北：中國工業職業教育學會。

楊國賜等（民91）教育與未來。台北：國立空中大學。

楊榮祥（民79）探討式教學的模式：生物科教學的主要模式，收錄於國立台灣師範大學學術研究委員主編教學法研究，頁589-610。台北：五南。

楊朝祥（民72）能力本位教學與職業教育。收錄於能力本位職業教育叢書概論Ⅰ職業學校課程教學革新專輯，頁6-16。台中：台灣省政府教育廳。

蔡秋明、許敏惠（民78）機工實習(二)。台北：東江圖書。

蔡宜君（民89）案例教學法在中等學校師資培育之應用：教學案例之發展。淡江大學教育科技學系碩士班碩士論文。

壽大衛（民90）資訊網路教學。台北：師大書苑。

台灣省立師範大學工業教育系課程研究室（民48）木模工教學單。台北：作者。

鄭友超（民89）砂模鑄造開箱及清砂作業。台北：行政院勞工委員會職業訓練局。

鄭友超（民78）操作單之編製。收錄於康自立主編職業訓練教材製作參考手冊，

頁 281-311。台北：行政院勞工委員會職業訓練局。

歐陽教（民 85）教育概論。台北：師大書苑。

蕭錫錡（民 78）教學目標的確定與編寫。收錄於康自立主編職業訓練教材製作手冊，頁 111-136。台北：行政院勞工委員會職業訓練局。

鍾瑞國（民 89）職業類科教學評量。收錄於江文雄主編職業類科教材教法，頁 371-402。台北：師大書苑。

簡紅珠（民 85）創造思考教學法㈡：腦力激盪教學法。收錄於黃政傑主編創思與合作的教學法，頁 55-65。台北：師大書苑。

羅慶璋（民 78）工作單之編製。收錄於康自立主編職業訓練教材製作參考手冊，頁 243-280。台北：行政院勞工委員會職業訓練局。

劉豐旗（民 78）單元教材編製。收錄於康自立主編職業訓練教材製作參考手冊，頁 157-241。台北：行政院勞工委員會職業訓練局。

饒達欽、翁上錦（民 82）DACUM 技職教育課程發展的策略性規矩。中國工業職業教育學會年刊，第四輯，頁 103-113。

DACUM Committee (1996) *DACUM Research Chart for DACUM Facilitator*. Ohio state Univ. Columbus. Center for Education and Training for Employment.

Dick, W., & Carey, L. (1990) *The systematic design of instruction*. New York: Harper Collins.

Fryklund, V.C. (1970) *Occupational analysis*. NY: The Bruce publishing Co.

Keegan (1990) *Foudations of Distance Education*. New York: Routledge.

Kemp, J. et al. (1994) *Designing e·ective instruction*. New York: Merrill.

Linstone, H. A. (1978) *The Delphi Technique*. pp.273-299.

Mitchell, Barbara J. (1983) *Introduction to DACUM*. British Columbia Univ., Vancouver. Centre for Continuing Education.

Moore, M. G., & Carey, L. (1996) *Distance education: A systems view*. Belmont, CA: Wadsworth.

Slavin, R. E. (1990) *Cooperative learning: Theory, research and practice*. NJ: Prentice-Hall.

索　引

人名索引

山德　217

夫瑞克倫　53

孔子　181

方炳林　163, 167, 183, 219, 244, 252,
　　257, 266, 270, 285, 293, 334, 337

王平會　133

王秀玲　167, 219, 224, 252, 257, 265,
　　266, 270, 279, 285, 293, 325, 334

王俊仁　349

王燕超　349

王繼正　219

卡林　217

卡普拉斯　204

布魯姆　137, 185, 325

布魯納　215

田振榮　56

皮亞傑　222

托倫斯　217

艾倫　52-53, 83

西蒙　274

何福田　175

克伯屈　170, 252

吳天元　38

李咏吟　183

李大偉　41, 113, 115, 116, 237

李今人　125

李春芳　175, 182, 192, 293, 307

李堅萍　244

李隆盛　6, 21, 23, 63-68, 167, 244, 248

李緒武　171, 338

杜威　219

沙弗特爾　216

沈六　279-280

周文斌　349

周淑卿　392

周愚文　175

所羅門王　172

林生傳　330-332

林佩璇　308

林宗獻　102

林炎旦　21, 50, 51, 382

林勇　152

林彥勳　351

林益昌　102, 351

林朝鳳　192

林進材　270, 279

林龍溪　152

林鴻儒　351

林寶山　192, 203, 218

南丁格爾　172

哈明　274

施純協　74

名詞索引

國家圖書館出版品預行編目資料

工業類科教材教法／林益昌著. ——初版.
——臺北市：五南，2003[民92]
　面；　公分
參考書目：面
含索引
ISBN 978-957-11-3382-9（平裝）
1.職業教育-教學法　2.工業-教育-教學法
555.033　　　　　　　　　　92013863

1IMC

工業類科教材教法

作　　　者 — 林益昌（129.2）

發 行 人 — 楊榮川

總 編 輯 — 王翠華

主　　　編 — 陳念祖

責任編輯 — 李敏華

出 版 者 — 五南圖書出版股份有限公司

地　　　址：106台北市大安區和平東路二段339號4樓

電　　　話：(02)2705-5066　傳　　　真：(02)2706-6100

網　　　址：http://www.wunan.com.tw

電子郵件：wunan@wunan.com.tw

劃撥帳號：01068953

戶　　　名：五南圖書出版股份有限公司

台中市駐區辦公室/台中市中區中山路6號

電　　　話：(04)2223-0891　傳　　　真：(04)2223-3549

高雄市駐區辦公室/高雄市新興區中山一路290號

電　　　話：(07)2358-702　傳　　　真：(07)2350-236

法律顧問　林勝安律師事務所　林勝安律師

出版日期　2003年 8 月初版一刷
　　　　　　　2014年11月初版二刷

定　　　價　新臺幣520元